预见未来

2049
中国综合国力研究

易昌良◎著

中信出版集团 | 北京

图书在版编目（CIP）数据

预见未来：2049中国综合国力研究 / 易昌良著. --
北京：中信出版社，2020.12
ISBN 978-7-5217-2394-6

Ⅰ. ①预… Ⅱ. ①易… Ⅲ. ①综合国力—研究—中国
Ⅳ. ①D6

中国版本图书馆CIP数据核字(2020)第210518号

预见未来——2049中国综合国力研究

著　　者：易昌良
出版发行：中信出版集团股份有限公司
（北京市朝阳区惠新东街甲4号富盛大厦2座　邮编　100029）
承 印 者：天津市仁浩印刷有限公司
开　　本：787mm×1092mm　1/16　　印　　张：19.5　　字　　数：286千字
版　　次：2020年12月第1版　　印　　次：2020年12月第1次印刷
书　　号：ISBN 978-7-5217-2394-6
定　　价：68.00元

“中国道路”丛书总序言

中华人民共和国成立60多年以来，中国一直在探索自己的发展道路，特别是在改革开放30多年的实践中，努力寻求既发挥市场活力，又充分发挥社会主义优势的发展道路。

改革开放推动了中国的崛起。怎样将中国的发展经验进行系统梳理，构建中国特色的社会主义发展理论体系，让世界理解中国的发展模式？怎样正确总结改革与转型中的经验和教训？怎样正确判断和应对当代世界的诸多问题和未来的挑战，实现中华民族的伟大复兴？这都是对中国理论界的重大挑战。

为此，我们关注并支持有关中国发展道路的学术中一些有价值的前瞻性研究，并邀集各领域的专家学者，深入研究中国发展与改革中的重大问题。我们将组织编辑和出版反映与中国道路研究有关的成果，用中国理论阐释中国实践的系列丛书。

“中国道路”丛书的定位是：致力于推动中国特色社会主义道路、制度、模式的研究和理论创新，以此凝聚社会共识，弘扬社会主义核心价值观，促进立足中国实践、通达历史与现实、具有全球视野的中国学派的形成；鼓励和支持跨学科的研究和交流，加大对中国学者原创性理论的推动和传播。

“中国道路”丛书的宗旨是：坚持实事求是，践行中国道路，发展中国学派。

始终如一地坚持实事求是的认识论和方法论。总结中国经验、探讨中国模式，应注重从中国现实而不是从教条出发。正确认识中国的国情，正确认识中国的发展方向，都离不开实事求是的认识论和方法论。一切从实际出发，以实践作为检验真理的标准，通过实践推动认识的发展，这是中国共产党的世纪奋斗历程中反复证明了的正确认识路线。违背它就会受挫失败，遵循它就能攻坚克难。

毛泽东、邓小平是中国道路的探索者和中国学派的开创者，他们的理论创新始终立足于中国的实际，同时因应世界的变化。理论是行动的指南，他们从来不生搬硬套经典理论，而是在中国建设和改革的实践中丰富和发展社会主义理论。我们要继承和发扬这种精神，摒弃无所作为的思想，拒绝照抄照搬的教条主义，只有实践才是真知的源头。“中国道路”丛书将更加注重理论的实践性品格，体现理论与实际紧密结合的鲜明特点。

坚定不移地践行中国道路，也就是在中国共产党领导下的中国特色社会主义道路。我们在经济高速增长的同时，也遇到了来自各方面的理论挑战，例如将改革开放前后两个历史时期彼此割裂和截然对立的评价；例如极力推行西方所谓“普世价值”和新自由主义经济理论等错误思潮。道路问题是大是大非问题，我们的改革目标和道路是高度一致的，因而，要始终坚持正确的改革方向。历史和现实都告诉我们，只有社会主义才能救中国，只有社会主义才能发展中国。在百年兴衰、大国博弈的历史背景下，中国从积贫积弱的状态中奋然崛起，成为世界上举足轻重的大国，成就斐然，道路独特。既不走封闭僵化的老路，也不走改旗易帜的邪路，一定要走中国特色的社会主义正路，这是我们唯一正确的选择。

推动社会科学各领域中国学派的建立，应该成为致力于中国道路探讨的有识之士的宏大追求。正确认识历史，正确认识现实，积极促进中国学者原创性理论的研究，那些对西方理论和价值观原教旨式的顶礼膜拜的学风，应当受到鄙夷。古今中外的所有优秀文明成果，我们都应该兼收并蓄，但绝不可泥古不化、泥洋不化，而要在中国道路的实践中融会贯通。以实践创新推动理论创新，以理论创新引导实践创新，从内容到形式，从理论架构到话语体系，一以贯之地奉行这种学术新风。我们相信，通过艰苦探索、努力创新得来的丰硕成果，将会在世界话语体系的竞争中造就立足本土的中国学派。

"中国道路"丛书具有跨学科及综合性强的特点，内容覆盖面较宽，开放性、系统性、包容性较强。其分为学术、智库、纪实专访、实务、译丛等类型，每种类型又涵盖不同类别，例如在学术类中就涵盖文学、历史学、哲学、经济学、政治学、社会学、法学、战略学、传播学等领域。

这是一项需要进行长期努力的理论基础建设工作，这又是一项极其艰巨的系统工程。基础理论建设严重滞后，学术界理论创新观念不足等现状是制约因素之一。然而，当下中国的舆论场，存在思想乱象、理论乱象、舆论乱象，流行着种种不利于社会主义现代化事业和安定团结的错误思潮，迫切需要正面发声。

经过60多年的社会主义道路奠基和30多年的改革开放，我们积累了丰富的实践经验，迫切需要形成中国本土的理论创新和中国话语体系创新，这是树立道路自信、理论自信、制度自信、文化自信，在国际上争取话语权所必须面对的挑战。我们将与了解中国国情，认同中国改革开放发展道路，有担当精神的中国学派，共同推动这项富有战略意义的出版工程。

中信集团在中国改革开放和现代化建设中曾经发挥了独特的作用，它不仅勇于承担大型国有企业经济责任和社会责任，同时也勇于承担政治责任。它不仅是改革开放的先行者，同时也是中国道路的践行者。中信将以历史担当的使命感，来持续推动中国道路出版工程。

2014 年 8 月，中信集团成立了中信改革发展研究基金会，构建平台，凝聚力量，致力于推动中国改革发展问题的研究，并携手中信出版社共同进行“中国道路”丛书的顶层设计。

“中国道路”丛书的学术委员会和编辑委员会，由多学科多领域的专家组成。我们将进行长期的、系统性的工作，努力使“中国道路”丛书成为中国理论创新的孵化器，中国学派的探讨与交流平台，研究问题、建言献策的智库，传播思想、凝聚人心的讲坛。

孔丹

2015年10月25日

目　录

序　一

历史，大踏步迈进21世纪第二十个年头。新中国成立以来的70年，是不断创造奇迹、彻底改变中华民族前途命运的70年。70年砥砺奋进，70年春华秋实。往者可鉴，来者可追。回望新中国70年不平凡的历程，我们得到了许多宝贵的历史启示，这引导我们开启更为光辉的历程、创造更为伟大的奇迹。

2012年，党的十八大擘画了到2020年全面建成小康社会、加快推进社会主义现代化的宏伟蓝图。2017年，党的十九大又明确规划了到21世纪中叶把我国建成富强民主文明和谐美丽的社会主义现代化强国的战略目标以及实现这一目标的战略步骤、战略任务，这是中共中央高瞻远瞩、统筹规划国家未来发展大计的重大部署。自此，把我国建成社会主义现代化强国的“第二个百年”奋斗目标成为全国各族人民共同的奋斗目标。

知之愈明，则行之愈笃；行之愈笃，则知之益明。上一个百年是风云变幻的百年，人类经历沧桑巨变，形成了西方发达国家占据主导地位的国际格局。如今，世界正处于百年未有之大变局。面对这个大变局，我们需要认清变局的广度深度和总体趋势，明察世界在“变什么”“怎么变”，还需要把中国放在大变局中来思考，认清自己的定位。在近两个世纪的历史跨度中，中国经历了世所罕见的苦难，也创造了举世瞩目的中国奇迹。如今，中华民族伟大复兴的时代画卷已然着笔弄墨。正如习近平总书记指出，当前，我国处于近代以来最好的发展时期，世界处于百年未有之大变局，两者同步交织、相互激荡。[①] 我们既要有宏大深邃的视野，也要有落实落细的视角，从而认清世界和中国发展大势，找准历史坐标，把握战略定力，做出正确抉择。[②]

综合国力，是一个国家所拥有的生存、发展以及对外部施加影响的各种资源、力量和条件的总和，包括经济、政治、科技、军事、外交、文化、精神等实力，以及其赖以存在的地理环境、自然资源、人口等基础实力。综合国力，既包括自然因素，又包括社会因素，既包括物质因素，又包括精神因素，是各种因素、各个领域的总和，也是物质力量与精神力量的统一。

综合国力的强弱，反映一个国家的发展水平，决定着它满足国民需求、解决国内问题的能力；同时，也在根本上决定着它在国际上的地位和作用。所以，每个国家都在用各种方式、尽最大努力发展自己的综合国力。

综合国力是动态变化的。随着历史条件、内外环境的变化，综合国力也在不断发生变化；综合国力由潜在形式向现实形式转化的情况不同，因而在一定时期其表现也不同；综合国力的作用范围也经常变动，因而其构成和状态也有所不同。由于这种动态性，综合国力也是相对的：纵向，相对于国家自身不同的历史时期；横向，相对于特定时期国际体系中的其他国家。

当今世界，综合国力强弱的基础和条件往往突出地表现在国际竞争力上。因此，国际上比较重视对国际竞争力的测定，相应地，愈加重视国际竞争力的增强问题。

在不同的历史条件下，综合国力竞争的方式、规模、程度有不同的特点。随着经济全球化的发展，科学技术的日新月异，交通工具的日益发达，通信手段的不断改进，各国之间的联系越来越紧密。一个国家的利益已经不仅仅局限于自己的国境线之内，而是越来越多地表现在与外部世界的联系之

---

① 资料来源：2018 年 6 月 22—23 日习近平在中央外事工作会议上的讲话。

② 张蕴岭．在大变局中把握发展趋势［N］．人民日报，2019－03－15.

中，包括经济的联系、政治的联系、科技的联系、文化的联系、军事的联系等。不同国家常常在这种相互联系中体现和实现着自己的利益。

在经济全球化时代，尽管世界仍然存有旧势力和旧思维，但人类文明必将继续前进而绝不能倒退。所以，不断增强本国的综合国力，必须以推动建立人类命运共同体为总体目标，妥善处理好国内发展与国际交往两者的关系。

中国的综合国力及其在世界上的排位，经历了复杂的历史变迁过程。在以往相当长的历史时期，中国综合国力一直是比较强的。近代以后的一段时期，由于封建制度的腐朽和外国列强的侵略，中国的综合国力逐渐落后于欧美发达国家。

新中国成立后，国家迅速集中全国的资源，着力加快工业化发展，经济实力快速上升，军事力量不断增强。尤其是 1978 年以后，改革开放政策迅速解放和发展了生产力，综合国力得到显著增强。国内生产总值由 1978 年的 3 679 亿元增长到 2019 年的 99.09 万亿元。全国居民人均可支配收入由 171 元增加到 30 733 元。进入新时代的中国，经济实力、科技实力和文化软实力大幅提升，我们比历史上任何时期都更接近、更有信心和能力实现中华民族伟大复兴的目标。中国日益走近世界舞台中央，成为世界和平的建设者、全球发展的贡献者、国际秩序的维护者。

易昌良博士在中央国家机关工作，行政事务繁忙，但他仍坚持进行学术研究，笔耕不辍，著述颇丰。《预见未来——2049 中国综合国力研究》是他的新著，他站在新的历史方位上诠释综合国力，揭示中国综合国力的显著优势和独特魅力，并在前人研究成果基础上构建了适合中国国情的综合国力测算模型，对 2049 年中国综合国力做了预测分析和总体展望，对未来 30 年中国综合国力目标实现的制约因素做了详细分析，并就如何提升硬实力、软实力和巧实力等提出了对策建议，为我们搭建了丰富立体的“2049 中国综合国力”研究框架。全书逻辑严谨、文字平实，彰显了大变局时代推进变革的张力和伟力，也有利于我们更好地了解中国综合国力、总结经验教训、明晰未来目标，推动经济高质量发展。

这是一个创新的时代，我们正在改革中解难题、求发展；这是一个伟大的时代，全面深化改革正在书写画卷、唱响强音。闲来读读此书，让我们更深入了解中国国情，认真思考我们从哪里来，我们走向何方。

中国进入新时代，全体中华儿女勠力同心，凝聚成共筑中国梦的磅礴力量，终将到达中华民族伟大复兴的光辉彼岸。21 世纪中叶，中国特色社会主义现代化强国建成之日，也就是中华民族伟大复兴的中国梦实现之时。

祝愿昌良在工作实践和理论研究两个方面都取得更大成就。

是为序。

中国国际经济交流中心常务副理事长

魏礼群

二〇二一年七月

序　二

中国是人类历史上唯一一个古老文明没有中断的多民族国家。从公元1世纪至19世纪初近2000年间，中国一直是世界上最大的经济体和超级强国。① 公元1世纪，亚洲占据了全球GDP的76.3%，而欧洲仅为10.8%。这一占比直到工业革命后才发生改变。中国古代的学者，曾为世界科学、技术、数学和天文学的发展做出了重大贡献。中国的政治文化影响力覆盖东亚，政治制度更是影响了整个东亚圈，造就了辉煌的东方文明。郑和的七次下西洋还将中国的文化影响力扩展到东非，为世界的进步贡献了巨大的力量。

近代以来，历史翻转。以英国、法国为首的西方国家借工业革命和启蒙运动开始崛起，而中国逐渐走向衰落，尤其是1840年鸦片战争之后，中国曾长时间处在积贫积弱中。面对内忧外患，中国开始了一个多世纪的凤凰涅槃，历经洋务运动、戊戌变法、辛亥革命等一系列艰辛探索，到1921年中国共产党成立，此后中国共产党团结带领全国人民最终找到了自己的发展道路。再到1949年建立中华人民共和国，1978年实行改革开放，此后几十年中国经济社会发生翻天覆地的变化，2010年中国成为世界第二大经济体。

党的十八大以来，以习近平同志为核心的党中央，以巨大的政治勇气和强烈的责任担当，提出一系列新理念新思想新战略，出台一系列重大方针政

---

① 熊玠．大国复兴——中国道路为什么如此成功［M］．武汉：湖北教育出版社，2016.

策，推出一系列重大举措，推进一系列重大工作，解决了许多长期想解决而没有解决的难题，办成了许多过去想办而没有办成的大事，推动党和国家事业取得历史性成就、发生历史性变革。①

2018年12月，习近平总书记在庆祝改革开放40周年大会上的讲话指出，中国“40年来取得的成就不是天上掉下来的，更不是别人恩赐施舍的，而是全党全国各族人民用勤劳、智慧、勇气干出来的！我们用几十年时间走完了发达国家几百年走过的工业化历程。在中国人民手中，不可能成为了可能。我们为创造了人间奇迹的中国人民感到无比自豪、无比骄傲！”②

中国用几十年时间走完了西方国家几百年走过的工业化道路，从世界历史的角度看，中国崛起最不寻常的地方是，对外没有发动任何战争，没有侵略和掠夺别人，而是靠中国人民的勤劳、智慧、勇气，实现了人类历史上罕见的一个超大规模国家的和平崛起，这不得不说是人类历史上一个伟大奇迹。

但是，中国的改革开放尚未完结，前进的道路上仍存在不少困难和障碍。

2020年是决胜全面建成小康社会、打赢精准脱贫攻坚战、实现“十三五”规划收官之年。越是到收官阶段，越不能停顿、不能大意、不能放松。应当看到，我国发展面临的风险挑战在上升，再叠加新冠肺炎疫情影响，做好经济社会发展工作难度更大。面对世界经济深度衰退、国际贸易和投资大幅萎缩、国际金融市场动荡、经济全球化遭遇逆流、一些国家保护主义和单边主义盛行、地缘政治风险上升等不利局面，我们要在一个更加不稳定不确定的世界中谋求发展。

中国人民对未来充满信心。中国的宏伟目标是：到2021年，中国共产党

---

① 中共中央宣传部．习近平新时代中国特色社会主义思想学习纲要［M］．北京：学习出版社、人民出版社，2019.

② 习近平：在庆祝改革开放40周年大会上的讲话，新华网，2018-12-18.

成立一百年时，建成惠及十几亿人口的更高水平的小康社会；到21世纪中叶，新中国成立一百年时，将中国建设成富强民主文明和谐美丽的社会主义现代化强国。中国人民正在继续奋斗，这不仅是为了实现中华民族伟大复兴的中国梦，也是为了对世界的和平发展做出更大贡献。

2049年已经被历史赋予了特殊的意义，这是新中国成立一百年的特殊之年，也是中国改革开放的总设计师邓小平提出的“三步走”战略的第三步——21世纪中叶达到中等发达国家水平的实现之年，还是习近平总书记生动表述的中国梦实现之年。

“疾风知劲草，板荡识诚臣。”今天，我们比历史上任何时候都更接近中华民族伟大复兴的梦想。我们坚信，只要全党全国人民紧密团结在以习近平同志为核心的党中央周围，坚持以习近平新时代中国特色社会主义思想为指导，发挥中国共产党领导的政治优势和中国特色社会主义的制度优势，坚定信心、砥砺前行，就一定能够夺取实现“两个一百年”奋斗目标的胜利。

要全面建成小康社会、建设社会主义现代化强国，不能不提到综合国力，尤其是从横向的比较来看，综合国力是衡量一国经济社会发展和国际竞争力的重要指标。综合国力包括物质层面的硬实力和精神文化层面的软实力，二者缺一不可，缺少哪一个都不可能成为真正意义上的现代化强国。然而，综合国力又是一个比较抽象的概念，它无法直观得出结论，只能通过复杂的模型计算、多维度的全面考量以及同世界各国不同时期的发展进行横向纵向比较来综合评定。而且，随着时代的变迁，其内涵也在不断衍生发展，可以说综合国力的量值计算，是一项复杂且艰难的工作。

易昌良博士是我的学生，平日行政事务繁忙，然而他依然不忘初心，苦心钻研，独有创见，著作颇丰。他的新作《预见未来——2049中国综合国力研究》是一部多维度解读中国综合国力的学术著作，此书以2049年作为切入点，从中国的综合国力现状、前景以及对策研究入手，参考大量文献及研究成果，辅以复杂且严谨的测算模型，为我们搭建了“2049 中国综合国力”研究的立体架构，给人以浑然一体、逻辑清晰的畅快感。这是一部立足中国国情、体现中国特色的著作，我欣喜地向广大读者推荐。

中国财政科学研究院党委书记、院长、研究员
刘尚希
2020 年 10 月 18 日

第一章

进入新时代的中国

第一节 引言

中国的崛起被认为是21世纪初期最重要的地缘政治事件之一。2008年4月11日，美国常务副国务卿约翰·内格罗蓬特在美国—亚洲太平洋委员会的一次会议上谈道："中国的崛起是我们这个时代最重大的事件之一。它是国际社会中正在成长壮大的角色。"美国国家情报委员会撰写的报告《全球趋势2025：转型的世界》也指出，在未来15—20年，没有几个国家能比中国对世界产生更大的影响力。这样的评价和预言并不是空穴来风，而是中国选择正确的发展道路，引入市场化制度实现经济快速增长后引发的热议。关于中国将于2025—2030年成为第一大经济体的预测已经成为众多经济学家的热门话题。那么到21世纪中叶，也就是2049年前后，中国是否会一如外界预言的那般和平崛起，这是一个值得深入探讨的命题。

之所以选择2049年作为研究中国综合国力的未来时间节点，是因为2049年是新中国成立100周年的特殊之年，也是习近平在参观《复兴之路》展览时提到的"两个一百年"奋斗目标"第二个百年"奋斗目标的实现之年，按这个奋斗目标，到2049年，我国将建成富强民主文明和谐美丽的社会主义现代化强国。这也意味着，要实现"第二个百年"奋斗目标，2049年前后时段的中国综合国力是一个比较关键的指标。根据国内外很多经济学家的论证：2049年，中国的经济总量将可能超过美国，成为世界第一。在巨大经济总量的带动下，中国的综合国力提升就成为必然的趋势。

20世纪80年代，邓小平同志提出"三步走"发展战略，其中第三步，就是到21世纪中叶，人均国民生产总值达到中等发达国家水平，人民生活比较富裕，基本实现现代化。同时，邓小平也提到了要增强社会主义国家的综合国力问题。

在党的十九大报告中，习近平再次提到“两个一百年”奋斗目标，从2020年到本世纪中叶可以分两个阶段来安排。第一个阶段，从2020年到2035年，在全面建成小康社会的基础上，再奋斗15年，基本实现社会主义现代化。第二个阶段，从2035年到本世纪中叶，在基本实现现代化的基础上，再奋斗15年，把我国建成富强民主文明和谐美丽的社会主义现代化强国。

那么社会主义现代化强国如何实现？我们应该实现和可能实现的目标能否如愿以偿？以经济实力为显性部分的综合国力又将如何提高？要回答上述问题，首先需要对我国的综合国力进行客观的测评和评价。以上诸多因素，促使本书选择“2049年”作为研究中国未来综合国力的时点。

为了使综合国力预测模型尽可能科学规范，需要对以往的国内外有关综合国力测算模型的研究成果进行分析总结，提取科学合理的精华，对不合时宜、不符合中国特色的模型进行优化处理，并根据新形势、新环境和中国综合国力提升的实际要求，形成相对独特的测算模型，并将这一模型应用于中国实现未来目标要求的某个时段的综合国力的大致预测。

长期以来，测评和评价综合国力，特别是要对综合国力进行量化分析和测定是一大难题。近年来，我国一些研究国力国情的专家学者也开始探讨这个问题。但不管如何测量，最关键的首先是测量工具的选择。打造高质量的测量工具本身是成功之始。古人云“磨刀不误砍柴工”，有好的工具和方法才能产生好的结果。采用正确的测算模型工具才能把我国2049年的综合国力的大概情况预测得更为准确、更为合理，从而针对具体目标找到发展和提升过程中的制约因素，并为促进国家的经济、政治、军事、社会、科技、教育、文化等协调发展提供对策建议，以应对国内社会变化和国际风云变幻所带来的潜在风险。离2049年还有近30年时间，1978年以来的40多年里，我们进行了对外开放、体制转轨、制度创新和经济社会转型，国家面貌焕然一新。此后30年，我们更要紧紧抓住这个宝贵的战略机遇期，统筹推进

“五位一体”总体布局，协调推进“四个全面”战略布局，力争到 2049 年把我国建设成一个国力强盛、社会和谐、文化繁荣、政府清廉、以人为本、科学发展的经济与社会盛世。

第二节　中国综合国力的时代价值

纵观人类社会发展历史，自从国家诞生以来，就有了国家之间的竞争。千帆竞发，百舸争流。随着时代的发展，竞争手段日趋多样，范围日益扩大。既有硝烟弥漫的战场厮杀，也有残酷无情的商场搏杀，更有悄无声息的文化扼杀；既有经济等硬实力的较量，也有思想制度等软实力的博弈；既有客观境况的驱使，也有主观意识的推动。而竞争的实质很大程度上是各国综合国力的较量。综合国力强的国家，则执世界之牛耳，如历史上的大英帝国、当今的美国；综合国力弱的国家，则遭淘汰出局，如历史上的奥斯曼帝国、沙俄帝国等，纷纷退出历史舞台，被新生元素替代。

在此，不妨先看看过去几个世纪中中国和西欧国家综合国力的情况。13 世纪初，中国在世界上的地位开始日渐下降，而此时西欧国家的地位则蒸蒸日上。文艺复兴运动在南欧半岛意大利兴起，后来逐步扩展到西欧，中世纪宣告终结。15 世纪资本主义萌芽，在商业利益的驱使下，西欧许多国家远洋航海，竞相寻找海外市场和原料产地，大大地推动了科学技术的发展，许多发明创造源于这些国家。1764 年，珍妮纺纱机的发明标志着第一次工业革命的到来。随着蒸汽机的发明和使用，世界进入工业文明时代，西班牙、荷兰、英国等西欧国家在世界崛起。到 17 世纪时，位于亚洲的中国却一直闭关自守，封建王朝视科学知识、技术进步为异端，认为商业会危害农业根本而对其进行打压；腐朽没落的封建贵族敲骨吸髓地盘剥农民，极大地损耗了社会财富，导致国力衰弱。到近代，自鸦片战争开始国运迅速衰败，中国饱受世界列强的侵略和欺凌。从中国和西方国家综合国力的一降一升的比较，可以看出：这是开放的市场经济对闭关自守的小农经济的胜利，是锐意进取对因循守旧的胜利，是科学技术进步对封建愚昧传统的胜利，是近代工业国家制度变革对传统农业国家制度僵化的胜利。而所有这些胜利都是一个经济体与另一个经济体综合国力较量的结果。

由此看来，一个国家的综合国力十分重要，它对该国在国际上的地位和国际事务中的作用，对参与国际竞争、谋求生存和发展以及国家间交往等，甚至对国家的生死存亡都有着关键的影响。当今世界，国家间利益交错的网络空前复杂，相互博弈的模式无不以双方的实力为考量，正所谓“不谋万世者，不足谋一时；不谋全局者，不足谋一域”，国家决策层在制定国家大政方针时，国际政治专家、军事战略专家和经济学家等在研究和提供政策咨询时，都需要考虑国家综合国力这个重要指标。

进入 21 世纪，人类社会更是进入综合国力激烈竞争的时代。逆水行舟，不进则退，这是一个永恒的现象。落后就要挨打，发展与提升国家的综合国力将成为一国争取未来国际地位的重要基础和为国民福祉做出重要贡献的标志，世界各国都在为增强本国的综合国力而研究对策、采取措施。在这场以增强综合国力为主战场的“战争”中，哪个国家能抢占到战略“制高点”，它就可能在战略上更占优势，政治更加兴盛，经济更加发达，军事更加强大，科技更加先进，文化更具生命力，就更有可能屹立于世界民族之林。经过 40 多年的改革开放，中国日益走近世界舞台中央，这唤醒了中国和平崛起的愿望，但在和平崛起的过程中也必然面临与他国的竞争与博弈。

纵观历史上大国强国之间的竞争，大国的兴盛无不与高度重视发展强大的经济、军事等硬实力和提升政治制度、文化等软实力相关。15 世纪以来，葡萄牙、西班牙、荷兰、英国、法国、德国、日本、美国等先后崛起的国家，在历史兴衰和发展综合国力方面是典型的代表。为什么崛起的是这几个国家而非其他国家，为什么它们又先兴后衰。回溯漫长的国家发展史，不知有多少能人志士历尽艰辛去探寻其中的逻辑线索，产生了若干启迪今天的鸿篇巨制和震撼人心的史实。这些历史的经验和教训对中国综合国力的增强与和平崛起定会产生有益的影响。

在上述几个国家中，最值得后起国家借鉴的是在不同时代的强国。按历史的先后顺序、所处时代的综合国力来看，典型意义上的强国是以下三个国家：荷兰、英国和美国。

首先，看看素有“海上马车夫”之称的荷兰。威斯特伐利亚体系后的荷兰之所以称霸欧洲，靠的是富有的经济、军事上的海上霸主地位以及先进的政治制度。经济上，当时荷兰财富的积累主要靠其发达的国内商业、海外贸易和先进的金融制度。17 世纪荷兰已发展成为航海和贸易强国，在世界各地建立殖民地和贸易据点。1602 年，荷兰联合东印度公司成立。到 17 世纪中叶，荷兰联省共和国的全球商业霸权已经牢固地建立起来。此时，荷兰东印度公司已经拥有 15 000 个分支机构，贸易额占到全世界贸易总额的一半。另外，荷兰还成立了西印度公司，与西非和美洲进行贸易。西印度公司管辖当时的新阿姆斯特丹，即现在的纽约。那个时候悬挂着荷兰三色旗的商船游弋在世界的五大洋中。当时，全世界共有 2 万艘船，荷兰就有 1.5 万艘，比英法德三国船只的总数还多。1648 年，荷兰已达到了商业繁荣的顶峰。这段时期被称为荷兰的“黄金时代”。延续一个世纪的荷兰经济奇迹造就了欧洲的“第一个现代经济体”。军事上，荷兰依靠庞大的海军舰队建立起海上霸主地位。政治上，荷兰靠的是资产阶级共和制政体，共和制政体的分权性质“赋予商人阶层充分的政治权利”，而且贵族势力收缩，人民享有较多的自由空间。这不仅有利于城乡之间的开放流动，也有利于个人灵活地选择职业，优化了劳动力、资本、土地等资源的配置。另外，宗教文化等政策使得人才随移民大量流入，这些经济社会的制度创新都大大激发了国家发展的活力。

其次，看看近代史上的主角大英帝国。这个曾经在历史上建立起比自己的国土面积大一百多倍的“日不落帝国”，堪称人类历史上影响力最大的国家之一。从 1588 年击败西班牙“无敌舰队”起步，19 世纪中期它成为世界级的殖民大帝国，19 世纪后期开始衰退，并最终于二战后将世界霸权让位于美国，它占据世界综合国力最强盛的霸主地位长达 300 多年。300 多年鼎盛的大英帝国面积之广大，堪称历史上最大的帝国。如此庞大的大英帝国固然有其经济实力和坚船利炮这些“硬实力”做支撑，然而也在于英国有民主、科学、艺术、议会制，有宪章运动、工业革命、光荣革命，有牛顿、达尔文、莎士比亚、亚当·斯密等这些思想文化的“软实力”。“由软生硬”，软硬相得益彰，由广泛的思想、科学、艺术、制度等这些软实力作为基础和源泉，产生了巨大的社会财富和国家军事力量，用强大的经济实力和先进的枪炮武器推动英国思想文化的影响力在全球扩散，以此促使英国称霸世界。大英帝国当时之所以成为世界霸主，得益于其在综合国力发展上的三个因素：一是积极发展资本主义工商业和海外贸易，二是因海外贸易产生军事争夺而获得海上霸权，三是率先建立民主政治体制，其中以经济增长为先导。三方面相互促进。

最后，看看当今世界的超级大国美国。美国自成立之日起，就把自己当作“自由的灯塔”，坚信自己的“天定命运”是领导整个世界，把人类引向“新的耶路撒冷”。这一愿望终于在二战结束后实现，美国登上世界强国宝座，成为超级大国，对世界格局产生重大影响。今天的美国虽然非常强大，可历史上的美国并不怎么强盛。正如兰德尔·伍兹所说的，可以说美国曾经是“三等国家，被认为在世界上不会有什么影响”。1898 年的美西战争，美国胜出，通过这场战争，美国不仅夺得西属殖民地，也拉开了美国殖民统治时代的序幕，美国逐渐成为一个新生的全球大国。然而，美国的强国之路有其独特性。从政治上看，美国从建国起，一大批政治精英就思考如何让美国崛起，从设计政治制度开始，明确宣布美国选择民主宪政体制，摈弃欧洲各国风行的传统的皇家王朝体制，以民主宪政制度保证美国社会的自由、民主与私人权益。从经济发展看，美国依靠充足的资源，从工业制造入手，工商立国起步，充分利用移民政策注入新能量，获取来自欧洲的充裕资本和技术，于 19 世纪 80 年代完成工业革命。从地缘政治看，两个大洋的安全屏障使美国免受战争与地区冲突的影响。通过利用这些优良的条件，美国在经济上积极参与国际贸易，在军事上进行领土扩张，综合国力逐步增强。

美国的经济实力在19世纪末已经跃居世界首位。20世纪中叶，第二次世界大战给美国提供了建立霸权的机遇，美国财富一度占世界财富的40%，在工商业、金融等方面处于绝对优势地位，并通过主导欧洲的战后重建，美国国力进一步强盛。美国的军事力量也大大强于世界其他国家，它在全球建立战略基地，并拥有向世界大部分地区投送兵力的能力。美国不仅拥有影响和操控其他国家的实力，也表现出强烈的政治意愿。到二战结束后，欧洲殖民体系土崩瓦解，原来的老牌欧洲列强已经守不住自己的阵地，英法等国只好退出世界政治舞台中心。伦敦《经济学人》杂志曾尖刻地指出，“我们必须认识到我们已经不是美国的平等伙伴了，也没有能力与美国平起平坐，……希望美国人尊重我们的利益，……我们仍得接受他们的领导”（1956年11月17日）。在这种极其有利于美国发展的世界环境下，20世纪成为“美国的世纪”，以美国为主导的世界新秩序横空出世，无论是现在的联合国机制，还是美元本位制的世界货币体系，乃至国际货币基金组织（IMF）、世界银行（WB）和世界贸易组织（WTO），都是美国领头设计的全球政治、经济机构，成为美国赖以控制和管理世界经济的得力工具。

在获得超级地位后，美国加快发展，成为全球经济最强国家，其经济总规模曾达到世界的一半，到20世纪80年代后期，经济规模仍占世界的四分之一左右。有了强大的经济支撑，美国军事力量的影响遍及全球，美国也逐渐充当了“世界警察”的角色。武装到牙齿的“世界警察”是需要强大的硬实力作为支撑的，即靠强大的经济金融力量、尖端的科技能力和打遍敌手的军事实力，除此还需软实力的支持。美国软实力中的制度和文化的吸引力、对国际机制形成与演变的影响力异常强大，大多数现存国际机制是由美国主导建立的，这为美国霸权提供了便利的权力资源。美国社会所推崇的自由、独立精神，开放和创新等元素使之聚集了全世界的科技和艺术人才，这也是美国成为世界强国的重要因素。

纵观历史上大国兴衰背后的综合国力的发展规律，总能找到一个国家如何提升自己综合国力的手段。上述三个国家的共性都是经济、军事等硬实力和思想文化、政治制度等软实力的同步强大，软硬实力相得益彰。换言之，一个国家如果只有经济军事上的强大而没有文化上的强大，那它依然是“跛脚鸭”——一条腿长，一条腿短，其综合国力仍谈不上强大。

如何找到通向强国的道路，实现强大综合国力的目标是关键。目标的实现需要恰当的手段，在施展手段实现目标的过程完成之前，决策层乃至整个社会都需要清楚地知道自身综合实力到底如何，并对标发达国家。我国的综合国力与先进国家有哪些差距，具体差距有多少，差在哪些方面？要准确地回答这些问题，就要对整个国家的实力进行考量和综合分析。其中，必然涉及数量指标和定量分析，只有采用定量和定性相结合的方法，找到适当的计量模型，综合国力的研究才具有现实意义。

对综合国力进行定量测算模型设定的研究，西方国家开始得比较早。第二次世界大战以后，世界经济与政治发生了重大变化，国家与国家、地区与地区之间的接触与交往日益广泛和频繁，国际交流和相互渗透在不断加强。第三次科技革命所带来的一系列思想、观念、知识、技术、管理等方面的变革，加深了世界范围内经济、政治、科技、文化以及其他社会生活领域的相互渗透、相互影响。人们对原来所持的绝对主权、国家本位主义的绝对国家利益观念有了改变，而是逐渐认识到国与国之间的竞争与较量是以综合国力为基础的。

到了 20 世纪 70 年代以后，东西方两大对抗集团对峙日益加剧，形成了以美苏为首的两大军事政治集团对峙的两极格局。美苏双方，一方面，由于其都拥有核武器威慑，以两国为首的两大集团的生存利益与安全利益不得不在某种程度上以共同生存为前提；另一方面，它们又需要通过增强各自的综合国力来获取竞争优势，从而在实际力量的对比上达到其威慑的战略目的。在这种大环境下，实行资本主义市场经济的西方国家在制度、科技、经济发展、企业管理等方面，似乎比实行计划经济的苏联更具灵活性，它们更知道，国家竞争背后可测量的综合国力更具决定性。因此，西方发达国家对综合国力的理论研究遂开始由定性研究向定量探索的方向转化，通过定量分析提供更为直观、更能互相比较的数据。这一进展使当代综合国力理论研究在方法上有了一次重大飞跃。

第一次对综合国力进行定量测算的是 J. P. 考尔，他先将国力要素分解为领土面积、人口、钢消费量、总军事力量等几个指标，然后经加权平均计算得出综合国力指数。按照这一方法，考尔利用 1967—1968 年的资料对几个主要国家的综合国力进行了测算。这段时期在定量研究上富有创见的还有德国的威廉·富克斯教授、美国的克莱因教授以及美国国会研究防务问题的专家约翰·M. 柯林斯。其中，前两位明确列出了综合国力的测量模型。到了 20 世纪 80 年代，综合国力基本理论和测算模型又有了新的发展，其中日本理论研究所取得的成果和在测算模型方面的建树超过了美国。1987 年日本研究机构发表了调查报告——《日本的综合国力》，研究人员创立了国力评估体系，采用比较评分和加权算术平均的方法，利用 1985 年的资料对主要国家的综合国力进行了测算。另一日本学者福岛康仁在克莱因国力方程的基础上，提出了修正国力方程模型。类似克莱因的国力方程，英国学者罗伯特·汤普森也提出了评价综合国力的公式：国家实力 =（人力 + 资源）×意志。

相比西方国家对综合国力的研究，我国对综合国力的认识与研究相对较晚。1978 年改革开放以后，思想逐步解放，我国开始重视科技在生产力中的重要作用，不断引进国外各类先进知识和技术，学术研究开始探入深处，并逐渐向国际前沿靠拢。综合国力的理论研究得到重视，各类研究机构和大学纷纷参与综合国力的理论研究和实际测评。此时，中国才真正有了综合国力理论及测算模型的研究，以黄硕风、宋瑞玉等人为代表的一批学者，分别在理论和测算模型上取得了较为丰硕的研究成果，填补了我国在综合国力测算模型研究领域方面的空白，理论架构和研究方法也逐步丰富起来。

从历史和现实看，综合国力理论及其测算模型的研究非常广泛。世界各国政府、军事单位、科研院所、智库乃至国民无一不关注，许多国家的大型机构都在投入大量人力财力对其进行研究，试图率先找出提升本国未来综合国力的捷径，为本国在全球综合国力竞争中取胜提供智力支持。

美国的著名研究机构兰德公司[①]，主要从事关于全球各国的国情国力及军事外交等方面的秘密研究，把研究成果提供给政府作为决策参考，同时也向全球公开提供部分研究成果，并定期对世界各国综合国力进行排名。

日本国际问题研究所[②]，不仅从事本国国情国力的研究，还对世界超级大国的综合国力进行研究。

中国也有从事综合国力的研究机构，如中国科学院、中国社会科学院、北京大学国家发展研究院、清华大学国情研究院、国家软实力研究院等学术智库，它们也在从事中国的国情国力和世界主要国家的综合国力研究，通过研究发现国家政治、经济、文化和社会发展中急需关注的重大问题，并提出建设性意见与对策。

总之，综合国力的研究已经成为国际战略研究的中心议题。然而，这一中心议题的研究是一项非常复杂和艰巨的工作，不仅涉及综合国力的基本理论和一个国家在各个方面的实力评测，也包括如何对各个国家的综合国力水平进行比较，还包括如何根据国际形势和本国的国情国力情况制定出增强本国综合国力的对策，等等。

可见，综合国力研究课题是一个运用各类基础性科学知识和技术手段进行交叉综合分析的应用课题，开展综合国力理论和测算模型研究的最终目的就是应用。纵观国内外相关研究测算模型，似乎较为强调一国当时的综合国力状况，国与国之间的横向对比，以及把综合国力与其他领域结合起来研究，而对一个国家未来某个时间点的综合国力进行预测不是很常见，或者影响力微弱，不见经著，预测模型构建方面的文献资料更是难以寻觅。因此，很有必要开展综合国力预测模型方面的专题研究。当然，预测往往很难那么

① 兰德公司是美国最重要的以军事为主的综合性战略研究机构，是一个研究政治、军事、经济、科技、社会等各方面的综合性思想库，被誉为现代智囊的“大脑集中营”“超级军事学院”，以及世界智囊团的开创者。

② 日本国际问题研究所是一个半官方的国际问题研究机构，是日本研究国际问题的重要机构，其宗旨是通过对国际问题的研究，为日本外交政策的制定提供建设性意见。

准确，只是给人们一个框架、一个预示、一个未来远景，让人们有一个预期、一个信念，并为之提前做好奔向那个目标的思想准备和战略前瞻。本书试图在对前人研究成果进行分析选择的基础上，通过规范提炼与实证检验，建立一个侧重于未来综合国力的测算模型，并把它应用于对2049年中国综合国力的研究上。

这一预测性研究不是凭空想象，而是具有实际依据，可以用历史的数据和经验教训推测未来的可能情形。但需要说明的是，一个国家综合国力的增强建立在经济腾飞的基础上。中国加入WTO之前，特别是1978年改革开放之前的综合国力弱小的根本原因就是我们的经济增长缓慢，总量小，经济实力弱。改革开放后，中国的经济增长带来经济总量的积累，使经济实力得到巨大提升，这也为未来中国的综合国力达到一个更高的标准奠定好的基础。理由如下：1979—2009年，中国经济年均增长率达9.9%，尤其是2001—2009年的年均增长率达到了10.7%①，中国GDP占世界GDP的比重从1.8%上升到9.5%。中国对世界经济的贡献率不断上升，1978年仅为2.3%，与美国相差35%②，2003年是4.6%，到2009年上升到7.8%，仅次于美国（22.6%）和日本（8.06%），居第三位。而到2010年初，根据世界银行计算，中国对世界GDP增量的贡献率增长到14.5%，成为全球第一大贡献国和第二大经济体。③ 援引高盛公司数据，2000—2010年中国对世界经济的累计贡献率已经超过20%，高于美国，④ 外向型经济上，2010年进出口贸易额上升为全球第一位，外资吸引力和外汇储备的形势喜人，1979—2010年，中国吸引外商投资累计达10 600亿美元，成为发展中国家中吸引外资最多的国家⑤。到2010年底，中国外汇储备超3万亿美元，成为全球外汇储备

① 王一鸣：《我国中长期经济增长趋势与加快转变经济发展方式》载于中国权威经济论文库。

② 中国科学院生态环境中心国情分析室．中国经济增长的现状、短期前景及长期趋势［J/OL］．http：//emuch.net/fanwen/97/10434.html.

③ 资料来源：http：//www.21cbh.com/HTML/2008－11－18/HTML_GM1DF1BLW7T1.html。

④ 国新办．中国的对外贸易白皮书［M］．北京：对外经贸出版社，2011

⑤ 资料来源：第四届中外跨国公司CEO圆桌会议资料。

最多的国家。经济增长的问题，在某种程度上就是综合国力增强的问题，经济快速增长对综合国力上升的意义是不言而喻的。

我们研究讨论经济增长，在某种程度上就是在探究综合国力的提升问题。按照中国现在的经济增长率 6.5% ~7.5% 来测算，并考虑一定的不确定因素。例如，考虑到出口外向型经济的变数、投资拉动型经济的不可持续性、产业结构转型及环境资源等承载能力的诸多因素，有可能导致中国整体经济结构必须调整、增长率必然下滑，平均增长率暂且按 4.5% 左右计算；而同期的美国属于消费型经济体，第三产业发达，其综合增长率不应超过中国，根据历史记录平均，2025 年到 2050 年其经济增长率应该不超过 2.5%。据此，对比两大经济体的现有基数和增长率，最终测算：到 21 世纪中叶，中国很有可能会成为世界第一大经济体。对此，国内外学者也有诸多论证，有的学者甚至认为中国到 2030 年就会成为世界第一大经济体，相关学者的论述如下：

2008 年诺贝尔经济学奖获得者保罗·克鲁格曼 2009 年在主题为“全球经济复苏与中国机遇”的演讲中指出，中国要成为世界上最大的经济体还需要 20 年时间，即 2030 年左右。

2011 年 5 月，波士顿咨询在北京发布题为《10 万亿美元的挑战：打造中国企业竞争力，实现世界一流生产力》的调研报告。报告预测至 2030 年中国 GDP 将达到 17.7 万亿美元，比 2010 年增长超过 10 万亿美元。这一增长不再可能由廉价劳动力的规模导致，而应由投资和生产效率的提升所产生。

2012 年 11 月，世界经合组织发布了一份题为《展望 2060：远期增长的全球视野》的报告。报告称，中国可能最早会在 2016 年就取代美国，成为第一大经济体。这种结论没有考虑中国经济结构中存在的问题，仅仅从过去 10 年的中国经济平均增长率来推算，显然有失客观。

2012 年 12 月 10 日，美国国家情报委员会发布一篇报告，题为《全球趋势 2030：可能的世界》，预测中国在 2030 年以前将超过美国成为最大的经济体，欧洲、日本和俄罗斯经济很可能会继续缓慢地相对衰落。

同时，也有很多国内学者认同中国将在未来的20—40年成为世界最大经济体。相关论述如下：

2009年10月，著名经济学家、时任北京大学光华管理学院院长张维迎提出，到2030年，美国和西欧的GDP总量将分别达到全世界经济总量的17%和13%，而中国将达到23%左右，成为世界第一大经济体。

2010年2月，国务院发展研究中心发展战略和区域经济研究部研究员李善同发表文章《“十二五”时期至2030年我国经济增长前景展望》，预测到2030年，中国人均GDP将超过13 000美元，经济总量达到17万亿美元左右。

2010年5月，国务院发展研究中心金融研究所名誉所长夏斌预言：中国经济在未来20年面临四大历史机遇，中国经济的总体实力到2030年左右可能将赶超美国。

2011年6月，中国经济思想史学会会长、北京师范大学政府管理研究院院长、浙江师范大学经济与管理学院院长唐任伍发文指出：中国经济总量何时超越美国，关键在于中国经济高增长模式能否延续。如果中国继续保持过去30年那样9%以上的年增长率，那么在2030年到来之前，世界经济版图就有可能被改写，21世纪的后半个世纪就有可能成为“中国的世纪”。①

2011年9月，清华大学国情研究中心使用了三种评估方法预测，到2030年中国的经济总量将相当于美国的2—2.2倍，如果美元贬值，人民币出现较大幅度升值的话，可能会超过2.2倍。②

2012年8月，曾任世界银行副行长、北京大学国家发展研究院名誉院长的林毅夫说，到2030年，中国的人均收入有可能达到美国的50%，中国的总体经济规模按购买力平价计算可能达到美国的两倍，按市场汇率计算的经济规模有可能至少和美国相当。美国当时的140家世界500强企业可能降到

① 唐任伍．中国持续高增长的新动力［J］．人民论坛，2011（15）．

② 据经济之声《天下财经》报道。

80 家或 70 家，而中国的世界 500 强企业很可能从 57 家变成 120—140 家，努力一点还可以到 150 家。中国有可能再次成为世界上最大、最强的国家，到那时候中国的经济很可能占到全球的 25%。

2012 年 11 月，中国人民大学经济研究所所长毛振华认为，中国迈入中等发达国家的门槛，仍会保持一定的发展速度，并逐步优化社会消费结构，依靠国内消费市场，在较高的社会保障之下，劳动力价格得到较大幅度提升。在这个过程中，中国经济发展速度将相对放缓，外贸出口占 GDP 的比重会逐步下降。

从以上国内外学者的论述来看，很大一部分人认为 2030 年中国经济总量有希望成为世界第一。但也有不同声音，认为中国到 2030 年赶超美国成为第一大经济体，是在当前不变的世界政治经济形势下的设想，依据的仍然是中国的经济能保持较快增长，没有考虑国内方面的环境承载能力、资源能源供给、人口老龄化等不确定因素，也没有考虑全球经济走向以及可能出现的新科技革命带来的全球经济结构调整等影响因素，特别是没有考虑美日欧的消费经济发展态势改变对中国经济增长的影响。

但国内外绝大部分学者认为，到 2040—2050 年，随着中国市场经济的日益成熟和改革的深化，经济社会发展的制度因素逐步完善，经济结构调整逐步到位，体制机制运转实现良性循环，加上中国中产阶层成为社会主体，文明程度大幅提升，经济稳定增长的社会基础形成，生产效率得到提升，中国超过美国成为第一大经济体的概率超过 50%。

持有这种观点的国外学者的研究有：

高盛集团经济学家多米尼克·威尔逊（Dominic Wilson）撰写的《与 BRICs 一起梦想：展望 2050 年》的报告，在全球曾引起很大反响。在这份报告中，他预测巴西、俄罗斯、印度、中国作为新兴经济体，将在 2050 年前超过发达的六个国家（美国、日本、德国、法国、意大利、英国，简称 G6）。到 2050 年，在 G6 中，只有美国、德国和日本可能位于世界六大经济体之列。高盛的上述报告还提到，中国经济可能在 2039 年超过美国，到

2041 年中国成为世界第一经济大国。

乔根·兰德斯著的《2052：未来四十年的中国与世界》一书，对中国未来前景有乐观估计。他认为，由于中国政府对投资领域的强有力控制，它有可能为增强国家的未来综合国力而配置资本，中国有明确的增加公民收入的雄心，加上对环境领域不断加大的投入，中国还将在能源、粮食和其他基本资源自给自足的道路上取得显著的进展。他甚至预言："中国在 2052 年将成为世界的领导者。"同时，中国向经济主导地位的过渡将是和平的。而美国将在相当长时期内陷于停滞；欧洲的人均消费水平到 2052 年只会有小幅度的增长；金砖国家如巴西、俄罗斯、印度、南非以及另外 10 个大型新兴经济体，将以正常速度取得发展，但全球气候将为此付出代价。

世界经济学人集团 2015 年发布的经济预测报告对中国未来经济发展持乐观态度。报告称，到 2050 年，中国 GDP 将达到 105.9 万亿美元，美国达到 70.9 万亿美元，印度为 63.8 万亿美元。

国内研究机构和学者也对 2049 年左右的中国经济进行预测，主要有：

中国科学院早在 2009 年就对 40 年以后的中国经济做了较客观的预测，其发布的中国发展路线图预测：2050 年中国将进入世界中等发达国家行列，成为政治、经济、社会、精神、生态五大文明高度发达且高度开放的国家，经济总量达到世界第一，人均 GDP 达到中等发达国家水平，经济保持持续、稳定、协调发展，科技创新能力居于世界前列，全国人民过上富足安康的生活。

复旦大学新政治经济学研究中心主任史正富教授的《超常增长：1979—2049 年的中国经济》以 1979—2049 年的中国经济为研究对象，认为到新中国成立百年之时，在 GDP 总量和人均 GDP 上，中国都将成为世界领先国家。

从综合国力的角度来看，当前美国无疑仍是世界上最强大的国家，但我们也有理由、有自信认为中国经济规模在未来二三十年有超过美国的现实可能。也就是说，到 2049 年中国成为超过美国的世界第一大经济体的可能性很大，但综合国力与美国的差距依旧长期存在。未来中国强大的经济实力能否转化为相应的综合国力，不是简单的算术题，而是一个极其复杂的转化过程，经济强不一定综合国力就强。尽管一些学者很乐观，认为中美国家实力的鲜明对照是疲惫不堪的超级大国美国面对迅速崛起的中国，但这些观点被认为是一种不切实际的盲目乐观。我们仍然要对中美实力差距保持清醒的认识，尽管美国面临着霸权衰退，但仍拥有相对于中国的众多优势。相对于其他大国而言，美国在经济、军事、科技、教育、创新、科技人才等方面仍有很大优势，其文化、政治和社会制度影响力之强大亦非其他国家所能轻易赶超，中国短期内也不可能与之比肩。但中国综合国力应该会伴随经济快速增长呈现绝对的上升趋势，至于如何上升，上升幅度大小是一系列需要研究的复杂问题。

一个新兴大国的崛起必然引起世界各国的注意，国外的各种研究机构和官方都在分析预测中国的国情国力走势。中国经济是否能保持稳定增长，是否能转化为强大综合国力，这些都成为国外许多人的话题，有赞扬中国的声音，也有诋毁、污蔑中国的不和谐之调。一时间，“中国威胁论”“中国崩溃论”“中国政治不确定论”“大国责任论”等诸多论调甚嚣尘上。与此同时，美国开始把战略重心转移至亚太地区。2011 年 11 月 19 日，美国首次以正式成员国身份参加东亚峰会，这是美国战略东移的重要标志。

美国战略东移的主要目标是：加强双边安全联盟；深化美国与新兴大国（包括中国在内）的合作；参与地区性多边制度；扩大贸易和投资；打造有广泛基础的军事存在；促进民主与人权。① 美国战略东移以抓住亚太世纪的机遇和应对中国崛起的挑战为核心议题，以巩固和发展美国在亚太地区的领导地位为核心目标，其主要目的是平衡中国日益增长的全球和地区影响力。美国认识到与中国合作的收益，但更忧虑中国崛起带来的严峻挑战，把维系其主导的地区均势不被打破视为东亚战略底线。为了防止这个底线被突破，防止中国国力强大对美国形成潜在威胁和直接挑战，美国全面加大对亚太地

① Hillary R. Clinton, “America's Pacific Century”, Foreign Policy, Iss. 189, Nov. 2011, pp. 56 – 73.

区外交、经济和资本投入，加紧价值观渗透，加强在西太平洋的军事存在，加大了对中国的战略包围，不但继续阻挠中国大陆和台湾的统一，而且从东北亚、东南亚、南亚等各方向加强对中国的战略遏制。

这一系列事件的发生与近几十年来国际风云变幻密切相关。自20世纪七八十年代世界格局经历了倾覆、分化和改组，苏联解体、欧洲衰落、美国掌控国际体系能力的相对衰退，历史大潮将亚太地区变成了全球地缘政治博弈的中心，也将尚未完成全面建成小康社会和改革开放刚刚起步的中国推上了世界政治经济舞台。伴随中国经济的持续快速发展，各项事业取得巨大成就，中国的国际地位和国际影响力迅速提高，对世界政治经济的发展和国际和平与安全发挥了举足轻重的作用。在这样的国际背景之下，2049年之前中国的发展情况将对中国和整个国际社会产生不可估量的影响。如果中国经济的发展势头得以保持并增强，再加上具有良好的国内社会发展环境和国际和平环境，到21世纪中叶，中华民族伟大复兴的梦想将一定能实现。当然，中国的崛起也不可避免面临来自各方面的挑战，需要我们时刻警惕。站在历史的十字路口，国家的命运与综合国力的提升密切相关。因此，研究2049年的中国综合国力很有必要，它可以提醒中国人：我们的担当是什么，未来我们需要做哪些改进，也可以有力地回应那些毫无根据的评论和徒劳无益的“围堵”。

在不同历史时期和发展阶段，根据我国国情和人民意愿提出具有科学性、导向性和感召力的奋斗目标，是我们党团结带领全国人民推进国家建设的一条重要经验。改革开放以来，从“三步走”发展战略到中国梦宏伟蓝图，中国共产党提出的奋斗目标有力地引领中国人民推进社会主义现代化建设，创造了并将继续创造中国经济发展奇迹。

“三步走”战略是邓小平理论的重要组成部分，是改革开放后我们党提出的第一个现代化发展战略。党的十九大进一步明确了“两个一百年”奋斗目标，到21世纪中叶，把我国建成富强民主文明和谐美丽的社会主义现代化强国。离2049年还有不到30年的时间，对于中国这样一个大国来说，30

年弹指一挥间，而对于我们这一代人来说，30 年可以做很多事，我们不应虚度年华。作为中华民族的一员，每一个公民应奋发图强，尽自己所能做出贡献；我们的国家要紧紧抓住这个宝贵的战略机遇期，推动经济贸易、政治法律、国防外交、科教文卫等不断发展，力争到 2049 年把我国建设成为一个国力强盛、社会和谐、以人为本、科学发展的社会主义现代化强国。

第三节　中国综合国力的理论与实践内涵

综合国力是一项研究国家力量和未来发展战略的课题，不仅关系到一国的生存与发展，而且还涉及人类社会的文明与进步。一个国家只有积极发展各项事业，提高生产力和增强文化底蕴，并强化其理论研究和实践探索的能力，努力提高其综合国力，才能在世界强国之林中立于不败之地。本书就是从这个意义出发，也是在上述国际大背景和中国综合国力增强的诉求下产生的。在当下这样一个复杂多变、竞争激烈的特殊历史时期，开展综合国力预测模型设计及应用方面的研究更具有深刻的理论和实践价值。

第一，对 2049 年中国综合国力的预测研究，有利于丰富和发展综合国力的理论，优化综合国力计算模型。同时，在实践中有利于加深各级政府对综合国力的认识，特别是从量的角度来认识我国综合国力目前在全球的排名和地位，以及未来综合国力提升的趋势，有利于在经济社会发展、公共服务和对外经济技术交流中目标更明确地开展工作，也有利于普及民众的综合国力知识，增强全民的国力意识和爱国热情，从而自觉地为建设国家贡献自己的力量。

第二，对 2049 年中国综合国力的预测研究，有利于研究人员发现中国综合国力与发达国家的差距以及造成综合国力差距的根源，也便于我们找出实现综合国力未来发展目标的制约因素及解决问题的对策。当前，中国已经是全球第二大经济体，2019 年 GDP 已逾 14 万亿美元，是世界第一大外汇储备国，也是世界科技大国和军事强国。强大的国家硬实力没有使中国具备与发达国家同样的综合国力，这就需要我们深究背后的根本原因。尤其是进入新时代后，中国面临的国际国内形势更为复杂，要实现到 2049 年把我国建成国家富强、民族振兴、人民幸福的社会主义现代化强国这一伟大目标，需要全国各界精英和全国各族人民的群策群力、努力奋斗，每一个人都有义务为这一宏伟目标贡献自己的智慧和力量。

第三，综合国力测量模型的研究，能丰富综合国力学术领域的内容和范围，在一定程度上填补了综合国力预测领域的空白，为扩大和深化综合国力理论研究做出微薄的贡献。我国当前的综合国力预测研究还处于探索阶段，和西方发达国家相比，从事此类研究的机构、人员和经费投入等还远远不够，尤其是技术手段还有许多空白需要填补。这就需要大量研究力量的投入，而这些研究力量的投入将大大丰富综合国力测算的内容和形式。

第四节　中国综合国力的价值取向

综合国力的研究是一项具有鲜明价值取向的社会科学领域研究。不同国家的社会制度、历史传承、民族特性、价值观和政府治理等，将决定综合国力研究的目标和增强战略的方向与结果，也就决定了研究综合国力测算模型的具体式样和路径选择。众所周知，一个国家的资源条件一般是既定的，也势必受到外部环境条件的约束。如何在确定综合国力竞争战略中实现其国家利益和国力目标，这无疑是一个价值取向问题。

本书的研究认为综合国力理论探索和测算模型的构建是一门整体性与系统性的社会科学，而其在中国具体应用的主旨关乎中国可持续发展的国家力量和战略选择，其最终目的是提高中国的综合国力和国际影响力。在国际社会经济和安全领域，既有长期博弈、综合较量、重点突破、决胜未来的竞争一面，又有求同存异、取长补短、广泛协调、携手共进的合作一面，竞争中合作，合作中竞争。在这样的国际社会开展竞争与合作，有助于我们不失时机地进入世界经济运行的大循环，分享因积极参与国际经济贸易分工与协作带来的收益成果，并在全球安全领域勇于承担相应的国际义务，提供与综合国力相称的国际公共产品，从而为人类社会的文明与进步做出较大的贡献。

为了尽可能达到研究的客观性和准确性，必须在研究中探究科技、经济、军事、政治、文化、外交和国民素质等各方力量的合力所产生的系统效应，而综合国力诸要素中科技实力和经济实力是核心要素，但经济增长要求具有可持续发展的后劲，不符合综合国力可持续提高的经济增长是不可取的。研究中国综合国力价值取向的问题，就是确定中国国家竞争战略中实现国家利益和综合国力目标的标准。各国所处的国际地位不同，价值观也就不同，某些发达国家的综合国力理论研究的价值判断往往带有霸权主义和强权政治色彩。我国研究综合国力、实施综合竞争战略，客观上是为了国力昌盛，维护国家的正当利益，否则国力强大就没有意义，但这绝不代表霸权，中国不会选择霸权。

回顾过去，中国改革开放 40 多年来的经济和社会发展、综合国力增强，是在克服重重困难的过程中取得的成果，这一发展成果为中华民族的伟大复兴奠定了基础。对于已取得的成就，我们固然值得自豪，但我们必须清醒地认识到，当今世界形势虽然总体趋向缓和，但天下并不太平，战争危险依然存在，世界仍处于动荡不安之中。和平与发展虽仍是世界的主流，但制止战争仍需爱好和平的人们共同努力。中国坚定地站在和平力量的一方，因此必须有足够的军事力量来制止战争，而战争是国家综合力量的竞赛。而从世界政治经济发展的历史看，每一次全球重心的转移，如从四大文明古国，到欧洲的英、法、德，到美国，都伴随了重大的思想革命和制度创新，从而引发科技革命，例如欧洲的工业革命（发明新技术和新资源）、资产阶级民主革命以及美国的市场机制。那么，在 2049 年乃至未来更长的时间内，中国有没有重大的思想革命、制度创新和技术革命？如果有，中国重大的思想革命和制度创新能否释放巨大的综合国力潜能？中国重大的技术革命是否就是引领世界的第四次科技革命？重大的制度创新和科技革命如何实现？需要什么样的战略支持？它带来的经济增长和综合国力的远景如何？这需要从综合国力的内涵、构成要素，到确定测算模型及实际测算，再到分析目标实现的制约因素和恰当的路径选择等多方面进行分析，所有这些问题构成了本书的研究框架。

第二章

站在新的历史方位上
诠释综合国力

2049 年中国综合国力的研究需要逻辑起点，综合国力的基本理论就是本书研究的逻辑起点。综合国力概念的诠释，理论的展开，测算模型的构建、优化及其应用是本书的逻辑顺序，研究涉及的学科体系众多、素材广泛，知识面要求也庞杂丰富，相当多的理论工具要运用其中。而所有这些构筑起来的结构框架需要建立在牢固的理论基石上。综合国力的基本理论包括：有关国家的要素、本质与职能，有关综合国力的内涵、构成要素及其与其他概念的关系。

第一节　综合国力的基本内涵

综合国力是一个中性词，它不受意识形态和价值观的左右。一个国家为了生存发展，需要综合国力支撑，你不强，别人就强于你。因此，我们不能一味地把本国的综合国力概念和其他国家的对立起来，那样只能把自己的研究推向实践上不能接受、理论上不能解释的死胡同，研究出来的结果也毫无意义。

实际上，无论哪个国家，研究综合国力的目的首先都是维护自身生存发展，然后是增强国家竞争力。改革开放后，中国经济实现了平稳快速增长，2010 年已成为世界第二大经济体，2016 年成为工业制造能力最强大的国家之一，人民币在全球交易和支付结算中所占比例逐步提高，并进入国际货币基金组织的一揽子货币，被正式纳入特别提款权（SDR）。经过几十年的发展，中国对世界的影响力越来越大，大国的“势能”逐渐显现，这是不可避免的，如果否认这一客观事实，就背离了增强综合国力的原本宗旨，这样的研究也就没有什么实际意义。当前，世界虽然已是全球化的文明社会，通过一些国际对话、协商、调解、谈判、判决等机制尚能解决部分国际纠纷，战争一定程度能避免，但大自然的“丛林法则”在今天的国际社会中仍然有用，现实中表现为国家之间、国家集团之间的领土争端、领海争权、资源争夺。因此，我们需要先了解综合国力的相关概念和特征。

一、 什么是综合国力

综合国力是指一个主权国家在一定时点上所能调动和发挥的国内、国际所有资源及潜力，并通过一定的体制机制（制度供给、政府能力、民众能力、社会文化），使其转化为包含有关要素力量在内的一种综合矢量，这种矢量就是一种对内提供良好治理，确保社会安定、国民安逸，满足国民需求，解决国内问题的能力，对外维护和追求国家利益，倡导和捍卫国际正义，并通过比较或直接较量，让别国心理上认同、接受，行动上不敢轻易侵犯其国家利益的实力和国际影响力。它的大小强弱，反映了一个国家的发展水平，决定了一个国家在国际上的地位和作用。

从上述概念来看，综合国力包含如下基本内容：

第一，综合国力是一个主权国家所拥有的全部实力，是国家在国际社会竞争博弈过程中表现出来的以国家主权为基础的国家综合力量，表现为一种“力场”中的矢量形式，具有大小、方向和作用的力。综合国力主要表现为动态变量，但又可以度量和测算。

第二，综合国力是一个综合性的概念，表现为由诸多要素构成的非线性动态系统。它既包括具有物质形态的“硬实力”，也包括精神智力形态的“软实力”，还包括如何巧妙地利用形势和环境趋势协调软、硬实力的“巧实力”；既包含自然因素，也包含社会因素，还包括国民的心理和精神因素；既包含实力，也包含资源，还包括由资源转化为实力的机制。诸多要素下面有若干个子要素，它们共同构成综合国力的系统。系统的非线性意味着综合国力的发展速度在时点上不是均衡的线性，也意味着各构成要素无法均衡地找到综合成合力的最佳平衡点。因此，顾此失彼、孤立地强调任何单一的要素（比如以 GDP 为核心的经济实力）都不能完整、准确地体现一个国家的综合国力，即使是某些威慑很强的力量（比如强大的军事实力），也不能完全代表一个国家的综合国力。

第三，综合国力既关乎整个国家的对外影响力和威慑力，也关乎国内民众生产生活所依据的力量来源。综合国力发展的目的就是对外独立，对内支持。一个国家综合国力的强大不仅产生对外强制的威慑，使别国的外交军事、经济贸易等行动受之影响，而且对内产生有力的引导和支持，使个人和组织的经济社会活动和文化活动受之影响；同时，一国综合国力的强大，也使其在国际上获得安全感和更为有利的竞争态势，在国内更能稳定社会秩序，为发展营造和平的环境。

第四，综合国力由历年积累的存量国力和一定时间段内新创造的国力两大部分加总而成。两大部分之间相互联系、相互依存。通常是国力创造决定国力积累，同时国力积累又反作用于国力创造。这种作用与反作用关系，使国力创造与国力积累呈现出两种截然相反的效果，或两者相互强化和促进，或相互弱化和矛盾，综合国力总量因此受到相应的影响。

第五，综合国力的积累和创造不仅要靠全体国民的努力工作，更要靠能使资源和潜力转化为现实实力的良好体制与机制。资源和潜力固然是综合国力不可缺失的根本，但良好的制度，特别是政治法律方面的体制与机制，能最大限度地争取资源，充分挖掘潜力，广泛调动积极性，最终转化和聚集为现实的国力。

第六，综合国力竞争战略强调不同时空内竞争与协作的有机统一。全球经济一体化、区域经济一体化成为当今世界相互联系的主要形式，国际社会相互依赖性增加，国与国之间一方面具有激烈的竞争性、相互排斥性和对抗性，另一方面也具有日益增强的合作性、相互可比性和相互影响性。激烈的竞争对抗能促使各国感到外部压力，不断刺激本国增强国力的欲望和诉求，防止落伍挨打。同时，良好的合作关系又能促使各国增加内部动力，不断积累资源和提高本国发展国力的效率。竞争中的合作、合作中的竞争融为一体，成为当代综合国力理论研究和实践发展的新趋势。正确把握好这种发展趋势，将有助于我们在世界经济的大循环中获益。

二、 综合国力的特征

综合国力是以国家为整体表现出来的维护和获取国家利益的力量，强调国家力量的整体性和系统性，它包括所有直接和间接获取国家利益的因素，是经济、科技、军事、政治、文化、外交和国民素质等各方力量的合力所产生的系统效应，同时也并不放弃在其中几项根本性或具有本国特色和优势的重点力量上的集中突破。这是综合国力提高与发展的根本立足点，它提醒人们在衡量、观察、理解、思考国家实力的时候应该既要采取全方位、全视角的方法和态度，又要处理好重点和非重点、主要矛盾和次要矛盾的关系，从而把握全局，突出重心。

综合国力是一种系统的、时间性的、动态的综合力量，是在系统与外部的交流和系统本身的运动过程中形成的。综合国力是一个系统，不是其构成要素的简单加和，而是各要素相互联系、相互作用所构成的具有一定结构特征和运行规律的整体，其功能的状况或水平不仅取决于其构成要素的状况或水平，更取决于其构成要素之间的结构比例及其耦合机制。因此，综合国力水平既有大于其构成要素之和的可能，又有小于其构成要素之和的可能。这就要看如何将资源或潜在的基础性实力最大限度地转化成现实的综合国力，并协调各构成要素，使其总体力量大于各部分力之和。综合国力具有时点上的差异，不同时点的综合国力是不同的，取决于各个时点国内政治、经济、科技的发展态势和国际形势的走势。因此，一个国家的综合国力，总体上看不是线性的、静止的，而是动态变化的。综合国力不仅关系到一国的生存和发展，表现为对本国国内社会的贡献，还通过国家间竞争和互相影响，直接表现为对人类社会的贡献。

综上，本书认为综合国力的概念呈现出综合性和概括性、战略性和强制性、科学性和协同性等特点。

三、 现实综合国力和潜在综合国力

综合国力有潜在综合国力与现实综合国力之分。现实综合国力是指构成综合国力各要素已经具备的实力和各要素之间有机组合所显示出的整体实力，也即一个国家在现实中存在的实力。本书所认定的现实综合国力就是2010年中国的实际综合国力，表现为2010年国家在硬实力、软实力、巧实力和可以利用的重要资源等方面的综合力量。潜在综合国力是指自然界和社会中已经存在的但尚未获取的、尚未转化为可以利用的资源或实力。但随着时间的推移，经济增长、技术进步、社会发展和制度改进能使那些可以利用的资源逐步转化为要素实力，从而使整个要素系统组合功能得到增强。简言之，潜在综合国力是指未来某一特定时期，由于制度、规则、机制、方法的改进，各种各样的要素实力发生变化而表现出来的综合实力。潜在综合国力测定实际上是对未来综合国力发展趋势的预测。本书拟认定的潜在综合国力就是指由于国力转换机制的效能问题，该出现但没有按预期充分展现的综合国力。未来中国要努力通过转换机制的效能提升，把潜在的综合国力增强因素释放出来，使那时的现实综合国力基本等于潜在综合国力。

四、 综合国力与其相关概念的关系

显然，研究综合国力，深刻认识综合国力的丰富内涵，必然要涉及一些相关概念，这些概念都是与综合国力密切联系的各类相关要素。综合国力与这些概念之间既有联系，又有区别。

1. 综合国力与国家利益

综合国力与国家利益关系密切。在综合国力与其他众多范畴的关系中，其与国家利益的关系是最重要的。

“国家利益”一词的准确界定比较困难，不同国家对这一概念的理解不一样，不同学者对“国家利益”也没有统一的认识。美国的国际关系学者乔治·凯南（George F. Kennan）认为，现代国家对外政策的一系列目标中，有三大基本目标构成国家利益的主干：一是提供军事上的安全，二是维护政治上的完整，三是促进经济上的繁荣。国内学者王容成认为，国家利益是指民族国家追求的主要好处、权利或受益点，反映这个国家全体国民及各种利益集团的需求与兴趣。学者郭秀清和牛冬梅发文指出，国家利益是以国家为利益主体的利益，在不同时代具有不同的复杂关系，一切能够满足国家生存发展等方面需要并且对国家具有好处的事物，都是国家利益；任何国家利益也都是满足或能够满足国家生存发展需要并且对国家有好处的事物。[①] 当然，这种事物既可以是实体性的实物存在，也可以是过程性的事件存在；既可以是物质性的存在，也可以是精神性的存在；既可以是已经或正在满足国家需要的存在，也可以是能够满足国家需要的存在；既可以是现实的存在，也可以是潜在的存在。[②] 总之，国家利益极其重要，在国际政治博弈中属于核心目标，“国家利益是国家间互动最重要的驱动因素”[③]，“只要世界在政治上还是由国家构成的，那么在国际政治中，实际上的最后语言就是国家利益”[④]。

尽管“国家利益”的定义各不相同，但归集起来，从分布上看，国家利益有经济方面的利益，也有政治外交、文化和军事方面的利益。经济方面，有人口、资源、发展环境、投资、贸易、货币、产业国际分工协作等等；政治外交方面，有国家的国际社会地位、地缘政治利益、国际组织中的规则制定权、国际条约规定享有的权益、外交上的默契和配合、本国国民生命财产的安全等等；文化方面，有民族文化艺术在世界上的传播、文化影响力的辐射、国家的文化标志、国家的历史文物遗产等等；军事方面，有军事威慑力

① 郭秀清，牛冬梅. 中国国家利益视野中的环境安全：地位与作用［J］. 理论月刊，2007（07）.
② 国家利益，引自百度百科 http：//baike. baidu. com/view/43557. htm。
③ 李少军. 论国家利益［J］. 世界政治与经济，2003（1）：4－9.
④ 汉斯·摩根索. 政治学的困境［M］. 芝加哥大学出版社，1958：54.

与影响力、军事武器技术秘密、与友好国家的军事同盟、军备的国际采购等等。从时空上看，国家利益有短期的也有长期的，有局部的也有整体的。短期的汇率下跌或上升，给国家的资产负债表带来损失或盈余。长期的科技发明创造给民族产业带来远期的无限收益。国家对外援助，是局部与整体的权衡，局部上是国家资财出让，整体上是为整个国家的政治、经济、文化的国际协作利益服务。

综上，国家利益非常重要，维护和促进国家利益与综合国力密切相关。美国国际政治理论家肯尼思·华尔兹认为，由于国家处于一个自助系统中，所以必须使用自己的综合国力以促进自身的国家利益。① 国家的经济、军事和其他力量综合起来的国力就是综合国力，它是捍卫本国国家利益、实现国家目标和影响别国的能力，是一个国家追求国家利益的保障。国家利益可以通过运用综合国力及其影响力来实现。当一个国家的综合国力达到一定程度，对外追求国家利益也有了相当需求，在国家议事日程中，对外经济贸易和国际政治交往就会有日益提高的话语权。例如，某些大国在科技实力飞速进步的条件下，其重大国家利益要求可能延伸至别国所不能达到的深海洋底、极地和外太空等以往无法想象的“高边疆”；其具备了综合国力中的远距离军事投放能力，就能主导本地区的安全与发展事务，也会更加关注本国所在区域以外的热点冲突，所有这些都会给它带来国家安全方面的好处。因此，国家利益的实现靠的是综合国力，要维护国家利益必须巩固综合国力。实现了的国家利益可以转化为综合国力，继而增强原来的综合国力。

2. 综合国力与国情

研究综合国力必须把握好国情这个基点，两者的相互关系也是非常重要的。

国情，是指一个国家的社会性质、政治、经济、文化等方面的基本情况

---

① Kenneth N. Waltz, Theory of International Politics, Boston：Addison-Wesley, 1979：131.

和主要特点的总称，也特指一个国家某一时期的基本情况和特点。① 一个国家的国情反映了该国的社会政治经济科技发展状况、历史文化传统、自然地理环境和国际关系等诸多方面的概况，它主要包括一个国家的社会性质、资源环境、人口、政治权力、经济情况、历史、文化思想、民族和宗教、军事国防和对外关系等内容。显然，从概念和内容上分析，国情与综合国力有许多区别，例如，历史、民族和宗教等反映国情的因素就没有充分反映在综合国力中。但从综合国力的角度看，国情是国家历史和现状的总和，一个国家的国情对一个国家综合国力的形成有着至关重要的影响。综合国力是以力学的形式来表现国情中所含有的各种能量。因此，认识综合国力必须以认识国情为基础。从外延上说，综合国力是国情的重要组成部分；从内涵上说，综合国力与国情是密不可分、内在相连的统一体。研究综合国力必须研究国情。另外，要正确认识国情，又必须准确把握综合国力。在综合国力的诸要素中，有些要素，如制度、外交和对国际机制的把控，是综合国力的重要内容，是客观存在的软实力，但是无法用数字表示。

3. 综合国力和国家权力

所谓国家权力就是命令别国做事的能力，或者要求别国按照自己的意愿做什么、不做什么的实力，是“一个国家控制别国的一般能力”②。“在国际舞台上的所谓实力，简言之，乃是一国之政府去影响他国政府去做本来不愿意为之的某一事情之能力，或者使他国不敢去做本来跃跃欲试的某一事情之能力，而不论其影响方式是利用说服、威胁或明目张胆地诉诸武力。”③ 综合国力是相互比较而产生的一个概念，正是由于各国力量的相互比较才产生了综合国力的排序。综合国力是维护国家权力的后盾，国家权力又是提高综合

① 聂月岩．邓小平准确把握当代中国基本国情的科学方法［J］．西南民族大学学报（人文社科版），1999（S5）．

② 霍尔斯蒂．和平与战争：1648—1989 年的武装冲突与国际秩序［M］．北京：北京大学出版社，2005.

③ 克莱因．80 年代的世界权力趋势和美国对外政策［M］∥黄硕风．综合国力新论．北京：中国社会科学出版社，1999.

国力的前提。国家权力既是手段，又是目的。追求国家权力永远是国家行为的直接目的。国家主权、国家利益要靠国家权力来维护，要使国家权力的运用得到确实的保证，就必须努力提高综合国力。否则，就会陷入落后挨打的地位。国家权力的行使是以一国的综合国力为后盾和支撑的，行使效果如何反映了该国综合国力的强弱。

4. 综合国力与全球影响力

随着交通通信手段的不断进步，国家的影响力能遍及全球，这就产生了国家的全球影响力。国家的全球影响力是指主权国家在国际体系或对外交往中，为体现国家价值与理念，运用所需手段，使全球范围内各国的行动与思维发生变化或产生认同的能力。一个国家的全球影响力是真实存在并可以感觉到的。例如，联合国安理会五个常任理事国，其全球影响力是不可否认的。但国家的全球影响力内涵复杂，总体评估难以确切量化，有关分析往往需要借助其他概念或事实认定而派生，如国力、权力、机制、国内外联系程度、相关政策运用与行为方式的效力等。综合国力和全球影响力密切相关，一国的全球影响力需要其综合国力来支撑、提升。反过来，综合国力往往通过全球影响力来显示、扩大，两者互动，相得益彰。如中国自 1978 年改革开放，特别是加入 WTO 以后，国际贸易和利用外资（及后来的对外投资）骤然上升，极大地推动了中国的经济增长和科技实力的增强。经济总量大幅增加，带来综合国力的增强，这进一步使中国的全球影响力大大增强，与世界各国的经济技术和文化交流日益广泛，对世界性事务的参与也日益增多。在全球影响力广泛的 G20 机制中，中国的影响力不可忽视，这就是中国综合国力增强的结果。同样，中国全球影响力的增强不仅向世界显示了中国的实力（综合国力），也对提升中国综合国力有巨大促进作用。如人民币 2015 年成功进入国际货币基金组织的 SDR，人民币将来成为国际贸易的结算工具和国际资本市场的借贷标的，并努力成为世界储备货币完全有可能，这就是中国的全球影响力之一。这种影响力也将有利于中国利用货币资本力量配置全球资源、发展经济，继续推动综合国力越来越强。

5. 综合国力和国际竞争力

国际竞争力和综合国力内涵不同，按照国际竞争力的排名，小国可能比大国更有国际竞争力，穷国可能比富国更有国际竞争力。如中国是大国，2004 年中国综合国力排名全球第 7 位，但国际竞争力却不如许多小国；而新加坡是个小国，其国际竞争力却排名全球第二，综合国力排名却较为靠后。因此，两者的内涵是不一样的："国际竞争力是一个国家在国际社会中与其他国家竞争所具有的相对位势，它实质上反映了综合国力发展的速度。"① 综合国力竞争的基础和条件往往突出地表现在国际竞争力上，国际上已经比较普遍地重视对国际竞争力的测定，相应地，愈加重视国际竞争力的提高。综合国力更着重于总量（总实力）和人均量（人均实力），而国际竞争力更着重于总量和人均量增长速度。综合国力具有系统性，与国际竞争力关系密切。综合国力是动态的，它不断变化和发展，而决定综合国力变化与对比的主要因素是一个国家的国际竞争力。综合国力是国际竞争力的发展基础，国际竞争力则是增强综合国力的重要手段，两者相辅相成。一般来说，综合国力侧重于衡量现在的状况，注重于总存量和人均存量，而国际竞争力则是注重于预测这一总存量及人均存量的增长速度和未来发展的趋势。故一个国家要强大，要发展，要在国际社会与其他国家竞争过程中占有或保持一定的相对优势地位，不仅要有雄厚的综合国力，还要有超众的国际竞争力。②

6. 综合国力与国家行为

国家作为国际社会一个最基本的构成单位，是国际关系中最重要的行为主体。"国家行为"，从字面上理解是指一个国家最高执政当局对外对内的所作所为，我国也有学者称其为"统治行为""政府行为"。在国外，其被解释为"与国家的重要政策有联系的行为""关系到国家存亡及国家统治之根本的、具有高度政治性的、国家最高机关（国会、内阁等）的行为"等。

① 综合国力的概念分析，http：//www.china.com.cn/chinese/zhuanti/295793.htm。

② 王容成．浅析中国的综合国力和国际竞争力［J］．教学月刊（中学版下），2005－05－21.

这都说明了国家行为具有的特殊性质。综合国力与国家行为互为支撑、相互影响，国家行为受综合国力的制约，尤其是国家对外行为。主要表现在：

其一，综合国力是国家制定对外政策的重要依据。任何国家在制定对外政策时，都要正确地估计自己的实力地位，与行为对象国和其他有关国家实力进行力量对比，做出符合客观实际的正确决策，并运用本国的实力实现其战略目标。例如，1969 年，中苏关系彻底破裂并走向边境武装冲突，军事政治全面对抗。当时中国综合国力特别是军事实力和苏联比弱小很多，中国受到苏联的直接威胁甚至核武器威胁，因此，中国及时调整对外政策，暂时同美国缓和关系，利用外部力量制约苏联，以弥补自身综合国力的不足，有效应对苏联。正是因为中国基于当时国力的状况做出对外政策的改变，推动了 1972 年中美两国结束对抗，走向和平交往。

其二，综合国力是决定国家对外行为方式的重要因素。一个国家的对外行为应采取何种方式，取决于多种因素，而实力地位起着十分重要的作用。实力地位的不同，综合国力诸因素上的优劣，决定了某一国家对外行为方式的侧重点，有的以采取经济方式为主，有的以采取军事手段为主，也有的以政治协调方式为主。在当今世界政治舞台上，美国综合国力强大，尤其是军事实力遥遥领先，遇到国际争端则倾向于用武力解决问题，朝鲜战争、越南战争和伊拉克战争就是例子。日本由于受战后“和平宪法”的约束，其政治军事力量先天不足，但经济、科技实力强盛，对外的国家行为一般以经济外援换取其所需的国家政治与经济利益。

综合国力对国家内部行为也有制约作用。国家对内的行为可称为“政府行为”。综合国力的强大特别是经济实力的强大可以使国家治理更具有合法性，国家政权更稳固，更有利于政府采取对内的领导和管理等行为；反之，综合国力衰弱，政府也难以进行有效的治理，国家行为的能力与效率必然低下。

7. 综合国力与国家战略能力

国家战略能力一般是指国家组织、协调和运用国内外战略力量，预防和应对各种重大威胁，维护和拓展国家利益的能力，既包括国家在非战争状态下营造和形成有利的安全战略态势的能力，又包括国家在战争状态下进行战争、赢得战争的能力。国家战略能力，不是一般的个人、团体或某些阶级的局部能力，而是覆盖全国的国家能力。国家战略能力的强弱取决于综合国力，以及对综合国力的调动与运用。国家战略能力与综合国力是一对联系极其密切的概念。二者之间的关系从总体上看是基础与运用的关系，即综合国力是国家战略能力的基础和依托，综合国力越强盛，国家战略能力也更可能得到充分发挥，收到预期效果，脱离综合国力这个“基础”和“依托”，国家战略能力就成了无本之木、无源之水。也恰如西塞罗所言，“没有实力，何以对付实力?”① 因此，国家战略能力的发挥离不开综合国力，也不能脱离综合国力这个基础性条件。

综合国力在一定程度上对国家战略能力的形成具有决定作用。国家战略能力的发挥程度与该国在一定时期的综合国力大小密切相关。一般而言，一个国家的综合国力越高，它的战略能力就越强。但综合国力作为一个整体不直接等于战略能力，也不能自动形成战略能力，还需对综合国力进行充分调动和运用。这种调动和运用能力，包括战略动员能力和战略谋划能力。前者是为应对各种事关国家利益的重大危机、冲突或战争所采取的统一调动综合国力中的硬实力（人力、物力、财力）和软实力（文化影响力、外交和国际制度掌控力）的紧急措施，巧妙地将各种战略资源转化成能够立即被调用的战略力量。后者是指在预防和消除国家面临的重大威胁时，体现出的分析复杂问题的能力和运用战略力量的艺术，它取决于国家的战略意图、对国内外局势的准确判断和把控、最高决策集团的智慧和参谋集团的素养。

与此同时，国家战略能力是综合国力增强的工具和手段，影响综合国力的提升与发展，国家战略能力的建设已经成为推动或制约综合国力发展的重

---

① 肯尼思·N. 华尔兹. 人、国家与战争——一种理论分析［M］. 倪世雄，等译. 上海：上海译文出版社，1991.

要环节。国家战略能力又是沟通和连接现有综合国力与未来综合国力的桥梁，即现有综合国力→国家战略能力→未来综合国力。[①]

第二节　综合国力的构成要素

就目前对综合国力的内涵叙述和分析研究来看，所有学者都认可综合国力不是只有一种元素的“单质”，而是由不同元素组成的一种“化合物”，它是一个巨大的包含众多复杂子要素的母系统。子要素的界定是个复杂的问题，各国学者，由于价值观、文化背景和国力基础的差异，对这个问题的看法差异很大。

一、西方学者的主张

综合国力的构成要素包含哪些内容？由于西方学者所处的时代背景、国情和研究目的不同，答案也不尽一致。但有一点是共同的，即综合国力大致被分为“实”的物质因素与“虚”的精神因素两大部分。物质因素的力量被称为“硬实力”，精神因素的力量被称为“软实力”。只是不同时期两者的侧重点不一样，时代越是发展，制度、文化、国家形象等精神因素的力量越受到重视。下面简单介绍西方学者对综合国力构成的主张。

首先看西方早期学者、国势学派的创始人、德国著名学者海尔曼·康令，他认为综合国力包括4个因素，即物质因素（国家的土地与人口）、形式因素（国体与政体）、动力因素（国家的财政和军事力量）、目的因素（建设国家的目的），并且解释了这些因素之间的因果关系。

国势学派继承者、学者奥古斯特·路德维希·施洛策尔主张从“基本力”“结合”“行动”三方面来考察国情国力。“基本力”包括土地、人口、生产资料和通货四方面，“结合”是指国家政权如何结合这些基本力的情况，

① 詹家峰．国家战略能力与综合国力关系浅析［J］．现代国际关系，2005（4）．

“行动”是指国家政权在一定目标下实际运用这些基本力的情况。

美国学者尼古拉斯·斯派克曼把国力要素分为 10 项：领土状况、边界特征、人口规模、原料多寡、经济与技术的发展、财力、民族同质性、社会结合程度、政治稳定性、国民士气。

美国学者汉斯·摩根索对以往的各种综合国力理论做了系统的研究，并概括了近代综合国力的各种构成要素，包括：地理条件、自然资源、工业实力、军备状况、人口数量、民族特性、民心、外交质量和政府质量。[①] 一方面，摩根索提出的 9 个要素中，后面 5 个都是关于人的要素；另一方面，摩根索十分重视非军事要素在综合国力中的作用，这一点与二战前人们普遍以军事实力作为综合国力的核心要素不同。

法国学者、历史学家雷蒙·阿隆把综合国力归结为三大基本要素：一是某一政治单位所占据的空间；二是资源（包括物力和人力）；三是集体行动能力，涉及军备组织、社会结构和质量等。[②]

考克斯和杰考伯逊对国力构成要素选取了 5 项指标：国民生产总值（GNP）、人均 GNP、人口、核能力与国际威信。

1964 年，国际政治学者约瑟夫·弗兰克尔出版了《国际关系论》一书。约瑟夫·弗兰克尔认为构成综合国力的要素包括人口、地势、经济、政治组织与军事组织、心理与社会因素、国际战略地位。同传统的综合国力理论的构成要素相比，他的研究突出了社会心理因素对综合国力的影响。

1972 年，J. P. 考尔将国力要素分解为领土面积、人口、钢消费量、标准能源消费量、国民生产总值和总军事力量 6 个指标。

威廉·富克斯提出的国力构成要素较为简单明了，他认为国力的主要要素有：国土、人口、钢、能源和 GNP。这些今天看来一般都是有形的硬实力。

---

① 汉斯·摩根索．国家间政治：权力斗争与和平［M］．汤普森，克林顿修订．北京：北京大学出版社，2006.

② 雷蒙·阿隆．和平与战争：国际关系理论［M］．北京：中央编译出版社，2013.

美国综合国力研究学者克莱因主张国力由基本实体（人口和国土面积）、经济实力（GNP、能源、矿产、工业、食品、世界贸易）、军事能力（战略力量和常规力量）、战略目标和追求国家战略意志等五个主要要素构成。前三者属于物质要素，后两者属于精神要素。①

日本综合研究所的综合国力测算包括的要素有国际贡献能力（包括经济实力、科技实力、金融实力、财政实力、对外活动的积极性、在国际社会中的活动能力），生存能力（包括地理、人口、资源、经济实力、防卫实力、国民意识、友好同盟关系），强制能力（包括军事实力、战略物资和技术、经济实力、外交能力）等，主要强调经济实力和对外关系两方面。同时，该研究所认为经济力量和科技力量是综合国力的基础和重点，其他要素都是对经济要素的必要补充。

阿史利等人认为，国力来源于技术、企业、资本等，国力的形成过程主要取决于政府业绩，而国力最终的表现是军事力量。

美国哈佛大学教授约瑟夫·S. 奈则认为，可以从拥有获得想要结果的资源力上看国力，也可以从影响其他国家的行为方式上看国力，包括武力胁迫、经济收买或用自己的魅力吸引其他国家实现自己的想法。归结起来，他把综合国力划分为硬实力和软实力两种形态。硬实力是指支配性实力，包括基本资源、军事力量、经济力量和科技力量；软实力分为国家凝聚力、文化被普遍接受的程度和参与国家机构的程度等。

英国学者理查德·穆尔认为国力由以下几个方面的力量组成：一是形态方面的力量，包括国土面积大小、国土形状、区位以及国家的地形特征；二是人口方面的力量，包括人口数量、人口技术水平、人口健康状况、人口结构、人的精神特征、民族特性；三是经济力量，包括商业性资源及其被利用的效率、技术传播的速度和贸易关系；四是组织力量，包括政府的结构及管

① 参阅克莱因《世界权力的评估》及《80年代世界权力趋势及美国对外政策》等书中的“国力方程”总结得出。

理水平、政府的稳定性以及政府在国内外获得的声望；五是军事力量，包括武器与军事人员的数量、类型和质量，以及通常的战术和战略特质；六是来自外部关系的力量，包括该国国际关系的所有方面，其作为国际组织和联盟的成员地位，诸盟国的力量与可靠性，以及其国际威望。

兰德公司的研究认为，可以从三个层面理解国力：一是形成国力的资源，二是国力的形成过程，三是国力的外在显示。

世界经济论坛和瑞士洛桑国际管理发展学院每年联合发布的《国际竞争力研究报告》，从国际竞争力和政府作用的层面将综合国力的构成要素划分为：经济实力、国际化程度、政府作用、金融环境、基础设施、管理程度、科学技术和人口结构素质 8 大模块。

以上是外国学者或机构具有代表性且对综合国力研究有较大影响的几种看法。从这些学者的研究不难看出：西方学者提出的综合国力理论及其构成要素的内容，是随着时代的变化而不断更新迭代的。第二次世界大战前的西方学者在研究综合国力构成要素时，都侧重于人口数量、领土规模和军事力量等传统要素。当时的学者普遍认为，所谓综合国力，主要是对外施加强制性影响的能力，主要是指军事实力。这种观点反映到实践中就是突出综合国力中的军事要素，把其他非军事要素作为军事要素的来源。这与当时历史条件下人们对“弱肉强食”的国际竞争环境的认识以及科学技术发展状况有着直接的关系。因此，这一时期西方综合国力理论的研究和探讨自然也就带有其历史的局限性。二战后，西方有关综合国力理论的研究逐渐摆脱传统的侧重单纯军事力量的倾向，更加重视综合国力中其他非军事要素的作用，强调综合国力中物质基础（人口、领土面积、资源）和精神力量（国家意志、心理、民族素质）等基本要素在国际政治中的综合作用。这些理论都具有一定的时代发展特性，尤其是随着核武器的出现，人们认识到，核武器不仅是遏制对方的一种手段，也是一个国家经济力量和科学技术水平的集中体现，大国拥有核武器的主要意义反而在于遏制大规模战争的爆发，维护世界和平。因此，在综合国力诸要素中，经济实力和科学技术的比重相对提高，并且占有越来越重要的地位，军事实力不再是国家实力的唯一指标。

二、 国内学者的声音

我国研究综合国力的时间相对较晚，最近几十年才陆续有学者关注综合国力及其要素的问题，他们对综合国力构成要素进行了比较深入的研究，下面选取几个学者的观点。

军事科学院研究员吴春秋在《综合国力论及其对我国发展战略的启迪》一文中认为，“综合国力的构成要素主要有：自然力、人力、经济力、科技力、教育力、国防力、政治力。这些要素可以再细分若干个具体指标”。①

张文奎在其综合国力的构成研究中选择了国土面积、人口、GDP、能源消费量、粮食产量、军事能力几个指标。②

中国社会科学院世界经济与政治研究所王玲认为，把综合国力当作一个生产系统考虑可以更好地理解综合国力的结构。从国力形成过程来看，国力结构包括国力资源、政府的调控能力和外在显示的国力。国力资源是国家力量形成的基础，政府的调控能力是形成综合国力的关键，外在显示的综合国力一般包括三个方面，即经济实力、军事实力和外交实力。

邵光田认为，综合国力主要由物质性要素和精神性要素两大子系统构成。其中，物质性要素是构成综合国力的主体和核心，是精神性要素的基础，包括人口、国土及自然资源、经济、科技与教育、军事；精神性要素反映一个国家的政治实力和民族凝聚力，它在综合国力构成要素中占有重要地位，包括政府组织管理能力与办事效率、民族性格与国民士气。③

中国国际问题研究所研究员李天然在《关于综合国力问题》一文中认为，综合国力的构成要素包括以下四个方面：一是基础实力（包括地理位

---

① 黄硕风．综合国力新论：兼论新中国综合国力［M］．北京：中国社会科学出版社，1999.

② 综合国力研究的重要意义［EB/OL］．中国网，（2012－10－31）．http：//www. china. com.

③ 邵光田，等．综合国力测定方法研究［J］．当代经济科学，1996（03）.

置、具有一定质量和数量的人口、资源、民族凝聚力）；二是经济实力（包括一定规模的工业实力、农业实力、科技实力、金融实力、商业实力）；三是防御实力（包括战略物资、技术、一定规模的陆海空常规武装力量，乃至合理足够的核打击力量）；四是外交实力（包括切合实际的外交政策、处理国际事务的态度与立场、对外交流及对外援助等）。①

军事科学院研究员陈崇北等在《威慑战略》一书中指出，综合国力的要素主要包括：国家的基本资源（主要包括领土、地理位置、自然资源、天候、地形、国家控制的地理疆域之外的战略疆域及其资源）；人口；经济力量（包括经济实力和潜力）；科学技术（包括国家的科技队伍、科技装备、科技结构、科技政策、科技发展水平等）；国防能力（包括军事实力和一定的军事潜力、军事理论的发展水平）；政治力量（包括国家性质、政治制度、政治体制、国家的领导与组织、政府决策能力等）；精神力量（包括人民的信仰与信念、民族精神和意志等）；对外关系力量（包括国家对外政治关系、对外经济关系、对外军事关系等）。②

黄硕风在其综合国力研究中建立了由经济力、科技力、国防力、资源力、政治力、外交力、文教力 7 类 29 个指标构成的综合国力评价指标体系。

王诵芬等人在其关于综合国力的研究中，建立了由资源、对内经济活动能力、对外经济活动能力、科技能力、社会发展程度、军事能力、政府调控能力、外交能力 8 类 85 个指标构成的综合国力评价指标体系。

国防大学邓小平理论研究中心研究认为，综合国力主要由以下要素构成：国土（含领海）面积及其地理地位；自然资源；人口的数量和质量；国民生产总值（或国民收入）；科学技术和文化教育；交通运输和邮电通信；国防或军事力量；社会政治制度和意识形态；国家政治路线、基本方针、政策；国家外交政策；国家领导体制及主要领导者的意志和能力；盟国或国际援助；其他因

① 黄硕风．综合国力新论：兼论新中国综合国力［M］．北京：中国社会科学出版社，1999.

② 同上。

素。在构成综合国力的诸要素中，经济要素是基础，科技教育要素是关键，政治军事要素是重要保证，领导力是各种要素能起统一作用的重要条件。

第三节　综合国力的评价指标

对一个国家的综合国力进行全面系统的评价，必须借助综合国力评价指标体系。综合国力评价本身主要起指示和标度的作用，作为一个衡量评价指标体系，它本身不应包含解释的功能。因此，在综合国力指标体系中，并不是指标越多越好，而是要坚持科学性、系统性、可行性、可比性等原则，避繁就简，通俗易懂。

一、 综合国力评价指标设立的原则

1. 科学性原则

综合国力学是一门科学，其研究本身就是一项非常复杂的专业学科研究，科学性是它的首要原则。综合国力评价指标的选择，必须首先明确评价指标的含义，所选立的各有关指标能真正揭示综合国力的真实来源、产生过程，并对综合国力的整体值有明显的贡献。在所选择的各指标基础上建立起来的综合国力评价指标体系，能反映综合国力的完整内涵，揭示国家发展的内在规律，尤其要仔细研究各项经济社会指标能否准确反映一个国家的社会进步和经济发展。

2. 系统性原则

综合国力是一个主权国家生存与发展的实际综合力量，它是一个综合性概念，又是一个非线性的动态系统。在设计评价指标体系时，必须根据系统科学的原则，既要涵盖物质形态要素，又要包括精神形态要素，同时还要反映各个方面的非线性动态关系。

3. 可行性原则

从理论上说，可以设计出一个理想的指标体系来完整地描述综合国力，

但在实际操作中往往会因为不能获得数据支持而无法实现。因此，指标的选择要适度，既要与当前的社会发展现实相适应，又要使资料来源具有可行性。

4. 可比性原则

测量一个国家的综合国力离不开横向比较，要选择类型、发展程度等相似的国家进行比较，又要与世界强国进行指标对比。指标的可比性和资料来源的可靠性，决定着研究结果是否真实可信以及能够使用的范围，这是设计指标体系必须考虑的重要原则。

二、 综合国力评价指标分析

尽管中外学者对构成综合国力的要素在认识上存在着一些分歧，但绝大部分学者都认为，构成综合国力的要素应该既要有有形的、物质的要素，又要有无形的、精神的要素。前者包括地理条件、人口、自然资源、经济实力、科学技术、军事力量等，后者主要指政治制度、政府效能、民族传统、国民精神、战略目标、对外关系等。目前，除了确定由于有形要素在选择上存在差异，进而影响各自对综合国力的测算结果差异外，更重要的是应该确定精神要素如何作用于一个国家的综合国力。例如一个国家的基本制度、政治体制机制、社会动员能力和民族凝聚力的强弱，对这个国家有效利用各种社会资源和经济资源是否有重大影响，而对这些精神要素研究得不够深入或未能处理好其与物质要素在综合国力中的相互作用关系，必然影响综合国力的真实性和准确性。另外，在不同时代、不同国情、不同国际环境下，在综合国力的要素选择上也必然不同。从系统论的角度看，由于综合国力是国家这个系统各种功能的综合，是系统整体性的反映，而系统的整体功能是构成系统的各要素有机结合所产生的，因此，构成综合国力的要素实际上包括国家具有的一切有形和无形的要素。但在系统的研究中，我们必须注意要素作用的层次性，在分析综合国力时，应该选取对国家各种基本功能有决定影响的基本要素，再研究每个基本要素应由哪些次级要素（因子、指标）构成。

第三章

综合国力形成机制探索

借鉴国内外众多学者和研究机构的研究成果，本书所指的综合国力构成要素包括形成综合国力的资源、由资源转化成实力的机制、国家实力（硬实力和软实力）以及巧妙运用实力的机制（巧实力）等构成。资源是人类生活资料和生产资料的基本源泉，是国家赖以生存和发展的基础，也是兴国安邦的基本条件，没有资源，综合国力无从谈起；由资源转化的国家实力需要通过国家治理和组织管理方面的机制完成，在这一机制下，国家高层管理者通过建立并遵循某种制度来使资源转化为国家的经济、军事、技术、文化、外交等力量，体现为转换的效能。这一机制是形成综合国力的关键。国家的全部力量是经济和社会可持续发展的重要保障，是获取和维护国家利益的手段和目标，是综合国力强弱外现的直接标志。在本书研究过程中，我们参阅相关资料、广泛借鉴专家学者研究成果，确立了综合国力构成要素模型（见图3－1）。

第一节　资源是综合国力的基石

资源分为物质资源和精神资源、有形资源和无形资源、可见资源和不可见资源、域内资源和域外资源等。这些资源可以通过优良的转换机制转化为一个国家、一个地区或一个机构生存发展的力量。仅就国家而言，一国的各种资源是形成该国综合国力的来源，是综合国力存在的条件，是确保一个国家对外发挥影响、对内提供各个基本单元的各项工作正常运行的基本要素。这些资源主要包括领土、自然资源、人口资源、知识资源和国外资源。

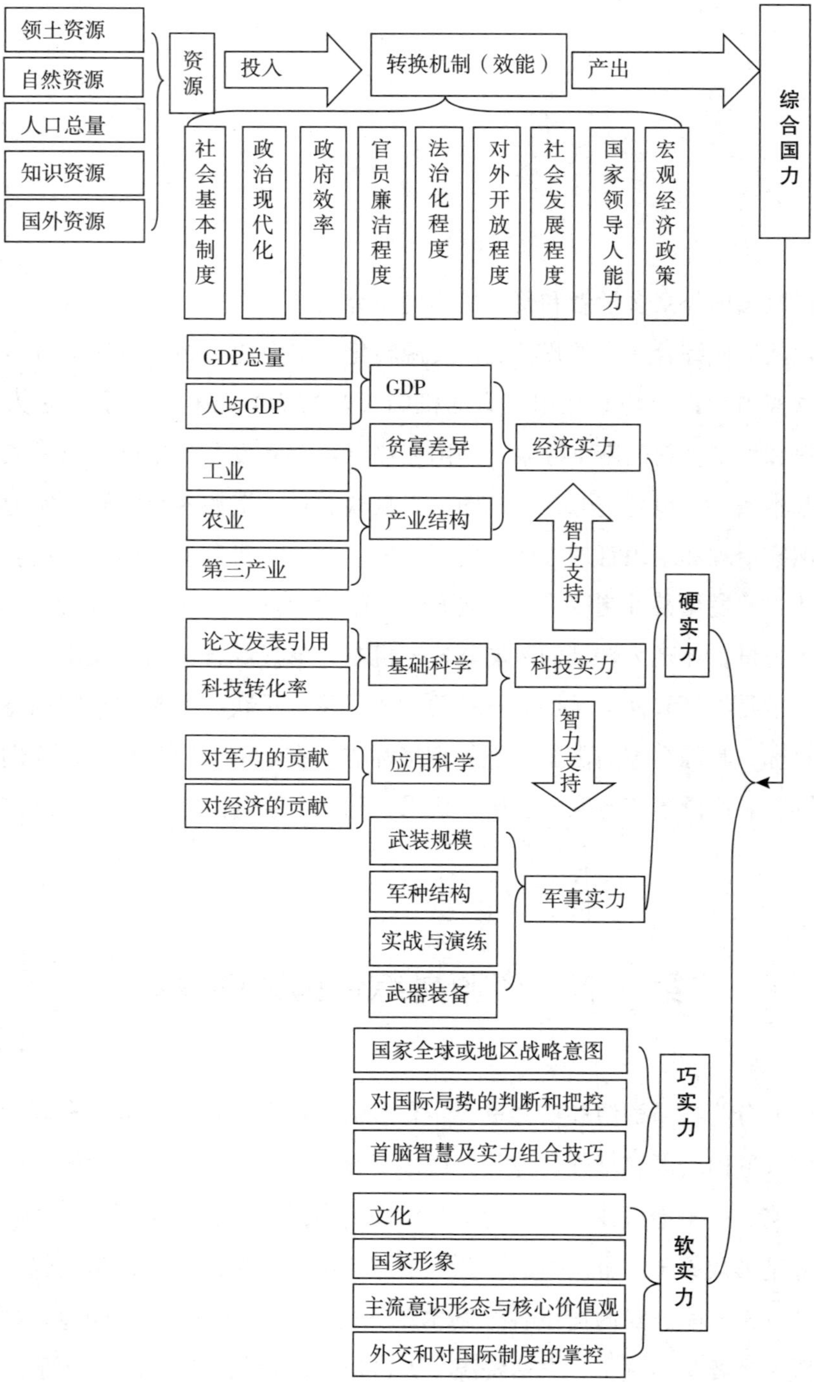

图 3－1　综合国力构成要素

一、 领土

领土属于空间的范畴，是指主权国家管辖下的全部疆域，包括陆地和河流、湖泊等内陆水域及其底下层，以及与陆地相连的港湾、内陆海、领空和领海。国家领土的位置、幅员、地形等不仅在经济上有重大价值，而且在国防上也有着重大意义，是转换成综合国力的最基本要素。体现领土资源重要性的主要有：地理位置和国土面积。

1. 地理位置

地理位置是指某一国家与地球上的陆、海、山、河等自然物的空间位置关系，尤其是海陆关系。地理位置对国家安全和国防建设均有很大影响。在国家安全方面，当武器装备科技还未达到高度发达水平时，地理位置显得更加重要。英国与欧洲大陆之间有一道英吉利海峡相隔，这一独特的地理位置使英国成为几百年以来欧洲唯一没有被敌国侵占的国家。即使是在二战期间，没有取得绝对制海权的纳粹德国也未能越过这道天堑侵占英国本土。美国东西濒临大西洋和太平洋的地理位置特点，周边无匹敌的大国，使其本土长期免遭战火的破坏，这也是美国得以迅速发展的原因之一。在国防建设上，地理位置不同的国家往往会有不同的发展对策。那些深居内陆的国家往往侧重发展陆军、空军，它们没有条件建立自己的海军。纯海洋国家（如英国、日本等岛国）则注重发展海军、空军，因为这些国家的生存与发展和海洋息息相关，国家的安全往往依赖于对周边海洋的有效控制。而沿海国家（如俄罗斯、中国、法国等国）则建立了陆军、海军和空军，因为它们既要保护领空和陆上领土，还必须有海上力量来保护海洋权益。位于世界海陆交通枢纽和咽喉位置的国家，利用靠近或把持国际通道的优势，平时借其地缘优势发展经贸往来，战时则控制战略物资的通行，利用地缘政治使本国在国际战略格局中身价倍增，例如，新加坡接近马六甲海峡，巴拿马控制巴拿马运河，埃及靠近苏伊士运河，等等。同时，地理位置重要的国家和地区也往往成为列强的角逐之地。如朝鲜半岛，在冷战时期，是东西两大阵营的前哨，现在则是亚太四大力量（美、日、俄、中）的交汇地，其政策向背对各方均影响极大。

2. 国土面积

国土面积作为综合国力的构成要素，为中外学者所公认。因此，我们评价一国实力时，往往首先关注其幅员大小。一般说来，国土面积越大，国力增长潜力也就越强。这主要表现在两个方面：首先，国土面积大是国家生存与发展的有利条件。通常，“地大”总是与“物博”相关联。领土越辽阔，所蕴藏的资源一般也就越丰富，资源越丰富，转换成经济、军事及科技等方面的硬实力也就越强，国家整体实力也就越雄厚。目前，世界上国土面积较大的国家，如俄罗斯、加拿大、美国、中国、巴西、澳大利亚等均是资源大国。广袤的国土和丰富的资源，是一国发展经济的重要基础。其次，辽阔的领土在国防上有着极其重要的意义。和平时期，国家的空间大，便于合理地分散配置其工业、军事基地、军事力量及各种国防设施，从而有利于提高国家和军队在战时尤其是遭受打击时的生存能力。战时，辽阔的领土则是抵御外敌入侵的巨大的纵深保证。对侵略者来说，越深入对方领土，其力量也就越分散，暴露的弱点也就越多。相反，领土狭小的国家，工业、军事基地等在布局上选择的余地较小，对国防建设不利。广阔的领土在经济和国防上均具有十分重要的意义，因此，国土幅员大小是评价一国资源的重要参数。当然，国土对综合国力的贡献与面积大小不是完全成正比，因为地球上纬度不同导致领土本身的温度、湿度不同，其价值也不一样，处于十分寒冷或沙漠地区的国土如果没有地下资源，其经济价值就会相对小一些。因此，我们在评价国土对综合国力的影响时，还应根据不同情况做具体的分析和评估。①

二、 自然资源

自然资源，通常指天然存在的，并有利用价值的自然物，它是国家力量

① 杨培升．综合国力知识浅谈［J］．中学政治教学参考，2005（12）．

的自然源泉，是综合国力中影响重大而又相对稳定的因素，并且在某种程度上可以说是给定的和可计量的。一个国家能够掌握和控制的资源数量，成为衡量其综合国力强弱的重要指标，如果拥有的资源丰富，就具备强盛的自然基础；相反，如果自然资源缺乏，那么发展就会受到一定程度的制约。因此人们往往将自然资源排在综合国力诸要素的前列。国家实力如果与自然资源挂上了钩，经济稳定增长也就与资源控制能力挂上了钩，一旦缺乏资源控制力就等于丧失了国家实力的基础。

这些年来，随着工业和科学技术的飞速发展，各国对资源种类和数量的需求激增，而地球上有限的资源却在日益减少，这就进一步增加了资源在各国发展中的重要性。自然资源主要包括：土地资源、能源、矿藏、水、森林、海洋、气候特征等。

1. 土地资源

土地资源是指目前或可预见到的将来，可供农、林、牧业或其他各行业利用的土地，是人类生存的基本资料和劳动对象，具有质和量两个维度。按地形可分为高原、山地、丘陵、平原、盆地。这种分类展示了土地利用的自然基础。土地资源利用类型一般分为耕地、林地、牧地、水域、城镇居民用地、交通用地、其他用地（渠道、工矿、盐场等），以及冰川和永久积雪、石山、高寒荒漠、戈壁沙漠等。土地类型及其利用效率的差异，对一国经济社会发展和文明程度会产生不同的影响。

2. 能源

能源包括石油、天然气、煤等。能源对国家的重要性，在于它既是经济发展的动力，也是军队进行现代化战争的重要保证，尤其是石油资源对一国的经济和国防建设的影响极其深远，从一定意义上说，没有能源就没有现代化的经济和现代化的战争。一战以来，石油的重要性凸显，成为工业化国家的命脉，以至于被称为现代工业的“血液”。而大多数工业化国家的石油不能自给，如中国、美国、西欧国家在相当程度上都是依赖进口，而日本所需石油则完全依赖进口。

3. 矿藏

矿藏不仅是工业的主要原料，也是进行现代战争的最基本物质基础。对经济建设来说，矿藏尤其金属矿产是工业生产的主要“粮食”，从工业发展史来看，正是许多金属及其矿藏的发现和开掘造就了许多现代工业，而随着工业的发展又进一步增加了对矿产资源的依赖。对国防来说，丰富的矿产资源，是支撑各国军事工业的战略物资，而且矿产资源的重要程度随着战争的机械化程度的提高而提高，一国的国防实力在很大程度上依赖于平时和战时对原料的控制程度。由于资源对国家安全和经济建设至关重要，所以历史上的列强长期以来为争夺资源展开角逐，甚至不惜通过战争来争夺，可以说，资本主义的早期发展史就是对殖民地的资源掠夺史。中国属于矿产资源比较丰富的国家，矿产资源品种齐全，是世界矿种较多的少数国家之一。专家预测，在世界各国重要矿种探明储量潜力比较中，中国仅次于美国和俄罗斯，列世界第三位，其中，煤、锑、钼、铅、锌、钒、钛等20余种矿产的探明储量均居世界前列。但中国地域辽阔，地区差异较大，矿产资源分布不平衡，西部地区产业水平相对滞后，工业生产能力有待提高，资源利用率低，在一定程度上制约着我国整体经济的发展。①

除土地、矿藏、能源外，其他如水、森林、海洋、气候特征也是重要的自然资源，是一个国家生产生活和综合国力建设不可或缺的条件，它们同样重要。

三、 人口

与自然资源和国土一样，人口对综合国力的影响也是显而易见的。事实上，仅仅是人口众多这一点就足以引起世界各国的注意，中国大国地位一方面也是与人口众多有关。众多的人口为我国经济发展提供了充足的劳动力资源和广阔的消费市场，也为我国科技发展选拔英才创造了良好的条件，同时为我国强大军力提供了充足的兵源。当然，人口作为综合国力的构成要素，

① 晏雁．关于提高我国综合国力的思考［J］．中南财经政法大学学报，2004（3）．

并不仅仅指人口数量，还有人口质量、人口结构等，有的可以计量，有的只能做定性的评述。

1. 人口数量

人口数量是大国地位的重要条件。克莱因认为，要保证国家的安全与发展，一定数量的人口是必不可少的。因为要达到一定的经济规模，必须有一定数量的劳动者做基础，而人口数量对一国的国防力量的影响更为直接，是军队数量、动员潜力以及持久作战能力的重要保证。一般说来，人口多则兵员充足、预备力量雄厚，经得起大规模战争的考验。然而，人口数量与国力并不是正比关系。相反，如果人口过多，超出国家资源及经济发展的承受力，还会成为影响国家力量的一个不利因素。如人均耕地稀缺的中国，众多的人口要消耗大量的自然资源，每年大量新增的就业人口与有限的工作岗位之间往往存在较大的矛盾。

2. 人口质量

如果有一定的人口数量为基础，那么人口质量对综合国力的影响则更为重要。所谓人口质量即国民素质，是指国民的文化程度、健康状况、道德面貌、风俗习惯、文化传统、民族精神等。国民的文化程度、体力的强壮程度和心理承受能力，对国家来说是劳动力质量的一个重要参数，对国防来说，则是兵员质量及战斗力的组成部分。风俗习惯、文化传统、民族精神等是构成国力的精神因素，中西方的国力理论家无不对此予以高度重视。悠久的历史文化、勤劳勇敢的传统、坚强不屈的精神等均是国家力量的源泉。西方军事理论家克劳塞维茨将精神因素作为决定战争胜负的五大战略要素之首，并以大量篇幅记述其在战争中的重要作用。从世界各国的发展史及中外战争史看，精神因素的确是国家力量的巨大源泉。

3. 人口结构

人口结构是指人的性别、年龄、民族、种族等要素的构成情况，它是具体计算劳动力资源和兵源潜力的重要依据，同时也是影响国家安全与发展的直接因素。其中，人口的性别和年龄构成是人力资源的主要参数。劳动适龄人口，尤其是役龄人口在总人口中所占比例越大，就越能为经济发展和国防提供更为雄厚的人力基础。

四、 知识资源

知识是一种被知道的状态或事实，是被人类理解、发现或学习的总和，是从经验和人类灵感而来的加总。知识资源是形成科技实力的主要来源，存在于社会文化、历史档案及人们长期积累的见识阅历中。人类已进入知识经济时代，“知识经济”中的知识，是一个广义的概念，包括人类创造的所有知识。科学技术、管理科学和行为科学知识是其中最重要的部分。知识的特点决定了知识与一般生产要素相比有本质的区别。知识的物化可使物质资料的价值产生质的飞跃，即知识资源和有形的自然资源的结合产生无限倍增的力量，正所谓“知识就是力量”。

现代经济增长理论认为：知识是技术的真正来源，而知识本身和技术不是经济增长的“外生变量”，而是经济增长的内在核心因素。知识成为主要经济要素，正是由于知识的倍增和知识的价值化过程，使经济增长方式发生根本变化。21 世纪是知识经济时代，各国视知识资源为最重要的国家战略资源，它的重要性与日俱增。综合国力特别是科技实力的强弱主要建立在知识资源的丰富程度上，而体现知识资源的丰富程度主要反映在知识资源的量化标准中，主要包括四个方面的指标：一是在国际性学术刊物发表的科学论文数，这反映了一个国家的知识传承与更新能力；二是本国居民专利申请数，这反映了一个国家的技术发明与创造能力；三是政府和企业用于研发的支出额，这反映了一个国家潜在的知识技术创新能力；四是一国国家级图书馆藏书量及世界一流大学的藏书量。上述指标能反映一国促进科学创新与传播、技术创新与普及应用的基本情况。

五、 可利用的国外资源

随着科学技术的突飞猛进，通信传播技术以及迅速便捷的交通手段，已经完全改变了传统的距离和空间概念，地球越来越“小”了，成为人类居住的“村落”。全球化的推力和世界市场的形成又使世界各国之间资源加速流动，形成纷繁复杂的政治经济关系。在这样一个高度发达相互依存的信息时代，每一个国家、每一个人都在以某种方式依靠别国和他人，因而对外关系对于国家的重要性也就显而易见了。历史上和当今任何一国要强盛，使综合国力排名靠前，都会使用不同手段获取或猎取国外的物质和技术资源：有的靠经济贸易金融交往，如出口货物和服务贸易，进口国内急需的稀缺原料，争取外国直接投资，向外国商业借款等；有的甚至直接发动战争进行掠夺；有的靠政治外交交易，如获取外国政府无偿援助、外国政府贷款等，“通过最有效地运用国家权力的潜能，卓有成效的外交能够出人意料地增长国家的权力……高质量的外交能够把外交政策的手段和目的与现有的国家权力的资源和谐地配合起来。它能够挖掘国家力量的潜在资源，并将它们完全地转化为政治现实”。①

第二节　转换机制是形成综合国力的关键

一、转换机制对综合国力的意义

对一个国家而言，作为实力基础的资源虽然不简单地等同于作为结果的权力和影响力，但是两者之间仍存在着紧密的联系，即实力来自资源的“发酵”。在国家层面，从国内各类资源和国外可得到的资源转换为国家实力，要通过国家（政府）与社会各界在好的制度与法律、政策下的实干和巧干，这个好的制度与法律、政策能决定使资源转化为国家实力的效率与效益，从而使国家综合国力达到较高的程度。从资源到国家实力的产出系统就可以称为“国力转换机制”。

① 汉斯·摩根索. 国家间政治：权力斗争与和平［M］. 北京：北京大学出版社，1986：191.

有很多学者把资源作为综合国力的一个组成部分，称其为“资源力”。其实，这是不准确的。资源从某种角度看只是静止状态的一种“原料”或“半成品”“中间产品”，尚未形成具有矢量性质的“力”或“势能”。如铁矿石资源是形成硬实力的一种“原料”，无论是军事实力的武器装备还是经济实力的大型基础设施都需要它，丰富的铁矿石资源经过科技和制度、法律、政策等工具和机制的运作才能成为军事实力与经济实力。但有了丰富的铁矿石资源不代表就是实力，澳大利亚、南美一些国家的铁矿石资源极其丰富，但这些国家的军事、经济等硬实力并没有得到相应的提升。因此说，资源并不等于国力。如果资源等同于国力的话，那么国土面积很大的俄罗斯、加拿大，自然资源丰富的巴西、澳大利亚等国，人口众多的印度、中国等国的综合国力就应该排世界前列，而日本、英国、法国、德国等资源相对贫乏，它们的国力排名不应进入前几位。然而，事实却恰恰相反，资源贫乏的英、日、德等国综合国力远远强于资源丰富的加拿大、巴西、印度、澳大利亚、俄罗斯等国。所以，资源只是形成国力的基础条件，资源本身还不是国家实力，要成为综合国力还需要一个转换机制。

从历史上几个大国的发展历程来看，其强盛之前拥有的资源并不是非常丰厚的，之所以强盛是因为它们有一套高效的转换机制：先是不断地扩大资源的来源，然后将资源高效地转化为经济、军事等国家实力。如英美等西方国家在崛起过程中，其良好的国力转换机制促成综合国力的增强，使其成为世界性大国。这一国力转换机制催生了先进的生产方式，自由的市场交易机制，公正的立法司法对市场主体利益的维护，以及专利法对科技发明的制度性激励与保护，等等，使欧美资本主义国家综合国力不断增强。而正是这种转换机制所推进的经济、军事、科技和文化优势，促使英美等国长期在国际舞台上扮演主导性角色，它们利用国际规则来实现本国的利益诉求，通过谈判制定符合自身利益的国际条约，使本国的主张合法化，最终目的是攫取更多他国资源以加强自身的国力。

国力转换机制非常之重要，其重要性甚至超过拥有的资源和实力本身。

因为，资源固然重要，但如果没有良好高效的转换机制，资源无法得到有效利用，就不能有效转化为实力。一国政治清明、制度优越、政策对路，能够高效使用国内资源和挖掘国外资源，资源就能高效地转化为综合国力；反之，一国制度落后、政府腐败，就无法充分利用资源，资源低效、无效甚至流失，无法使资源转化为国力。而良好的国力转换机制本身，有的就是软实力、巧实力的来源，或直接表现为软实力、巧实力，从而有利于增强硬实力。国力转换机制最根本的就是社会基本制度、政治体制和机制，它是一种由社会经济关系决定的，但受人类能动力影响的，用以规制人类经济社会行为的博弈规则，具有动态演变性和特定环境适应性的特点，对一个国家的综合国力提升和社会发展具有显著影响。好的体制可以推动一国的经济现代化和政治民主化进程，不良的体制会使一国经济和社会文化发展长期徘徊于低水平状态，甚至导致发展倒退。

今天，中国拥有发展和增强综合国力的丰富资源。我们可以把相应的资源条件视为取得与之相当的综合国力基础上的国际地位的一个必要条件，而非充分条件。从国际权力和影响力所具备资源的角度看，或者从与美国资源条件相比较来看，中国已经具备成为超级大国的条件，但中国还没有获得相应的国际地位。当然，试图去追求与自身综合国力不相称的国际地位常常是危险的，同时，如果不充分运用自己的资源使其转换为自身综合国力则可能构成资源的浪费。因此，从资源到综合国力再到国际地位的转换过程极其关键。如何恰当地运用国力转换机制把资源转换成综合国力，是一个事关国家生死存亡和发展繁荣的宏大课题。和过去相比，今天我们的国力转换机制发生了很大改观，如通过改革使体制机制更健全更完善，提高了政府行政效率和质量，改善了制定宏观经济政策的水平；通过开放加深了国际化程度，国际经济贸易、国际军事交往、国际文化交流等纷纷得到扩大和加深。但我们国家依然存在制度不够完善、社会发展文明程度有待加强等问题。因此，需要我们界定中国的国力转换机制的特定范围，以进一步完善国力转换机制，大力提升其效能。

二、 转换机制的基本构成

要提升一个国家的国力转换机制，首先要清楚国力转换机制的具体构成。一般来说，国力转换机制主要包括：社会基本制度、政治现代化程度、国家领导人的能力及其产生机制、政府效能与效率、官员廉洁程度、对外开放程度、社会发展程度、法治化程度、宏观经济政策有效程度等一系列要素。

1. 社会基本制度

社会制度概念的解释有很多，其中，美国社会学家 C. H. 库利和 K. 戴维斯的解释比较科学，一直沿袭下来，并为许多社会学家所接受。他们认为，社会制度是大量规范的复合体，是社会为适应其需要用合法形式建立起来的，强调社会规范的重要性及制度在社会结构中的地位。实际上，社会制度的本质就是规定。社会制度，简单地说，就是对社会的各方面规定，由观念、规范、组织及设备等构成，具有普遍性、稳定性、复合性等特征。而社会基本制度是对社会的性质描述或规定。按照马克思主义的观点，当前的人类社会基本制度分为资本主义制度和社会主义制度两大类，两种制度形态各有其特点。

资本主义制度以市场经济、民主政治为基本价值选择。在促进资本主义经济发展方面，资本主义制度通过社会分工和市场交易，不仅促进了科学技术进步和社会生产力的发展，而且大大提高了人类文明程度，特别是在物质技术文明创造中引领世界潮流。但是，任何制度都有其固有的弊端，资本主义制度带来经济社会繁荣和政治现代化的同时，也因其生产社会化与资本主义的私人占有之间的基本矛盾，容易引起经济金融运行的失控和财富分配的马太效应，贫富差距越来越大，社会矛盾加剧。这就需要国家不断地进行制度建设和改革，合理地处理好自由民主与法治之间、政府监管与市场配置资源之间的度的问题。

社会主义制度的基本要素是实行公有制、实现人民当家做主。按照马克思的设想，社会主义制度是比资本主义制度更公正、更公平、更先进、更科学的社会制度。从人类社会制度发展的历史长河来看，社会主义制度还是一种崭新的制度形态，诞生的时间短，在实践运行中还不够完善，需要在实践摸索中以及与资本主义制度的比较中不断改革、修正和完善，才能显现出它的优越性。那种认为从马克思书本上下来的社会主义制度不需经过实践的检验，天然就优越于资本主义制度的想法和行动，显然是荒谬和错误的。实践中，失败的教训和成功的经验证明了社会主义制度不是一劳永逸的，如苏联体制日益僵化长期不进行制度完善而导致解体的惨痛教训，中国进行改革开放与制度转型而使经济社会快速健康发展的成功经验，两个实例的对比就是很好的证明。

2. 政治现代化程度

人类社会发展的轨迹有很多相似之处，特别是决定整个社会生活的基本方面。通过组织社会成员开展有效率的生产与服务来解决人的生存问题，建立一套能整合、凝聚社会成员的思想、行动的制度体系，这是一个社会所不能避开的被称为政治的问题。无论承认与否，政治现代化已经成为一种为人类社会所普遍接受的基本价值取向。人类越向前发展，政治越需要现代化。政治现代化既包括国家方面治理体系的健全和治理能力的提高，也有社会方面随着社会力量的增长参与国家治理活动的扩大。

亨廷顿在《变化社会中的政治秩序》一书中对政治现代化进行了论述。他认为，政治现代化的内容主要有三个方面。第一，政治现代化涉及权威合理化，并以单一的、世俗的、全国的政治权威来取代传统的、宗教的、家庭的和种族的等五花八门的政治权威。第二，政治现代化包括划分新的政治职能并创建专业化的结构来执行这些职能。第三，政治现代化意味着增加社会机构和组织参政的程度。简言之，政治现代化涉及权威的合理化、结构的分离和政治参与的扩大三方面。政治现代化程度越高意味着国家能力越强，也意味着修正、补充国家能力不足的社会力量对政治活动参与的意愿和能力越强，这样，国家与社会结合程度越来越高，越来越和谐。国家与社会就越有力量共同开展有效率的工作，提高经济发展水平和军事安全保障水平，最终促进国家的综合国力增长。

政治现代化评价标准具体分为六个方面：

（1）政治制度化。政治制度是国家政权的基本组织形式及其相关制度，它规定一国的根本制度，支配国家的整个政治生活，是政治文明的核心。衡量一个国家政治现代化程度高低的主要标志就是看该国是否建立了一个科学合理、行之有效的民主政治制度。

（2）政治法治化。政治法治化就是要牢固树立并强化依法执政意识，其核心就是确立宪法和法律的绝对权威，实现政治运行的规则化。政治法治化衡量标准主要由三部分组成：依法执政意识的确立、行政立法的制度化和依法行政的规范化。

（3）政治稳定化。政治稳定化是政治现代化的一个重要标准和标志。政治稳定有四项重要指标：一是群体性事件的发生频度和激烈程度；二是社会结构的变迁结果；三是政权交替时的平稳程度；四是权力监督机制的健全程度。对于像中国这样的发展中国家来说，在现代化进程中一个很严重的威胁是激烈的政治现代化变革引发的社会动荡。

（4）政治和平化。政治和平化首先要求稳定周边局势，建立睦邻友好的伙伴关系，要求各个国家之间能够本着相互尊重相互理解的精神来和平谈判，最终的目标是普遍安全、持久和平。政治和平化还要求在解决国际争端上，尽量采取和平协商的方式。首先，这不仅要求国家无论强弱，不以武力来解决冲突。其次，要加强与国际社会和世界各国的紧密合作和联系，努力融入国际社会，参与缔结各种国际公约，学会利用国际组织的机制和舞台来解决彼此之间的争端。最后，政治和平化要求政府在处理国内各种事务时，也能尽量避免采取过激手段，以协商调解等柔性手段化解危机。

（5）政治民主化。政治民主化主要可以从以下几个方面来衡量：首先是民众政治参与的广度和深度，具体又包括参与人数、参与渠道、参与层次和参与强度四个方面。人数和渠道越多，层次越高，强度越大，相对的民主化程度也越高。其次是政府行政方式的变革程度，要求政府的行政方式实现由“命令型”向“指导型”的转变。再次是实行政务公开的程度。政务公开是行政主体主动将有关行政信息通过合法的途径告之行政对象，使之能通过对政府公布的信息的主动选择，积极有效地参与行政活动，维护自身利益，并监督行政权力的运行和评价行政效果的过程。政务公开既是行政民主的内在要求，又是廉政建设的前提。实践中，可以通过建立政府门户网站、开通热线电话、定期通过媒体公布政府有关信息、重大行政决策事先公示、召开社会听证会等方式实行。

（6）行政高效化。从工业社会到信息社会，经济的发展、社会分化加速，都对政府的管理能力提出了新的要求。行政高效化要求政府在行政过程中要有成本概念和效益意识，强化行政技能，提高行政效率，用最少的钱、最短的时间办最多最好的事。行政高效化的具体衡量可以有以下几个标准：公务员制度是否健全，行政结构是否合理，行政体制是否通畅，行政手段是否科学。

在全球化背景下，一个国家的国内事务越来越具有国际属性，全球化对一国国内的政治文化和政治体制都产生了深刻的影响。同时，国家的政治发展也离不开世界，比如中国的政治现代化建设必然面临复杂多变、机遇与挑战并存的外部环境，从全球化角度审视中国的政治现代化发展主要涉及两个方面的问题：一是全球化所带来的各种效应对中国政治现代化发展的影响；二是中国的政治现代化建设对世界政治民主化的影响。从这样一种国际政治与国内政治互动的角度去理解和审视中国的政治现代化发展，不仅是政治现代化的内在要求，更是为中国的政治发展提供了广阔的国际视域。中国的政治现代化程度越高，对综合国力转换越有利。

3. 法治化程度

法治是人类政治文明的重要成果，是现代社会的一个基本框架，是国家安定、社会和谐的根本保障。法律发展和法治化与社会经济发展并不是正相关的，法律发展的相对独立性在很大程度上体现了法律自身的独特价值。在现代社会，法治具有特殊的含义，它意味着传统型法治向现代型法治的历史变革过程。法治以市场经济和民主政治为基础，是市场经济基础之上、民主政治体制之中的治国方略。究其确切的含义，法治实际是指一种治国方略、社会调控方式，它强调依法治国、法律至上，法律具有最高的地位。英国思想家洛克对法治的深刻含义也进行了阐述。他说，个人可以做任何事情，除非法律禁止；政府不能做任何事情，除非法律许可。法治，是给公民以最充分的自由，是给政府以尽可能小的权力。法治社会的真谛在于，公民的权利必须得到保护，政府的权力必须受到限制。法治化是指法治在国家和社会治理中的贯彻，大到国家的政体，小到个人的言行，都需要在法治的框架中运行。实践已经证明，法治化程度越高的国家，其国家治理的现代化水平也越高，国家的经济发展水平、社会文明程度也越高。

4. 政府效能与效率

一国要实现经济发展、社会和谐、文化繁荣并达到最终的国家富强和综合国力增长，都离不开政府对社会的有效引导与管理，这就涉及政府效能（政府能力）和政府效率问题。政府效能是指政府实际能够履行职责和功能的程度，它要解决的是政府如何去做、通过什么方式去做的问题。政府效能是与政体高度关联的概念。所谓政体是指从政府代理人与其他政治行动者的关系角度来讲的政治体。根据查尔斯·蒂利的解释，影响政体的三大要素是：强制、资本和承诺。综合国力的各个要素能否形成合力并发挥最大效能，在很大程度上取决于政府的力量，政府力量来源于其行政效率的提高和效能的扩大。一个有能力的政府，或是高强度的政府效能与效率就成为国力增强的一个关键因素，没有政府效能和效率的提高，综合国力的转换机制无法把可控资源转换为有效国力。

5. 官员廉洁程度

在综合国力转换机制中，国家和各级政府的官员清廉是各种资源得到有效利用和社会公平正义得到实现的基本保证。在良好的制度框架下，政府官员清正廉洁可以使制度得到有效的执行，国家和人民的意志就会得到正确的落实，经济增长和军力强大就会得到保证；反之，如果腐败成风，国力必然逐步衰弱，国家也极可能最终衰败。因官员腐败、政治黑暗导致的国力衰退、国家衰落的例子不胜枚举。因此，官员廉洁程度是国力转换机制中非常重要的因素之一。

6. 对外开放程度

国家应该是一个有活力的有机系统。根据管理学原理，任何有机系统都是耗散结构系统，这种系统不是孤立存在的，它要与周围事物发生各种联系，与外界进行物质、能量和信息的交流，才能维持其生命，才能够保持最佳适应状态。否则，一个不能适应环境的系统是无生命力的。因此，国家在国际社会中需要和外界进行广泛的经济文化交流，互通有无，才能更好地增强国家的生命力。对外开放就是和外界进行交流的手段。对外开放程度是指一个国家经济社会对外开放的程度，包括一国经济的对外开放程度和社会文化的对外交流程度，是衡量一国经济文化对外开放规模和水平的重要指标。一国经济的对外开放程度具体表现为市场的开放程度，它反映在对外交易的各个方面，从商品市场开放开始，逐步过渡到资本市场的开放，以增强经济的活力，从而最终拉动一国的经济增长。提高国家对外开放程度应当成为一国增强综合国力的重要目标。

7. 国家领导人的能力及其产生机制

俗话说，“火车跑得快，全靠车头带”。这说明领头的极端重要性，反映了小到一个家庭，大到一个地区，乃至一个国家，其兴衰存亡，领导人的作用是关键中的关键。一个国家综合国力的强弱，除了有良好的制度外，还与国家领导人的素质、领导能力密切相关。高素质、强能力的国家领导人往往能带领国家走上强盛之路，历史上的强国无不与其强势领导人及其团队锐意进取、励精图治有关。那么，一个国家如何保证让最适合的能人成为国家的领导，使得在他的领导下国内外的潜在资源能不断转化为国家的现实国力，这就需要建立一套完善的领导人产生机制。在皇室贵族统治下，由于世袭制无法保证权力来源的合法性、稳固性，当最高统治者无能力治国或实行残暴统治时，被统治者就会出现反叛，进行武装起义，权力更替在所难免。每过一段时间，国家的物质文明和精神文明发展成果，因为改朝换代而难以积累。封建制度下中国几千年发展缓慢就是最好的证明。现代文明社会中，特别是二战以来，国家最高权力的行使者是由民主法治基础上的法理授权而产生的，最适合的任职者一般都是得到大多数民众认可和接受的最优秀者。尽管民主方式和程度可能不一样，有西方民主，有共产党领导下的人民民主，但绝非过去的那种由一人指派承继的。由民主选举产生领导人的机制能使国力增长目标的实现具有一定的保障。

第三节　综合国力的核心内容

一、 国家实力的解释及演变过程

就基本含义而言，实力是一个行为体根据其意愿来影响另一个行为体去做或不去做某事的能力。而国家实力（National Power），或译为国家权力，简称为“国力”，就是指影响和支配他国意志和行为的能力。对于国家实力，不同学者有不同的理解。

美国国际关系学教授罗伯特·A. 帕斯特指出，国家实力的含义很难界定。如果按传统的军事标准把国家实力定义为打败敌人的能力的话，核武器就成了主要指标；如果国家实力是指一国经济能力的话，GDP 就是更好的指标。

德国著名社会学家马克斯·韦伯认为，“实力是把一个人的意志强加在其他人的行为之上的能力”。其意思是，实力是对他人的强加能力，这种能力对于被强加对象来说可以是情愿的，也可以是不情愿的，或是反对的。[①] 而国家实力就是指影响和支配他国意志和行为的能力。

---

① 龚铁鹰．国际时事述评集：昨日的时事　今日的历史［M］．北京：世界知识出版社，2009：34.

美国芝加哥大学政治学教授约翰·米尔斯海默认为，“国家实力以国家拥有的某些物质能力为基础。因此，实力均势是一个有形资产的函数，这些有形资产包括一国控制的装甲师和核武器等”。据此，他把国家实力分为两种：潜在实力和军事实力。①

美国外交家傅立民认为，国家实力即驾驭其他国家决策和行动的能力。实力源于力量与意志，力量源于将资源转化为能力，意志为目标注入决心。②

然而，在传统的国际政治研究中，国家实力虽然不能说是单一性的，但人们往往偏重于硬实力中的军事实力一个因素，把军事实力置于国家实力的主导地位，或者把军事实力作为衡量其他形式实力的最终尺度，以至于说到“实力”通常是指“军事实力”。现在情况发生了变化。二战后，随着联合国的建立及其对话机制的影响、核武器的出现及其毁灭性的威慑，以及冷战后国际“一超多强”体系的形成及国际秩序的固化，通过战争使用军事实力实现国家利益的代价日益增大，使用范围日益缩小，使用效能日益减少。可以说，军事实力虽仍然重要，但其重要性已经有所下降。随着时代的变迁，以军事实力为显性的硬实力受到越来越多的限制，其不再是实现国家利益的最佳选项，而且国家实力已不单纯归结于军事实力，甚至也不主要归结于军事实力；一个国家在世界上的地位和作用已不单纯取决于军事实力，甚至也不主要取决于军事实力；国家之间的国力竞赛也已不单纯表现为军事实力竞赛，甚至也不主要表现为军事实力竞赛。一个国家在世界上的地位和作用的支撑，已经由军事实力转变为经济实力、科技实力和软实力的综合影响力。

当然，这不是说军事实力就变得不重要了，关键的时候它仍然是重要的威慑，是保障国家外交行为和保障国家利益坚强有力的后盾。到了20世纪七八十年代，连最看重军事实力的西方学者也认识到，“国家实力或能力包

① 约翰·米尔斯海默．大国政治的悲剧［M］．王义桅，唐小松，译．上海：上海人民出版社，2003.

② 傅立民．论实力［M］．北京：清华大学出版社，2004.

含的内容比单纯的军事实力要多得多”，并且开始综合各种因素来研究国力。美国哈佛大学国际事务研究中心主任约瑟夫·奈曾在美国《外交政策》发表《软实力》一文。他说：“政治家和外交官们通常给‘权力’（Power）下的定义是拥有人口、领土、自然资源、经济规模、军事力量以及政治上的稳定。”文章指出，历史检验一个强国的标准是它在战争中的实力如何。但是，如今实力的定义中已不再强调特别的军事能力和征服别国的能力了。技术、教育和经济发展等因素在国家实力中变得越来越重要。约瑟夫·奈认为，实力的第二个方面可以称为“融合性实力”或“软实力”。“融合性实力”（让其他国家愿意做你希望做的事）和“软实力”（文化的吸引力、意识形态和国际机构影响力）与“硬实力”同样重要，而且变得越来越重要。据此，本书也认为，军事实力只是综合国力中不可或缺的一部分，不是全部，特别是二战以来，国际社会不再完全处于无政府状态，国家和其他形式的政治势力也不太可能“想干啥就干啥”，和平与发展已成为世界主旋律，虽然军事实力很重要，但其越来越不是通过国家行为获取国家利益的主要手段。在这样的大背景下，综合国力研究不再侧重考虑战争能力，而是围绕国家在国际社会中处于什么样的地位、能办多大的事、能在国际社会产生多大的影响等来考虑。相应地，所有的指标都应围绕这一方向来设计和选取。因此，今天谈论国力，除军事实力外，还包括经济实力、科技实力等。还有相对于“硬实力”而言的“软实力”，“软实力”则并不直接触及博弈格局的变动，而是运用一种迂回的手段来改变博弈双方对某种情形的价值判断，进而改变对手的行动，间接地实现主体的目的。除了“硬实力”和“软实力”两大要素外，综合国力还应包括如何配置这两种实力有效实现国家利益和国际影响力的“巧实力”。

二、硬实力及其构成要素

硬实力是一种传统实力，是指通过武力威胁和经济、技术制裁迫使他国去做不愿意做的事情的一种能力，能够直接改变博弈中的利益格局，主体可以运用它来削弱或消灭博弈对手，从而实现主体的利益诉求。这部分力量是一个国家综合国力中的显性部分，包括三个部分：经济实力、军事实力、科技实力。

1. 经济实力

经济实力在综合国力中占主体地位，一国在未来竞争中的成败和在未来国际格局中的地位高低，基本取决于该国未来的经济实力。经济实力在平时是影响国际政治走向的重要因素，战时则可以迅速转化为军事力量。现代战争对经济的依赖已经越来越大，可以说，没有一定的经济条件，就不可能建设现代化的国防和进行现代化的战争。因此，世界各国都抓住机遇大力发展经济，以取得在综合国力竞争中的有利地位。经济实力包括对内的经济总量和对外的世界经济影响力。在国际政治实践中，经济实力强弱不仅制约一个国家的工农业生产能力和对外贸易水平，而且直接制约其军事力量的发展和规模，同时还影响国民的教育程度与基本素质以及国家政治的稳定等构成综合国力的其他要素。用宏观经济总量计量的话，经济实力对内表示为 GDP 或 GNP，GDP 常代表一个国家的实力，如当今最强大的国家美国，其 2018 年的 GDP 高达 204 941 亿美元。评价一个国家或地区的经济实力也可以用人均 GDP 表示，2018 年，世界人均 GDP 排名第一位的是卢森堡，其人均 GDP 高达 114 234 美元。第二位是瑞士，第三位是中国澳门，第四位是挪威，第五位是爱尔兰，第六位是冰岛，第七位是卡塔尔，第八位是新加坡，第九位是美国，其人均 GDP 为 62 606 美元，第十位是丹麦。①

经济实力划分到各个具体产业分项，主要包括工业、农业和第三产业。

（1）工业。工业体现为工业生产能力，是将资源这一潜在国力转变为现实国力的重要条件。“处于领先地位的工业国家实质上就是大国，并且工业化等级上的变化，无论是向上还是向下变化，都必然伴随着或导致权力等级上的相应变化。”② 英国曾在世界上建立起比自身国土面积大近 100 倍的“日

① 资料来源：IMF《世界经济展望》，2019 年 4 月。

② 汉斯·摩根索. 国家间政治：权力斗争与和平［M］. 北京：北京大学出版社，2006：164.

不落帝国”，从 18 世纪下半叶起称霸世界 100 多年。这是因为英国把广大的殖民地的资源通过包括工业在内的转换机制转化为经济增长和科技进步的国家实力。据统计，到 1860 年，英国的生铁产量占世界总量的 53%，煤和褐煤产量占 50%，现代工业生产能力占世界的近 40%。[①] 其商船吨位超过荷、法、美、德、俄等国的总和。因此，英国之所以强盛，乃是由于它拥有现代化的产生财富的工业，以及这种工业所带来的好处。[②] 后来随着英国工业生产能力的下降，大英帝国也就日渐衰落。而后起的美国、德国、日本等凭借自己的工业实力，相继超越英国跻身世界强国之列。

（2）农业。一个国家的农业生产能力往往决定了该国的粮食能否自给。一个农业生产能力强，粮食能够自给的国家，比一个不能自给，并且必须进口食物或处于饥饿状态的国家，处于更为有利的地位。因为粮食不能自给的国家，无论是平时还是战时，只要它进口食物的能力受到挑战，就可能威胁到这个国家的稳定和生存，对人口众多的大国更是如此。二战期间，英国的粮食安全受德国潜艇和空袭的威胁时就曾面临这样的挑战。而像美国这样粮食能够自给且有余的国家则可以在战争中使人民免遭饥饿的威胁，政府也能更专心地推行其国内外政策，并且美国强大的经济实力很大一部分靠发达的农业支撑着。因此，农业生产能力也是国力较量中的一个重要砝码。

（3）第三产业。第三产业指不生产物质产品的行业，即服务业，包括交通、通信、金融、商业、科技服务业等。第三产业的兴旺发达是现代化国家的一个必要特征。大力发展第三产业有利于增强农业生产的后劲，促进工农业生产的社会化和专业化水平的提高，有利于优化生产结构，促进市场充分发育，缓解就业压力，从而促进整个经济持续快速健康发展。

经济实力对外体现为国际市场竞争能力。今天，一个国家的国际竞争能

---

① 保罗·肯尼迪. 大国的兴衰：1500—2000 年的经济变迁与军事冲突［M］. 北京：国际文化出版公司，2006：178.

② 保罗·肯尼迪. 大国的兴衰：1500—2000 年的经济变迁与军事冲突［M］. 北京：国际文化出版公司，2006：180.

力是该国经济实力的表现和重要组成部分。国际市场竞争能力是指一国的产品和服务在国际市场上的竞争能力，主要表现为对外贸易额（尤其是出口额）、外汇储备余额和国家竞争策略。如果一个国家的国际市场竞争能力很强，就可通过对外贸易，加快研发获取先进技术、促进就业、拉动经济增长、增加外汇储备，从而增强该国的经济实力、综合国力和国民的福祉。相反，如果一国的国际竞争能力弱，则说明该国的经济实力较弱。同时，外汇储备规模也能说明该国已具有较强的经济实力。当然，外汇储备规模过大，通常意味着国家物质财富的净流出，也就意味着本国资本的净减少，他国资本的净增加。总之，经济实力在形成综合国力的竞争中有着举足轻重的作用，在冷战结束，世界形势日趋缓和，军事实力不再是唯一决定力量的情况下更是如此，可以说，经济实力增强会带动综合国力的提升。

2. 军事实力

军事实力是综合国力的重要组成部分，是一个国家综合国力最直观、最直接的体现，也是国家意志对外表达的主要形式，它关系到一个国家在国际社会中的地位与作用，也关系到国家主权的独立与和平建设的外部环境是否能得到保障等。单就一国的军事实力而言，就是指其军队在保卫国家安全和国家利益的战争中的作战能力，反映了一个国家对外寻求国家利益最大化、对内制止国家分裂的能力。在和平时期，军事实力是以一种“威慑力量”存在的国力，包括军队的数量、质量、组成、训练、装备、活动能力、国防资产、军工生产和后备力量等。军事实力用数量的概念表示就是军事力量，军事力量是国家或国家集团的全部物质和精神力量的总和。鉴于军事实力的特点和在国防中的重要作用，世界各大国都非常重视。例如美国为了在各种国际竞争中取胜，利用国内外矿产资源和技术资源，建立了国防科技和工业体系，形成了强大的军事力量。在评价一国军事实力强弱时，本书主要关注其武装规模、武器装备、军种结构、实战与演练程度等要素。

（1）武装规模。在其他条件等同的情况下，军人数量越多、素质越高，指挥将领智力越好，其军力一般越强，而在其他方面如装备等较弱时，则较多的数量、较高的质量在一定程度上可以弥补自己的劣势。

（2）武器装备。武器装备是武装力量的物质基础，尤其是先进武器是决定战争胜负的重要因素。恩格斯曾经指出，暴力的胜利是以武器的生产为基础的。① 武器装备特别是高科技武器的生产水平，反映了一国的综合国力水平。核武器、精确制导武器、定向能武器、激光武器等，这些经过改进或新研制的武器装备，无论在毁伤力、远程打击力以及精确度上均大大提高了部队的战斗力。可以说，现代战争在一定程度上已经表现为高科技的较量。谁拥有更为先进的国防科技能力，谁就能占有优势。

（3）军种结构。高科技武器装备在军事领域的发展，引起了作战思想、军事理论、作战方式的革命性变革。在高尖端技术迅猛发展的今天，战争已从地面、海洋、空中逐步延伸到了陆、海、空、天、电、网等多维空间，也使军队内部组织和相互关系发生了变化，并引起军种结构的变化，这对各国的国防建设和军队管理产生重大影响，忽视或不能适应这种变革和变化，同样会导致战争的失败。为了适应这一变化，各国军队都对军种结构进行了不同程度的调整。自二战起，不同国家有不同的军种划分，但根据地面、海洋、空中作战区位的不同，基本上分为陆军、海军、空军三种，又根据武器的技术变化和对战争的影响范围、程度、结果有不同的细分军种。

科技无止境，人类探索未知领域的渴望无止境，创新创造意识和行动也永不止步。各国的科学家们在外部竞争压力和内部动力的双重推动下，在已有技术基础上不断推出各种新技术。从 20 世纪 60 年代以来，由于新材料技术、新能源技术、微电子技术和光电子技术等技术的发展，航天技术日新月异，各种航天器不仅在科学探测和国民经济各部门发挥了重要作用，而且在军事上也获得了日益广泛的应用。航天科技水平已成为现代高科技战争中决定战争进程和命运的重要因素，争夺“制天权”的斗争已成为未来高科技战争的重要内容。由于卫星和航天应用技术进展迅速，先后出现了各种直接为

① 马克思，恩格斯．马克思恩格斯选集：第三卷［M］．北京：人民出版社，2012.

战略核力量或作战服务的军用卫星系统和军用航天飞行器。美苏两个超级大国先后建立了航天部队，即所谓的“天军”。冷战以后，特别是在海湾战争的推动下，美俄两国对“天军”建设的努力势头并没有减少的迹象。军种结构的优劣决定了整体军事实力的强弱。

在上述所有军种中，最能代表一个国家军事实力的就是最符合时代要求的高科技、进攻性军种占比的合理性，当然这要根据不同国家所处的地理情况、国家所拥有的武器技术装备、军事战略的不同而定。以美国为例，其地理条件使其处于最安全的地位，领土结构特殊，疆域辽阔，东西面临两大洋，港口众多，周围邻国少而弱，无外患之忧，两大洋以外的强敌距离遥远，使美国在时间准备和空间纵深上承受战争的能力很强。二战后，美国成为两大超级大国之一，其军事技术和武器装备的先进程度无与伦比；美国的军事战略受霸权主义、强权政治思想的支配，以“威慑”“遏制”“先发制人”“常规和核武器并重”等为核心，强化精巧、快速、远程打击，显示其压制任何敢于挑战美国的潜在国家的能力。如此特殊情况决定了美国的军种结构就是以海空军和海军陆战队为主导，优先发展和使用远程海空进攻型武器。

（4）实战与演练程度。实战与演练既是军力保持强大的充要条件，力量强大是锻炼出来的，军队锻炼的程度越高，经历战场情况越多，获得的作战经验、各种技术数据来源就越多。常年开展实战能锻炼一支战争经验丰富的军队，演练就是为了适应和熟悉战场情况。

3. 科技实力

科技实力在现代社会是综合国力的核心力量，是指在一定的系统中，在现有科技人力、财力、物力、知识及信息等资源条件下，进行科技及相关活动，而有所发现、有所发明创造并发挥效能，取得产出，促进经济、军事、政治、外交、生态、科技等现有和潜在的贡献与影响的能力。本书认定的科技实力分两部分，即应用科技和基础科学总水平，表现为一国科学技术的发展水平及其对经济和军事两大方面的影响和贡献情况，是未来综合国力竞争中的主要动力。

基础科学是以自然现象和物质运动形式为研究对象，探索自然界发展规律的科学，主要用论文发表数及被引用次数与科技成果转化率反映基础科学总水平情况。至于应用科技，现代经济增长理论和实践表明，科技对经济的贡献表现为经济增长理论中的全要素生产率（TFP）。西方经济理论对 TFP 研究已经有百年历史，其中，索洛模型和爱德华·丹尼森提出的全要素生产率贡献最为显著。1962 年，丹尼森在《美国经济增长因素与我们面临的选择》一书提出了增长核算问题，接着他又出版了《为什么增长率不同：战后九个西方国家的经验》，再后来的三本书《美国经济增长的原因，1929—1960 年》、《日本经济是如何高速增长的》（与 W. KL. Chung 合著）、《低速经济增长的原因：七十年代中的美国》又回到了国家增长的主题。爱德华·丹尼森研究得出：经济增长中科技的贡献率越来越大，科技实力越来越重要。

历次科技革命的结果表明，科技革命能够在较短时间内改变国家之间综合国力的对比关系，促进国际政治格局发生变化。进入现代社会以来，强国无不是以科技占据世界前列而使国家强盛的。换言之，一个国家的科技越先进，它的综合国力就越强。从俾斯麦时期到二战结束，德国一直是科技排名领先全球的科技强国，当时世界最著名的大学和科学家、最先进的科学理论和技术实践大都出自德国。这是它国力最强的最主要因素，所以它才有实力、有本钱、有资格挑起两次世界大战，并能一度在战争前期取胜。当今世界，国力最强的是美国，其强大的军事实力建基于发达的科技和强大的经济实力基础上，而强大的经济实力又依靠以国家科学创新和企业研发为主的科技实力推动。因此，科技实力在综合国力中的分量举足轻重。

以上三种实力是一个国家硬实力不可或缺的组成部分。三个部分各有侧重，很难说哪个重要，哪个不重要，但有一点是肯定的，即它们之间的相互关系表现为：在综合国力中，经济实力是各种力量的物质支撑，是综合国力的基础；但作为国际政治主要行为体的国家，其对外行使独立自主权、在国际社会中维护自身权益的根本保证是军事实力，军事实力是综合国力的显性力量，“国力最终的表现在于军事实力”①，在国际社会中表现为对他国的一种威慑性“势能”；科技实力是综合国力增强的关键，是整体国力的推动力，是综合国力的核心，尤其在知识经济时代，它是综合国力的重要组成部分。

三、 软实力及其构成要素

当今世界各国综合国力的竞争，不仅包括硬实力的竞争，也包括软实力的竞争。古往今来，任何一个大国的发展进程，既是经济总量、军事力量等硬实力提高的进程，也是价值观念、思想文化等软实力提高的进程。“软实力”一词由美国国际政治学学者约瑟夫·奈，于1990年在《美国能领导世界吗?》一文中提出，但他并不是认识到软实力重要性的第一人，实际上，第一个提出并比较系统地讨论软实力但没有使用这个概念的是意大利学者安东尼奥·葛兰西。葛兰西对西方发达资本主义国家尤其是意大利进行考察后，认识到国家政权最有效的统治工具并不是硬实力，而是其占霸权地位或上升至霸权地位的意识形态和文化。当然，葛兰西讨论的只是软实力在国内政治中的作用，而约瑟夫·奈把软实力扩展到国际政治领域，他给“软实力”下了一个明确的定义：“软实力”专指国家软实力，是一个国家创造某种情势，使得其他国家模仿该国、倾向该国，并能熟练驾驭各种资源以优化该国利益的能力。“这种实力往往来自文化和意识形态（政治价值观）、国际机制的规则和制度等资源（外交政策）。”② 约瑟夫·奈非常重视综合国力中的“软实力”在整个国家对外影响上的作用，在任国防部助理部长期间，他持续不断地提醒美国政府最高层，在国家与国家之间的竞争中，一个国家的价值观念、文化表达、对外政策的道德标准、政治和法律制度、营商环境、公民权利、大众生活方式等这类软实力要素，正在发挥着越来越重要的

① 据阿史利（Ashey J. Tellis）等人的分析，国力的资源来源于技术、企业、资本等，国力的形成过程在于政府业绩，而国力最终的表现在于军事实力。

② Joseph S. Nye，“softpower”，Foreign Policy，No. 80，Twentieth Anniversary 1990，153.

作用，往往会在较长时期内产生出比那些硬实力更有效的国际影响力。①

本书认为，软实力作为国家综合国力的重要组成部分，特指一个国家依靠国际形象的吸引力、文化价值的感召力与国民的亲和力等释放出来的无形影响力和撼动力，是一国的社会意识形态、价值体系、文化主流与优势、国民的精神信仰、理想信念、文化道德水平等综合因素的总和。软实力深刻地影响了人们对国际关系的看法。在全球化时代，软实力对国家的兴衰愈加重要，对国际关系产生更为重大而深远的影响。一个国家的强弱，不只在于船坚炮利，也取决于其文化、社会制度、社会价值、精神面貌、国际吸引力及其对全球事务的影响力。全球化解放了资本、技术、人才、信息、管理艺术等生产要素，哪里的文化、社会制度、社会价值、精神面貌对生产要素具有吸引力，它们就会往哪里聚集，哪里就会随之出现经济、科技等硬实力的迅速增长。今天，“国强论”的逻辑已经从自我积累和扩张式的数量规模转变为要素集中式的内涵优化，同时要超越有形物质数量规模的简单堆积，这似乎更需传统的数量规模再加上对这数量规模进行“催化”“发酵”，使之“升华”“蝶变”的某种无形的东西，这无形的非物质东西就是“软实力”或“国家软实力”。综合国力的成长越来越依赖于这样的“国家软实力”。美国国力今天之所以成为世界最强，靠的不仅是威慑性的硬实力，更依靠更具全球感召性的软实力。在新的世界格局中，美国“将不再能够以……先进的经济和军事力量的优势来领导世界；相反……将不得不以我们先进的政治观念方面的优势来领导世界”②。

根据以上对软实力的内涵分析，我们认为软实力的构成要素主要包括：文化、国家形象、核心价值观和意识形态、外交和对国际制度的掌控四个方面。

1. 文化

文化反映了一个国家或民族的气质和精神风貌。一个具有优雅气质、充满

① 丁学良．中国的软实力和周边国家［M］．北京：东方出版社，2014.

② 尼克松．1999 不战而胜［M］．杨鲁军，等译．上海：上海三联书店，1989.

朝气和活力的国家或民族，她的文化内涵也应该是优秀的，通过其文化的广泛传播能够吸引和同化他人，影响或改变他国的行为，其软实力必然也不可低估。从这一点来说，文化是软实力的重要来源，也是软实力的基础。文化方面的软实力包括民族精神、国民素质、民族凝聚力、国民心态、国民士气、民族性格、核心价值观、文化创造等。文化的变革与兴衰深刻影响着一个国家社会历史发展进程并影响综合国力的起落。在一国国内，文化表现为一种相互认同感，国家可以利用这种同宗传承的文化认同感，将整个民族团结在一起形成凝聚力、生命力、创造力、发展力，并把国家治理的合理合法性融于文化构建中，形成潜移默化、看不见的软实力。

对外文化方面，软实力主要体现为文化的国际吸引力、影响力、感召力、号召力。通过文化的国际传播能同化或改变其他国家民众的观念和思维方式，对他国民众观念的同化有助于让别人自愿地认同、向往甚至敬仰这一文化。这样，在国际交往中便于推行自己的外交政策，或在国际社会中主张有利于自身的国际制度、规范，从而增强自己的国际控制力。世界大国身份的获得往往是该国文化对外辐射的结果。美国凭借信息优势和在文化交流中的主动地位，向其他国家出口文化商品及其意识形态，推动其他发展中国家的社会转型和价值改造，各种“颜色革命”和“推特革命”层出不穷，这就是文化软实力延伸出来的强大控制力量。一个国家的文化如具有全球性，并且有建立一套良好的规则和机制以约束国际行为的能力，那么这就是其力量的重要源泉。[①] 因此，随着知识经济时代的到来，“我们正进入一个文化比任何时候更重要的时期”[②]，它在综合国力构成体系中发挥着越来越强大的能量。

2. 国家形象

国家形象具有鲜明的民族特征，是现代国家重要的无形资产，是一个国

① 赵刚，肖欢．国家软实力：超越经济和军事的第三种力量［M］．北京：新世界出版社，2010：17.

② 阿尔温·托夫勒．预测与前提——托夫勒未来对话录［M］．北京：国际文化出版公司，1984：160.

家软实力的重要组成部分，也是一个国家整体实力的体现。学术界对国家形象的定义说法不一，其中比较权威的解释是美国政治学家博尔丁的观点。他认为，国家形象是一个国家对自己的认知以及国际体系中其他行为体对它的认知的结合，它是一系列信息输入和输出产生的结果，是一个结构十分明确的信息资本。① 学者陈正良认为："所谓国家形象，是一国国内外公众对国家综合实力、外显活力和未来发展前景的总体的、概括的认识和评价，是该国自然、经济、政治、社会、科技、文化、历史、生态、国民、领袖等诸方面在公众头脑中反映后形成的总体印象、看法、态度。在国际传播中，国家形象指的是国际社会公众对一个国家的总体认识和把握，是国际社会公众作为主体感受国家客体而形成的复合体，也即一个国家行为表现、性状特征、精神面貌等在国际社会公众心目中的抽象反映和对一个国家的总体评价和解读。"② 作为反映在媒介和人们心中的对一个国家及其民众的历史、现实、政治、经济、文化、生活方式以及价值观的综合印象，国家形象是国家的外部公众和内部公众对国家本身、国家行为、国家的各项活动及其成果所给予的评价和认定，其中既包含对国家的认识，也包含理性评价和感性态度。

国家形象的塑造与传播，是对人们认识和评价一个国家及其民众的正面预设的塑造，深受各国当局的重视，他们极力增加正面的塑造，减少负面的影响。正面的国家形象使人愿意用更亲和、更接纳的方式对待该国及其民众的信息和行为。负面的国家形象会使人们对这个国家及其民众的所有相关信息和行为的认知和评价带有或多或少、有意无意的敌对性、排斥性。为此，世界各国都试图在国际社会中树立正面形象，如中国对非洲的援助，对中国的国家形象意义重大。政治上，与中国建交的 50 多个非洲国家，在主要国际组织中拥有大量的投票权，可以在许多国际场合支持中国。经济上，中非

① Boulding, K. E. (1959). National images and international systems. Journal of Conflict Resolution 3: 119 - 131. New York: Free Press, 1966.

② 陈正良. 中国"软实力"发展战略研究［M］. 北京：人民出版社，2008：279.

贸易互补性强，是中国产品、资本和企业“走出去”的关键市场之一。能源上，非洲大陆物产丰富。以石油为例，非洲大陆独特的地质构造，有“第二个海湾”之称。中国对外能源的依赖程度越来越高，因此非洲丰富的资源、能源对中国经济发展有着特殊的意义。在人道主义方面，中国对非洲不附带任何条件的援助也体现了中国是一个负责任的大国。国家形象具有相对稳定性，一旦国际社会建立起对一国的某种特定印象，短期内不会轻易改变。①

3. 核心价值观和意识形态

核心价值观和意识形态是国家软实力的重要组成部分，也是衡量一个国家软实力强弱的重要指标。核心价值观是国家凝练和建构并由国家公共组织普及推行的价值观念系统。它由一组价值观念有序构成，集中体现全体公民的价值追求、价值理想、价值取向和价值规范，具有民族性、时代性和开放性，体现意识形态的本质。意识形态是指一整套有关社会认知的思想体系，它有着一定的世界观和方法论，反映特定群体和集团的利益与要求，并渗透到某个人、某群人和某个集团的思维之中，令其能够对现存的社会、政治、经济、文化现象进行辩护或质疑，进而形成一定程度的共识。② 意识形态有两重性：一是工具性，二是真正的信仰。一个社会可能存在多种意识形态，而一般只有主流意识形态才会形成国家层面的软实力。主流意识形态构成了一个社会精神文化的中枢与灵魂。核心价值观和主流意识形态两者是统一的，是本质与内容的辩证统一关系。前者凝练和概括了后者的本质，具有制约和规范后者内容体系的作用和功能，使后者符合自己的本质。

4. 外交和对国际制度的掌控

国家作为国际社会的行为主体，必然会涉及外交活动和外交政策。外交的主要目标是最大化地获得本国的国家利益和满足全球需要的国际公益性利益，手段是通过取得国际话语权和对国际制度规则的掌控，从而最终达到上

---

① 吴秦岛．中国国家形象构建的实证研究［D］．南昌：南昌大学，2010.

② 王水雄．论制度变迁中的意识形态安全［J］．江海学刊，2007（01）：125.

述目标。之所以要通过这样的外交手段，是由当今的时代格局决定的，当今时代已由过去硬实力的直接较量步入“软战时代”①。在软战时代，世界政治纷争不再是二战前热战时代沿着地缘政治和军事同盟的分界线而展开，也不再是冷战时期沿着社会制度、意识形态的两大阵营的分界线展开，更不是哈佛大学学者塞缪尔·亨廷顿所说的沿着文明和宗教的分界线而展开。

软战时代的世界政治纷争将越来越沿着软性政治的分界线而展开，有关各方将围绕国际政治事务治理中真理和道义标准的不同理解而角逐。角逐是通过外交政策和外交活动谋求国际话语权的最大化和对国际制度的掌控来实现的。② 国际话语权是获取并维护国家利益的一种低成本、高收益的有效手段，是指以国家利益为核心、就国家事务和相关国际事务发表意见的权力。当今世界，各国越来越把角逐国际话语权摆到重要地位，围绕话语权展开的竞争越来越成为国际关系的日常现象。诸如国际制度创制修订、国际人道主义干预、温室气体减排、核能利用和反核扩散、汇率争端等问题的争斗，几乎无不首先表现为国际话语权之争。一个主权国家的国际话语权也是软实力的表现，或本身就是一种无形的软实力。其能量的大小不仅看它维护国家利益的能力，提供多少国际公共产品和公共利益，赢得多少国际社会成员支持，还需要看它对国际制度的掌控程度。对国际制度的有效掌控往往是国际话语权取胜的结果，它也能够提升国家的软实力。国际制度是在众多国家共同参与制定，并得到后来国家认可和遵守的基础上，对国际政治行为体的规范和道义约束。

随着国际民主化、市场化程度的加深，国际制度的作用将日益增强，对签约国的制约愈加明显。在制定、实施、修改和完善国际制度的过程中，综合国力强的大国，特别是霸权国家，往往掌握着制定国际制度的优先权和主导权，它可以根据其自身的文化、意识形态和价值观塑造有利于其国家利益

① 赵可金．世界步入“软战时代”［N］．解放日报，2010－04－23.

② 赵可金．软战时代的中美公共外交［M］．北京：时事出版社，2011.

和实力延伸的国际体系。近年来，随着全球化和信息化的深入发展，国际社会的舆论、观念和信息等因素对一国外交政策的影响与日俱增。超越传统外交范围，重视话语权影响的公共外交在国家外交战略中扮演着重要的角色，它通过塑造有利于自己的政治生态，对他国产生巨大影响。所以，取得国际话语权且能掌控国际制度的国家，其软实力也愈加增强。

四、 巧实力及其构成要素

"巧实力"是一个非常模糊的概念，它既不是硬实力，也不是软实力，最早是由美国学者苏珊尼·诺瑟于 2004 年提出。[①] 3 年后，美国前副国务卿阿米蒂奇和著名学者约瑟夫·奈发表题为《巧实力战略》的研究报告，明确提出运用"巧实力"进行对外战略转型，帮助美国摆脱困境，重振其全球领导地位。他们认为，独裁和强制性的领导方式，即靠"硬实力"治理的模式，基本上已经被后工业社会靠"软实力"治理的方式所取代，即设法吸引、激励、说服，而不是靠发号施令。然而，最有效的是能够将"硬实力"和"软实力"在不同的情况下按不同的比例进行结合。如果能够将"软实力"和"硬实力"巧妙结合，使得问题得到巧妙处理，就能得到"巧实力"。[②] 后来，这一理论在实践中得到了应用：2009 年 1 月，时任美国国务卿希拉里提出，美国将采取"巧实力"战略来处理国际关系。一个趾高气扬、傲慢自大的美国变得更谦和、更具合作意愿。

一般认为，巧实力是指一个国家利用一切可用的"软实力"和"硬实力"，即运用经济、军事、政治、外交、法律和文化等各种手段的组合来实现国家战略和维护本国利益的能力，包括：国家全球战略意图，对国际局势的判断和把控能力，对国际机制的主导、制定和监督实施，国家领导人的智

① 苏珊尼·诺瑟 2004 年在《外交》杂志上发表著名文章，强调综合运用硬实力和软实力来实现美国外交目标。

② 约瑟夫·奈. 从"软实力"到"巧实力"[J]. 南风窗，2009 (13).

慧及对软、硬实力的组合技巧。在具体实施上，可以分解为诊断判断力、局势把控力、战略制定力、手段运用力、工具利用力、资源整合力、力量组合力、策略选择力、综合运用力等。巧实力这一概念的不足在于“巧”字具有强烈的主观色彩，它虽包括硬实力与软实力，但没有对使用软、硬两种实力的比例做出明确规定。比如，10% 的软实力与 90% 的硬实力的组合，以及 90% 的软实力与 10% 的硬实力的组合，都可以被使用者描述为“巧实力”。其实，根据巧实力的含义，巧实力和硬实力、软实力一样是一个久远的历史范畴，有了国家，就会有硬实力和软实力，也就会有巧实力的使用，即国家最高当局视情势的变化，巧妙地通过硬实力和软实力应对某种事态的过程。当今社会，巧实力就是指在其全球或地区性战略意图的指导下，一国根据对国际局势的判断，巧妙地使用硬实力和软实力的最佳组合来实现本国的某种战略和目标。

对巧实力概念的解释和构成要素的细细列举难以穷尽。本书根据相关研究和参阅大量的资料，认为巧实力由国家在全球或地区的战略意图，对国际局势的判断和把控，国家领导人智慧及对软、硬实力的组合技巧三部分构成。

1. 国家在全球或地区的战略意图

巧实力一词发源于美国，其出现和美国全球战略意图息息相关。一个国家，尤其是有全球影响力的大国，如果没有全球战略意图，那么也谈不上巧实力的使用。国家要在国际上获得安全和生存的需要，就必须维护和争取国家利益，为了在高层次水平上获得国家利益，就有必要考虑国家的国际地位、国家和整个国际社会的关系，如何发挥国家的全球影响力，对他国或国际事件如何协调地使用硬实力和软实力，而所有这些考虑都出于对国际整体形势的盘算，即国家战略意图是巧实力的起源。国家战略意图决定巧实力的使用技巧和结构，不同的国际情境往往决定了不同的国家战略意图，并进一步影响巧实力的使用。

2. 对国际局势的判断和把控

有了国家战略意图，还需要对外部世界进行判读，巧实力的充分使用往往基于对时局的把控，把控的前提是对国际形势的正确判读。知己知彼，完全了解和掌握局势进程，才能知道如何使软硬实力搭配得当。中国过去30多年对国际局势判读基本正确，抓住机会，积极发展经济，用经济增长奇迹影响全球，成为世界第二大经济体；经济发展后又发展科技和军事实力，增强对周边的影响，为将来走出亚太地区，成为世界一流强国奠定必要的基础。

3. 国家领导人智慧及软硬实力组合技巧

在软实力和硬实力均达到一定强度时，巧实力的使用就显得非常重要。运用巧实力的目的是维护本国的国家利益，获取更多的国家权力和增强国家的全球影响力。如何巧妙地搭配使用国家实力体现了一国政府尤其是国家领导人的个人魅力、智慧和能力。这就要求国家领导人要巧妙地组合选用外交、经济、军事、政治、法律和文化等各种手段，不同的组合偏好体现不同的巧实力。

第四节　科学把握硬实力、软实力和巧实力

综合国力中的硬实力、软实力和巧实力，不可分割又相互关联。

首先看硬实力与软实力之间的关系。硬实力与软实力是国家实力的最重要组成部分，两者缺一不可，其互动状况是国家能力的重要体现。硬实力与强制性行为相关，具有清晰的目标，可以强制性地改变他国行为而达到战略目的。尤其是在冷战期间，硬实力是决定国家在对抗中胜负的关键，影响着国家力量的对比。现今，硬实力是维护国家生存和促进国家发展的必要手段，强大的军事实力、雄厚的经济实力和发达的科技实力能够在国家内部形成巨大的凝聚力，在国际社会形成强大的影响力，尤其是超级大国的硬实力能左右和决定全球的基本走势。如二战后的美苏两国，运用其强大的军事和科技实力进行全球对抗。军事、经济、科技等具有优势的国家相对于弱势国

家具有更强的吸引力，硬实力强大的国家在国际社会中可以有更好的国家形象，可以更有能力把控国际态势、制定国际机制、赢得国际支持，并推动弱国效仿，这便形成了强国的软实力资源。因此，强大的硬实力为软实力建设提供强有力的支撑。

软实力与同化性行为相关，是通过吸引、规范、认同而对他国政治行为产生影响。软实力的应用是顺应国际政治现实转变的一个重要体现，它不仅可以通过吸引他国获得认同，为实现本国的对外政策赢得国际社会的支持和谅解，它还可以推动硬实力的发展，弥补硬实力的不足。一些国家如挪威、芬兰、瑞士、瑞典、荷兰，其软实力影响远远大于其军事实力和经济实力影响，原因在于它们把尊重人权、人道主义援助、维护和平、对贫穷国家的无偿支援等深入人心的行动，贯穿于它们的国家行为之中，在国际社会颇令人敬重，它们的声音受到广泛的关注，提出的一些事关全人类的建议和条文受到重视和普遍的好评，它们常常被誉为国际社会的“优秀公民”。所有这些良好的软实力要素弥补了其硬实力的不足。

硬实力和软实力两者的关系，一般来说，是正向关系，即硬实力与软实力通过非线性的相互作用产生相互促进、相得益彰的良性协同，表现为积极有序的状态。但是，有了硬实力，不可断言必然就会有对称的软实力，两者不能做简单的线性解读。也就是说，一个国家有强大的兵力、大量的金钱、惊人的武器制造科技，不一定在国际社会就享有与之相匹配的软实力影响。

其次看巧实力与硬实力和软实力的关系。巧实力不是一种实体性的矢量，硬实力是物质因素的矢量，软实力是精神因素的矢量，而巧实力是对现有实体性力量搭配使用使得目标更容易达到或者目标实现的成本更低、效率更高的一种技巧和智慧。如果硬实力和软实力使用得科学合理，巧实力就会得到提升，国家的综合国力就能增强。因此，巧实力实际上就是对硬实力和软实力如何结合、使用的问题。在运用巧实力时，要注意硬实力和软实力同样重要，不可偏废，离开哪一方都难以单独发挥作用，要把两者巧妙地结合起来。

当今社会，硬实力（主要是军事实力）的作用虽然有所降低，但仍发挥着不可替代的作用，各国在军事建设、经济发展和科技进步等方面的投入一直处于竞争态势。然而，运用软实力的成本更低、作用更有效，在处理国际事务和发挥对国际条约、规章制度制定时的作用越来越凸显。以美国为首的西方国家成功利用意识形态宣传、人权外交、文化交流等“和平演变”手段促使部分国家爆发“颜色革命”，实际上就是发挥硬实力所起不到的软实力作用。总之，硬实力是巧实力的后盾，没有硬实力的支撑，光使用软实力的巧实力仍然显得苍白无力；同样，只重视使用硬实力的巧实力就谈不上是巧实力了，没有软实力在事前、事中、事后的铺垫和渲染，硬实力的使用也会事倍功半。当然，使用硬实力要注意度的问题，使用过程中应该科学和理性，使其具有合法性，最好能得到国际社会的支持。比如，中国海军得到联合国授权赴亚丁湾、索马里海域执行护航任务，对索马里海盗进行军事打击，不仅有效地维护了中国自身的国家利益，也为其他国家船只护航，为中国赢得了良好的国家形象。另外，使用硬实力的同时更应注意软实力的效应。

综上所述，综合国力构成要素的设立要遵循一定的可行性原则，盲目扩大要素的量不仅不利于研究本身顺利进行，也难以普及。本书在对中外综合国力构成要素研究进行总结并对综合国力的含义进行分析后，得出了综合国力的独特的要素构成。综合国力是由诸多构成要素综合而成的统一体，这诸多要素既包含量的方面，也包含质的方面，是量和质的统一；同时，它们又处于相对稳定状态和运动变化状态之中。综合国力的形成由资源经过一定的国力转换机制，产生出实体力量。资源是实体力量最根本的来源，但资源不能直接表现为综合国力，通过产出机制，使资源最大化地转换成综合国力。综合国力的测算主要针对硬实力、软实力和巧实力的测算，而测算未来某个时期的综合国力还需考量资源投入水平和转换机制。

第四章

国内外综合国力测算模型分析

综合国力测算模型是建立在对综合国力基本理论和构成要素的整体分析和综合理解的基础上，使用定量为主、定性补充的方法，把有关要素或动态变化中的环节以力的形式进行量化数据处理。在构建综合国力测算模型时，要对量化数据进行必要的数理分析，并对变量间逻辑关系进行整理，形成总体的以数量形式表示综合国力的势能概况。由此，再根据国力势能在数量上的发展变化趋势和可行性分析，最终找出未来综合国力测算模型的大体函数方程，这是本书的核心内容。

第一节 综合国力测算模型：度量综合国力的标尺

资源的稀缺和环境的恶化导致国际争夺生存空间和资源的权力斗争呈常态化，形成了诸多的世界热点。占据优势的大国、强国在世界权力分配格局中无疑变成主导力量，双方或多方博弈决定当前乃至今后一段时间的世界政治格局。纵观世界政治史上的历次国际格局，无论是现在的“一超多强”体系，还是过去的“雅尔塔体系”“凡尔赛—华盛顿体系”“维也纳体系”，等等，都是当时世界主要强国、大国之间激烈竞争并最终博弈的结果。国家竞争的背后其实是综合国力的对比、较量，哪个国家的综合国力强、综合国力积累的效率效能高，哪个国家的影响力就大，同时也会形成有利于维护自己国家利益的格局。当今的国际格局有利于西方国家，尤其是有利于美国，是美国综合国力超强所带来的结果。那么与其他国家相比，美国综合国力的强大体现在哪里？中国的综合国力又处于何种水平？和排名靠前的诸多国家间的差距又是多少？我们如何缩短差距、提高综合国力？这些问题的回答需要定量分析，需要用一个比较客观的数量和质量标准来衡量国与国之间实力的差距，这样才能对当前与过去的世界格局做出解释，特别是对未来的世界格局做出预测。

设计测量模型就是要对世界主要国家的综合国力进行度量，并对未来的趋势进行预测，看中国未来 20 年乃至更长时间能否自强自立于世界民族之林，并在国际竞争中占有优势。不仅如此，更重要的是，中国未来如何通过综合国力的强大来改变现有的国际秩序，并在国际事务中发挥越来越强大的影响力，更好地维护国家利益和构建人类命运共同体。

第二节　多维视角下的综合国力模型

科学的模型是那些成功地将变迁的原因和要素本身并不永久的这一观念融合的模型。有两种话语是可能的：哲学倾向的政治学家可能会谈论辩证运动，其他使用统计数据的政治学家则会谈论新因素的不断介入。根据对综合国力的本质特性的理解，以及不同时代所具有的不同背景和各国的具体国情，国内外学者就在所理解和掌握的国情基础上，通过思考和测算检验构建了自己认可的模型。

一、 国外学者关于综合国力的测算模型

国外学者对综合国力测算模型的研究起于 20 世纪 60 年代。由于时代背景的差异和研究方法的演变，各个时期有不同的综合国力定量测算的文献研究，因此综合国力的测算模型变化很大，简述如下。

1. 克劳斯·克诺尔最早提出综合国力方程的思路。克劳斯·克诺尔提出的国家实力包括“军事实力和军事潜力”“国民对战争的思想准备”“斗志”

“经济实力”“经济管理能力”“行政竞争性”“战争动员能力”。这个综合国力测算方程侧重于国家军事实力，表明人们已经认识到，一个国家的实力不仅仅是经济实力，尽管它是国家实力的基础，最重要的还是军事实力和军事潜力，这是由当时的国际环境决定的。这是最早的综合国力研究思路，但没有形成具体计量方程。

2. 首次对综合国力进行定量测算的是 J. P. 考尔。他将国力分解为 6 个指标，其构成要素、指标体系及权数分配如下：总计 1000，各个指标分别是：人口，200；领土面积，200；钢消费量，100；标准能源消费量，100；国民生产总值，200；总军事实力，200。指标的合成方法是：（1）计算各国指标占世界的比重；（2）根据给定的权数对 6 个指标比重进行加权平均，其结果作为一国综合国力的总得分。[①]

3. 罗伯特·汤普森认为综合国力由人力、资源和国家的意志组成，其表达公式为：

$$\text{国家实力} = （\text{人力} + \text{资源}） \times \text{意志} \tag{4-1}$$

4. 克劳福德·哲曼提出国家实力指数方程。[②] 他提出了指标体系和指标非线性合成的方法，综合国力表达式为：

$$G = N（L + P + I + M） \tag{4-2}$$

其中：G 是综合国力，N 是核能力，L 是土地，P 是人口，I 是工业基础，M 指军事规模。

5. 威廉·富克斯提出的综合国力测算模型。1965 年，富克斯使用定量分析方法，研究世界各国的综合实力与潜力，提出了一个非线性国力方程。富克斯认为钢产量、能源产量和人口数量是影响国家实力的特定要素，这三个要素决定一国综合国力的强弱，因此，富克斯国力方程也被称为“三要素

① 牧野，郑紫衡. 综合国力研究方法评价［J］. 云南科技管理，1994（05）.

② F. Clifford German，“A Tentative Evaluation of World Power，” Journal of Conflict Resolution，Vol. 4，1960，pp. 138 – 144.

综合国力方程”。该方程考虑三个变量：一是人口规模（P）；二是能源产量（E）；三是钢产量（S）。富克斯认为，生物发展过程是某一物种中的一小部分将首先在它们被引进并成长的新环境中按增长率增长，而当它们的总数达到特定的资源可以维持的长期限度时，这种增长将下降。综合国力发展过程同生物发展过程相似，也首先按增长率发展，在接近长期限度（饱和限度）时，将开始下降。

富克斯的国力方程规定：

$Ms = P^a \cdot S^b$（P 为人口，S 为钢产量），Ms 为按钢产量和人口计算的指数。

$Me = P^a \cdot E^b$（P 为人口，E 为能源产量），Me 为按能源产量和人口计算的指数。

以 P^a、S^b、E^b 分别代表人口规模、钢产量和能源产量的变化情况，则可以从 $\ln(Ms) = a\ln P + b\ln S$，$\ln(Me) = a\ln P + b\ln E$ 分别求得钢产量和能源产量的指数，那么，预测 t 时期国力指数变化的国力方程式为：

$$M_t = [(Ms)_t + (Me)_t] \div 2 \quad (4-3)$$

6. 雷 · S. 克莱因的国力方程。克莱因曾是美国乔治敦大学战略与国际研究中心主任，曾两度在美国政府机构任职，是美国统治集团重要的智囊人物，其观点和见解对美国政府的重大决策有着不可忽视的影响。在其 1975 年出版的《世界权力的评估》（*World Power Assessment*）一书中，克莱因比较系统地论述了他的国力理论。在系统分析决定国力诸因素的基础上，他借鉴前人研究的经验，使用非线性合成的方法，提出了一个定量比较和测算国力的公式，我们不妨把它叫作“国力方程”，表达式为：

$$P_p = (C + E + M) \times (S + W) \quad (4-4)$$

其中：

P_p 表示被确认的国力。

C 表示基本实体，包括人口和国土面积。人口 2 亿以上的国家得最高分 50 分，国土面积在 800 万平方公里以上的国家也得最高分 50 分，C 的满分为 100 分。

E 表示经济实力。克莱因认为，一个国家，不论它属于什么经济类型，衡量其经济实力的首要指标是国民生产总值和产业结构中的各部门收入，国民生产总值还不足以完全说明一国经济实力的强弱，还必须考虑其他各种因素对一国经济实力的影响，以修正单纯按国民生产总值排序所带来的偏差，包括：能源 + 关键性非燃料矿产资源 + 工业生产能力 + 食品生产能力 + 对外贸易总额，作为修正的依据。以美国的 GNP 为标准，最高分 100 分。能源、矿产、工业、农业、外贸五个部门，每个部门各 20 分，其和为 100 分。此项满分为 200 分。

M 表示军事实力，等于战略性力量加常规军事力量，包括各种武器的效能、军队人员的素质、后勤保障、组织效率四个方面。具有“战略性力量”的武器主要是核武器、远程轰炸机、核潜艇之类，其中前者具有决定性的意义。核武器的作用不仅仅在于能直接使用，还在于它的威慑力量；常规军事力量的组成，克莱因认为其中有许多难以计算的无形因素。他曾多次说明，对无形东西的评分是高度主观的，不确定的因素非常之多，如何评价一国的军事力量往往成为大有争议的问题。严格地讲，军事力量是有形因素与无形因素的高度综合。此项满分为 200 分。

S 表示战略意图或战略目标。它对 C、E、M 起倍数放大或缩小作用，S 的最大值为 1，取值区间为 0.5 ~ 1。在取值范围上，克莱因分三种情况评分：大多数国家的目标是自卫性、保护性的，国家能平稳地发展，有一定的凝聚能力。这种稳步地巩固自身的国家，克莱恩认为其全是二等或三等国家。这些国家不具有全球规模的战略构想和战略措施，其能量仅限于在局部地区发挥作用。多数国家的战略目标评分居中，为 0.5 分。战略目标十分明确，历史久远，则高于 0.5 分，最高为 1 分，与此相反的则低于 0.5 分。

W 表示追求国家战略的意志，包括国家整合水平、领导人能力、与国家利益相关的战略。克莱因认为，国家意志是国家可以动员其内部力量有效地实现战略目标的素质。这种素质并非永不改变，而是短暂的、变动的。

在这种素质中，最为重要的是国家领导层的特性，尤其是领导层所拥有的权威。W 取值区间为 0.5 ~ 1。

（S + W）之和最高为 2，它决定了（C + E + M）的有效发挥程度。

这是一个综合性的国力方程，式中：（C + E + M）是客观实力或硬实力，（S + W）是主观实力或软实力，而综合国力是两者的乘积，反映了研究者对软实力的重视，但是如何计算软实力是比较困难的。这种方法曾被美国军方用来评估国际系统的长期趋势。①

7. 福岛康仁“国力方程修正”学派。日本学者福岛康仁对克莱因的国力方程做了如下的修正：

$$P = (C + E + M) \times (G + D) \tag{4-5}$$

其中：P 表示被确认的国力；C 表示人口、领土和自然资源；E 表示（GNP + 人均 GNP + GNP 实际增长率）+（工业、农业、商业实力之和）；M 表示军事实力；G 表示国内政治能力；D 表示国家外交能力。

与克莱因的国力方程相比，除了军事实力这一项未做变动外，其他几项在内容上均做了一些变动，因而其国力计算结果也与克莱因的有较大不同。②

8. “综合三元要素”国力学派。日本经济企划厅综合计划局委托日本综合研究所在总结前人综合国力研究的基础上，结合日本的实际，提出了测定综合国力的三要素，即国际贡献能力、生存能力和强制能力。各大要素又由多项分要素组成。其测算模型为：

$$\text{综合国力} = \text{国际贡献能力} + \text{生存能力} + \text{强制能力} \tag{4-6}$$

国际贡献能力是指积极促进国际组织的建立和发展，并以此为国际社会的发展做出贡献的能力，包括经济实力、金融实力、科技实力、财政实力、对外活动的积极性、在国际社会中的活动能力。

生存能力是指一国在出现国际性危机下能生存下去的能力，包括地理、

① 克莱因. 世界权力的评估［M］. 台北：台北黎明文化事业股份有限公司，1976.

② 理纯. 国力方程［M］. 北京：中国商业出版社，2008.

人口、资源、经济实力、防卫实力、国民意识以及同国外的友好同盟关系。

强制能力是指按照本国的意志而强迫性地改变别国行动的能力，包括军事实力、科技实力、经济实力、外交实力、战略物资等。

9. 美国约瑟夫·S. 奈的“软”“硬”实力测算。约瑟夫·S. 奈率先提出软实力在国际上的应用，形成了他所特有的国家软实力理论。他认为，国家实力分为硬实力和软实力。硬实力包括基本资源、军事力量、经济力量、科技力量；软实力是通过吸引的手段而不是强迫或收买的手段从而达己所愿的能力，包括国家凝聚力、文化被普遍接受的程度、价值观和意识形态、参与国际机构程度、外交政策、对国际制度的掌控。软实力和硬实力都具有同等的重要性，但当今世界硬实力特别是军事实力等已不是增强综合国力的首要因素，相反，文化等软实力在对外吸引力上往往能起到硬实力所不能起的作用。他采用定性分析，用“强、中等、弱”三等级比较法，对当时世界几个主要国家和地区的综合国力进行了评估，但难以准确量化计算和动态分析。

二、 国内学者关于综合国力的测算模型

我国对综合国力测算模型研究比西方国家晚了一些，但也不乏丰富的研究成果。其中，黄硕风、宋瑞玉等人的研究以定量为主，计量分析较为精确。

1. 黄硕风的国力函数与综合国力动态方程

黄硕风在《综合国力论》一书中，运用系统论、协同学和动力学原理对综合国力进行定量分析，提出综合国力应是生存力、发展力和协同力三要素的有机结合。在此基础上，黄硕风设计了一组用以描述和预测国力动态变化的国力函数模型：$Y_t = F(K_t, H_t, S_t)$。其中，Y_t表示 t 年综合国力，K_t为协同函数，H_t为硬变量函数，S_t为软变量函数。为了能对综合国力进行测算，把它加以具体化，即：

$$Y_t = K_t \cdot \sum_{i=1}^{4} \alpha_i(H_t) \cdot \sum_{j=1}^{4} \beta_j(S_t) \qquad (4-7)$$

其中，α_i、β_j分别称为“硬”弹性指数和“软”弹性指数。α_i表示一个国家的发达程度，参量采用指数法；β_j则表示一个国家的精神状态，参量采用专家咨询法。对于一些不确定的要素则用灰色系统分析方法处理。确定国力函数后，他建立了一组旨在预测综合国力的动态方程，即综合国力动态方程。该方程由150多个变量指标、30多个子方程组成，其主方程为：

$$dY_t/dt = \rho Y_t \ (1 - Y_t/M) \qquad (4-8)$$

其中，Y_t表示t时刻的国力函数。ρ表示国力增长率，反映综合国力系统变化的快慢，$\rho>0$表示综合国力增长，$\rho<0$表示综合国力减小。M表示环境（国际环境、国内环境和自然环境）所能容许系统变量的最大值。M值的大小决定了系统稳定状态的性质：M值越大，国力函数Y_t的稳定值也越大。M值所反映的是国际、国内、自然等环境的作用。[①]

子方程主要包括国民生产总值增长率子方程、国内生产总值增长率子方程、国民收入增长率子方程、科技力子方程、国防力子方程等。

指标无量纲化时，“硬”变量采用指数法，“软”变量采用专家评估折算法。同时，“协同”变量采用权重分配系数法，一些不确定要素的量化则采用模糊数学的基本原理进行模糊评判，许多未来预测的实际问题黄硕风用了灰色系统分析方法来处理。

2. 宋瑞玉的综合国力测算模型

宋瑞玉的综合国力函数以柯布-道格拉斯生产函数为原型，引入更多的国情因素，与综合国力联系起来，描述综合国力的变化与发展。该综合国力函数按照不同的聚合方式，得到不同类型的综合国力函数，其中具有代表性的一种是将经济实力与军事实力聚合起来，形成综合国力函数式[②]，把智力

① 黄硕风．大国较量——世界主要国家综合国力国际比较［M］．北京：世界知识出版社，2006：82.
② 宋瑞玉，韩钊，邵可振．综合国力度量理论［M］．武汉：湖北教育出版社，1994：179.

因素和科技进步隐含在经济实力和军事实力中，不单独列出。

由于宋瑞玉提出的综合国力测算公式比较复杂，运算步骤多，专业性十分强，一般不具备专业功底的人很难掌握，在此不再详述。

3. 王诵芬的测算方法

王诵芬在定性分析和定量分析相结合的基础上，使用分层赋权逐层汇总的线性汇总方法测度综合国力。这种方法在许多后继的研究中被多次运用，不同的是指标选择上的差异。

王诵芬利用这种方法，并参照日本经济企划厅的方法，对俄罗斯的综合国力进行了测算比较。日本经济企划厅在研究综合国力时有一个重要的指标就是经济实力，经济实力又包括生产余力和进出口贸易。其中，生产余力的计算公式是：

$$生产余力 = GNP \times 人均\ GNP = GNP \times GNP/人口 = GNP^2/人口 \qquad (4-9)$$

经济实力的计算方法是：首先，将数值最大国（通常是世界最大经济体）取值100，将各国的生产余力和进出口贸易总额指数化；其次，分别给予权数，令生产余力为2，进出口贸易为1；再次，将各国生产余力指数和进出口额指数分别与权数相乘后相加再进行加权平均，即除以3，生产余力权数为2/3，进出口额权数为1/3，最后得到经济实力指数。①

同时，王诵芬又参照克莱因的方法进行测算。此方法如下：第一步，选择基本实体，主要分为两项——国土面积和人口，综合经济实力的指标体系主要有GNP、能源供应能力、食品供应能力、工业生产能力、进出口贸易总额5项；第二步，按照各构成要素的地位与作用确定计分标准，基本实体总分标准100分，国土面积和人口各50分，经济实力总分标准300分，GNP 100分、能源供应能力50分、食品供应能力50分、工业生产能力50分、进出口贸易总额50分；第三步，将各种指标数值最大的国家作为标准分，其

① 王诵芬．世界主要国家综合国力的实测及分析（1970—1990年）［J］．世界经济与政治，1997（07）．

他国家则按其与数值最大国的比例来计分；第四步，将各构成要素的计分加总得到总分，并以总分进行排序。

4. 丁峰峻的综合国力质量公式

1987 年，丁峰峻在《综合国力论——2000 年我国国家发展战略刍议》一文中提出了综合国力质量公式：

综合国力 = 软实力 × 硬实力 = （政治力 + 科技力 + 精神力） × ［R ×（自然力 + 人力 + 经济力 + 国防力）］ （4 – 10）

其中，R 为硬实力的结构系数，表示硬实力各组成部分之间的相互比例关系，反映硬实力系统的结构。如果硬实力各组成部分结构合理，则 R 大于 1，其硬实力总量即大于各部分之间的代数和；如果结构不合理，则 R 小于 1，其硬实力对国力的贡献则小于各部分之间的代数和。

5. 张文奎的综合国力模型

张文奎的综合国力表达式为：

$$Z \cdot G = J + R + D \quad (4-11)$$

其中，Z · G 为综合国力，J 为基础国力，R 为人均国力，D 为地均国力。

6. 海平、 运平、 王景涛等设计的综合国力模型

综合国力 = 基本实体 × 物质形态国力 × 精神形态国力 = 资源力 ×（经济力 + 科技力 + 军事力） ×（政治力 + 文教力 + 外交力）。

如果用字母分别代替上述各项指标，则简化公式为：

$$CNP = CM \times (EC + ST + MC) \times (PC + CE + DC) \quad (4-12)$$

其中，CNP 为综合国力，CM 为资源力，EC 为经济力，ST 为科技力，MC 为军事力，PC 为政治力，CE 为文教力，DC 为外交力。

各项因素对综合国力的贡献大小不同，所以在每项因素前需乘以表示权重的重要性系数。即 $CNP = CM \times (K_1 \cdot EC + K_2 \cdot ST + K_3 \cdot MC) \times (K_4 \cdot PC + K_5 \cdot CE + K_6 \cdot DC)$，其中 $K_1 + K_2 + K_3 = 1$，$K_4 + K_5 + K_6 = 1$，各系数取值区间为 0 ~ 1，各个实力因素的取值以美国的量值为指数标准值进行相应计算并比较取值。

7. 朱喜安、肖腊珍设计的综合国力模型

综合国力＝（资源＋经济活动能力＋国际竞争能力＋科技能力＋可持续发展水平＋社会发展程度＋国家强制力＋外交能力）×（战略目标＋追求国家战略意志＋民族凝聚力）。

如果用字母分别代替上述各项指标，则简化公式为：

$$CNP=(C+E+I+K+X+S+CT+W)\times(R+O+J) \tag{4-13}$$

其中，CNP 为综合国力，C 为资源，E 为经济活动能力，I 为国际竞争能力，K 为科技能力，X 为可持续发展水平，S 为社会发展程度，CT 为国家强制力，W 为外交能力，R 为战略目标，O 为追求国家战略意志，J 为民族凝聚力。

8. 湖北省科委的综合国力测度模型

于宏义和王佑棣运用对称性和简单性作为对综合国力进行测度的理论依据，以动态系统的描述方法，提出了功能（F）、规模（D）、结构（S）、水平（L）四维向量的综合国力测度模型：

$$CNP=f(F\cdot D\cdot S\cdot L) \tag{4-14}$$

9. 胡鞍钢等人提出的“综合国力方程”

在《国家实力评估：资源、绩效、军事能力》一书的译序中，胡鞍钢等人提出了一套反映世界各国之间的动态变化的综合国力动态方程。方程采用无量纲的比重法，计算各国主要资源占世界总数比重，即一国的综合国力或战略资源与他国的相对实力。该方程为：

$$NP=\sum(a_i\times R_i) \tag{4-15}$$

其中，a_i为某种资源的权重，R_i为某种资源占世界总数之比。

考虑时间变量时，动态方程是：$NP(t)=\sum[a_i\times R_i(t)]$。对不同指标采取不同的权重，以反映不同战略资源的重要程度。例如，对知识技术信息等新兴战略资源，认为其作用在迅速上升，给予相当高的权重；而土地、粮食、能源、钢铁、矿产等传统资源，其作用在不断下降，所给的权重则自然较低。

第三节　综合国力测算模型的比较

从上述国内外学者的综合国力测算模型可以看出，尽管观点不同，测算模型形式各异，但都把组成综合国力的各个要素转化为可以计量的指标，对各个指标进行线性加权合成、乘积合成或加乘混合，都表现为方程的形式。

运用国力方程来测算评估综合国力，标志着国力研究实现了由定性分析向定量定性双分析的转变。这种转变使国力理论更加具有实践价值，更能应用于国与国之间的直接比较。当然，由于研究国力问题的中外学者所处的时代背景、政治社会背景、国籍、价值观、专业学术水平、认识方法等不同，因而不可能形成一致的方程，但均有可取之处与不足。

一、 综合国力测算模型价值取向上的比较

国力方程差异的形成是由于其提出者在综合国力概念、基本构成要素、要素之间的关系、指标取值、如何核算等没有形成统一的认识，主要有以下几个方面。

1. 综合国力概念表述的出发点不同导致国力方程的取向不同。综合国力的概念是表达其内涵、功能的一种认识方法。概念表述不同表明各学者对事物的内涵、结构、功能、形式等有不同理解。这是国力研究中的最基本的起点问题。然而自开始研究国力至今，却从未形成统一的认识。翻阅各学者的学术理论文献，发现他们对综合国力的概念表述差异很大，各具特色。所处时代不同，强国与弱国不同，国外与国内不同，国外的各个国家不同，国内的各个专业领域不同。据此，学者出发点不一样，列出不同的国力方程也就不足为怪。

2. 对国力基本构成要素有不同认识。综合国力是由哪些要素构成的，学者们有不同的分类法。仔细分析他们所列举各要素的具体内容，发现无论是

具体构成部分、各部分之间的关系，还是其组合方法均有很大不同。这种不同的国力要素及其组合方式、对国力方程的形成及计算结果有着直接的影响。如克莱因的国力要素过于简单，仅包括基本实体、经济实力、军事实力、战略目标和追求国家战略意志五个要素，忽略了科学技术、文化、外交等对国力的影响和作用，使其国力的计算公式带有较大的片面性。进入21世纪，软实力及其构成要素显得越来越重要，在国力基本构成要素中权数应该增大。

3. 各要素对国力影响大小的不同认识。应该看到，尽管我们可以借助计算机对众多的要素进行量化计算，可以按要素之间的关系建立许多方程对要素进行量化综合。但是由于构成综合国力的要素种类多样，各要素之间关系复杂，尤其是精神要素与物质要素相互结合，各个要素之间形成的是一种有机的网络关系。古今中外的研究者在论及各要素对国力的影响时，往往都有所侧重，有的注重物质因素方面的经济实力，有的偏重物质因素方面的军事实力。当然也有学者注重精神因素在国力中的重要影响，但对精神因素做到准确量化是比较困难的。像这种对各要素对国力影响大小的不同认识，会使在相同的国力方程式下估算的结果差值也很大。因此，我们不能简单地、过于夸大或依赖某种综合国力研究中测算的数值，研究结果只能作为参考。

4. 对科学技术有不同认识。如富克斯、克莱因、福岛康仁、汤普森的偏向很明显，无视科技能力。其他则重视科技但划分类别不同，如美国的约瑟夫·S. 奈、日本的“综合三元要素”助学派，以及我国的黄硕风、海平等都将科技列入“硬实力”的范围。而丁峰峻在其国力方程中将科学技术归入“软实力”的范围，认为其作用与其他“软”要素一样，是综合国力的“倍增器”。

5. 对经济发展指标有不同认识。多数学者均以国民生产总值或国内生产总值作为一个国家经济发展的主要指标，这是无可非议的。但进入21世纪，随着世界人口膨胀、经济发展、科技进步等带来的资源和社会问题日益突出，许多经济学家和社会学家提出异议，认为以国民生产总值或国内生产总值为主的传统的经济指标，没有涵盖一个国家的全部成本，目前的统计数字均未把砍伐森林、水土流失、资源枯竭、城市生活污染等的长期负效应计算在内。

由于各学者对上述这些问题有着不同的认识，也由于影响综合国力的诸要素中包含着许多无形的、不可计量的“软”要素，因而对综合国力的计算结果也就必然有所差别。从严格的意义上说，也许综合国力本身是不可计算的，至少是不可能准确估算的，上述所列出的计量模型或方程仅仅是作者或某一研究团体对各国综合国力的“高度主观的”评价，不具有客观真实性。但不能否认它们为我们估算综合国力提供了新的视角和方法，也不能说明综合国力研究本身没有科学价值，没有理论和实践意义，而是说目前的综合国力研究还有待进一步的发展、挖掘和完善。

二、 综合国力测算模型评述

上述综合国力测算模型因侧重点不同测算方法也各不相同。

先从国外来看，有的建立了明确的方程，以定量精确计算为主；有的则通过定性分析在一定的定量基础上得出相对的国力水平。各家皆有优劣。

克劳斯·克诺尔的国力方程，从一个国家战争能力的角度出发，找出直接参战和支持战争的所有各种能力和潜力，强调强制力，而经济实力只是基础性实力，即注重以军事实力为核心的综合国力。要素构成中也比较重视软实力，定量方面的计量似乎没有涉及，没有指标值及权数分配，也没有形成一个固定计量模型，以定性说明替代了精确的计量，并忽略科学技术在综合国力中的作用。

J. P. 考尔的国力测量方法首次向量化方向发展，开创了定量方法来测算国力，设计了不同的指标值，并赋予权重，注重了不同要素在综合国力中的地位。但该方法只注重资源、经济、军事等有形的硬实力，没有涉及文化、意识形态、国家意志、民族凝聚力等软实力对综合国力的影响，也没有考虑科学技术对综合国力增强的影响。另外，该方法也没有形成一个固定的计量模型。

汤普森提出的综合国力只有人力、资源和国家的意志三个要素，硬实力和软实力两方面都已谈到，并有了固定的公式模型，但过于简单。人口和资源应当说还不是直接的国力，需要转化为诸如经济实力、军事实力等硬实力，才能进入函数作为自变量。对人口这一要素也使用模糊，没有指出人力的数量和质量在不同条件下对综合国力的不同影响。该方程也没有提及科学技术，不具有普遍覆盖性，对现代国家的国力测算不适用。

克劳福德·哲曼的方程是以核能力为中心的国力方程，他认为，一个国家的实力与拥有核武器的能力成正比，它反映了在冷战和核时代条件下，一个国家拥有核武器的特殊重要性。实际上，第二次世界大战后主要大国都在发展核武器，以其作为最重要的国家战略资源和战略手段，妄图指望核武器的制造和拥有能绝对地提升国力。但是由于核武器会给人类造成毁灭性的破坏，任何国家都不敢轻易实际使用它来攻击别国，拥有核武器不一定能增强自己的综合国力。这种国力方程只能测算拥有核武器的国家的国力，对于没有核武器的国家不适应，不具有广泛性。

富克斯的国力方程以工业化时代的传统资源为基础，其主要国家战略目标是在全球获取更多的能源，大幅度提高本国的工业生产能力。同时，该国力方程也体现了德国在两次大战战败阴影下的一种反思。在苏德战争之前，世界普遍认为：苏联将不堪一击。但结果却是：苏联在战争开始时失去大批土地的情况下，独自顶住了德国及其盟国的闪电战，而且在之后越战越强，最后直到攻克柏林。德国人认为苏德战争的战败在于德国国力不支，国力上败在人口数量、能源产量、钢产量。[①] 这种价值观注重资源、能耗等有形的物质力量转化成国力的理念，没有考虑全球资源的有限性将导致工业生产能力的不可持续性、科学技术贡献效率的竞争性、软实力的影响等。对于测算在某一非常压力或动力下的国家短期内迅速改变国力时有适用意义，但长期

① 综合国力的测算指标与方法［EB/OL］．http：//www.china.com.cn/zhuanti2005/txt/2003 －03/19/content_ 5295894.htm.

来看并不适用。

克莱因的国力方程是一个综合性的国力方程，综合国力是硬实力和软实力两者的乘积，反映了研究者对软实力的重视。但是该国力方程不成熟，以现代眼光看存在许多缺陷：虽然特别注重军事实力和经济实力在综合国力中的分量，但没有突出科技在现代国际竞争中的决定性力量；各个实力也没有配置权重系数以突出综合国力结构差异，也没有涉及教育、文化、政治、外交等软实力在综合国力中的贡献；测算模型中指标间信息覆盖重叠，软实力计算困难，精神指标按专家评定方法估算分数似乎缺乏科学依据，权数分配不合理；注重总量指标，忽视平均指标和相对指标等不可替代的作用。

福岛康仁的国力方程对克莱因国力方程的软实力部分进行了修正，注重政治制度、机制、国内行政能力和外交能力等软实力在综合国力中的重要作用，这是一种研究上的进步，比克莱因国力方程更为科学合理。但也有和克莱因国力方程同样的不足：没有突出科技、教育、文化的影响作用，没有注重国力结构差异。

日本经济企划厅综合国力指标较全，既包括一个国家基础性的力量，如生存能力，也包括向外使用的主动攻击性力量，如强制能力，还包括积极意义上的对外影响力量，如国际贡献能力。这种方法在构成要素上反映了国力的递进性，从基本生存到对外强制，再到国际贡献，能客观反映一个国家综合国力的成长过程。指标选择也有一定的创新，如“在国际社会中的活动能力”“同国外的友好同盟关系”具有一定合理性。但它是站在日本本国立场上，从日本本国战略出发，结合日本国情和对外政策需要，集中在经济发展和对外关系上。测量方法上采用专家调查法，向外籍新闻记者、学者、留学生等有关人士采集调查意见，以定性为主，缺乏定量测算。因此，该测算模型带有很强的倾向性，缺乏普遍性、科学实用性。

约瑟夫 · S. 奈的“软”“硬”实力测算明确提出了软实力在综合国力中的巨大作用，具有开创性。约瑟夫 · S. 奈提出的“软”“硬”实力测算模型，强调软实力，影响非凡，在国力研究与实践建设中具有划时代的重要意义。但约瑟夫·S. 奈的“强、中等、弱”比较法，也仍停留在定性分析上，没有提高到数学分析方法上来，因此也难以准确量化计算和动态分析。

国内学者提出的国力预测模型也各有特色。

黄硕风的“综合国力动态方程”评估体系，设计指标比较全面、结构严谨、逻辑性强，无论在理论研究上，还是在实际应用上都具有很大的参考价值，是迄今为止较为全面系统、科学的有关综合国力的评估模式。但测算方程太多，计算非常复杂，专业知识要求高，不易掌握，并且方法的可操作性差，对影响全局的特殊因素缺乏考虑。

宋瑞玉的测算基本从经济学的产出原理出发，用经济增长函数为原始模型，发散到经济与产业结构、技术进步的研究。他认为国力是经济、军事两大系统的聚合，而智力因素、教育、文化等已暗含在其中。这种方法的优点是构成要素简单，推导过程严密。但其公式相当复杂，计算过程专业化程度高，只能限于少数专业人士识别，不宜普及推广。

丁峰峻、海平、朱喜安等人的综合国力模型，参照了克莱因、福岛康仁和黄硕风的模型，都基本遵循了综合国力来源于硬实力和软实力的相乘，只是所取国力子要素有差异。丁峰峻综合国力质量方程，其独特的地方是重视硬实力的系统与结构的关系，要协调好硬实力内部自然力、人力、经济力、国防力之间的比例关系。其实质就是国家要重视协调和分配好资源在经济发展和国防支出之间合理的比例，达到各部分之和大于简单相加的目的。但如何达到合理性，他没有采用加权平均的方法，而是将各种国力构成要素直接相加，R 值的定性分析主观性太强，体现不出精确性和科学合理性。海平等人的模型对硬实力的各个子要素赋予不同权数，确立不同的重要性，但如何界定相对的重要性比较困难，而且资源力和其他国力直接相乘不合理。物质形态国力来源于资源，若把它们相乘，其实是物质力量的倍数重复，没有考虑到资源需转化才变成国力的客观性，所以这种相乘所得国力不符合实际，会得出石油资源丰富的中东诸国，领土资源丰富的加拿大、澳大利亚、巴西等国，人口资源丰富的印度、中国等国的国力特别强大的结论，而资源贫瘠的日本、德国、英国等传统强国的国力反而不强的结论。其实，在现代经济全球化条件下，资源可以通过国际贸易、外交努力、金融投资、技术援助、国家形象影响力甚至武力胁迫等手段从国外输入。因此一国的资源是动态的、不断变化的，全球的资源在国与国之间流动，计量一国的综合国力不能把资源局限于国内，并作为一个静态因素列入综合国力的来源。朱喜安等人的综合国力模型没有赋权，没有确定各种力量的贡献率，也没有科学划清硬实力和软实力之间的界限，适用性较差。

张文奎的综合国力模式划分对于中国和印度这样的人口大国因人口众多而影响整体国力提升有合理的一面，用人均数相比得出中国、印度两国国力比世界其他有关国家要低，而加拿大、澳大利亚、俄罗斯等国土面积大国通过地均国力的比较显然得分减弱的结论，这都符合实际情况，可见这种国力类型的划分在理论上与实践上都有重大意义。但把属于不同变量的三者直接相加，显得过于简单，没有考虑科学技术的推动和精神、文化、教育等软实力的作用。

胡鞍钢等人的“综合国力方程”仅仅从资源的占有角度，侧重于从资源的全球占比分析综合国力的强弱，强调了知识技术信息对综合国力的重要性超过传统有形资源，赋予它更高的权重，遵循了知识技术更重要的原则，这是可取的。但他过于将国力等同于资源，似乎资源占据越多，国力自动就强，缺乏国力的综合性考量，并且分析资源的差异性也不足，确定资源之间的权重不详细。在计量中，运算是很困难的，因为世界资源总量很难确定，分析依据的全球各国权威性的资料也难以找到，即使全球性的国际组织也很难调研到所有真实数据。所以，根据这种计量手段测算的综合国力没有翔实的资料依据，没有权威考证，测算起来难度太大。

第五章

科学测算2049年中国综合国力

使用综合国力模型测量一国综合国力时，期望如天平测量物体重量那样做到精确计量，那是不切实际的幻想。在构建综合国力的计量模型时，本书研究了国内外很多学者的综合国力测算模型及理论说明。由于各自主观的价值差异，有些模型具备参考意义，有的则未能反映出综合国力这个大的复杂系统中各个指标之间的相互关系，以及它们和系统的复杂逻辑。本书参考了众多测算模型，对它们进行优化选择，去伪存真，并结合作者对综合国力测算的综合理解，给出了自己的综合国力测算模型和预测方法，前者作为子方程，后者作为国力主方程。

要确定综合国力计量模型，首先要做的是指标体系的构建和权重的确定，即综合国力由哪些要素构成，它们的贡献率如何。本书参照前人的研究成果和经济增长基本模型柯布－道格拉斯经济系统的生产函数，认为综合国力预测模型应考虑综合国力测算模型、资源平均可投入量（以“经济增长率”替代）、资源转换成综合国力率、时间跨度等因素。其中，综合国力测算模型包括硬实力、软实力、巧实力三个要素。硬实力又包括科技实力、经济实力、军事实力三个一级指标。其中，科技实力包括应用科学、基础科学两个二级指标，应用科学分为“对经济的贡献率”和“对军力的贡献率”两个三级指标，基础科学分为“在国际刊物上发表的论文数及引用次数”和“科技成果转化率”两个三级指标。经济实力包括 GDP、产业结构、贫富差异三个二级指标。测算 GDP 时又包括 GDP 总量和人均 GDP 两个代表值；产业结构划分为工业、农业、第三产业，以第三产业贡献率为代表值；贫富差距的取值以基尼系数确定。军事实力包括武器装备、武装规模、军种结构、实战与演练四个二级指标。其中，武器装备以年度的军费投入为基本依据，武装规模是以军人数量为考量，军种结构、实战与演练两项的取值只能根据有关权威机构公布的资料进行定性分析后设定。软实力包括文化、主流意识形态和核心价值观、国家形象、外交政策和对国际制度的掌控等四个一级指标。由于四个指标难以量化，对它们以定性分析为主，综合成整体，取值是以美国为标准。巧实力包括国家在全球或地区的战略意图、对国际局势的判断和把控、国家领导人智慧及实力组合技巧三个一级指标。软实力、巧实力虽然划分几个一级指标，由于其主观的定性分析因素较强，测算取值时本书没有对划分指标做出具体分值，而是根据专家看法和自己对无形因素的理解，把它们做一个整体的定性分析。本书构建的综合国力指标体系及赋权与取值范围见表 5－1。

第一节　综合国力指标权重系数的确定

根据综合国力系统的特点和对实际状况的理解，本书部分采用前人的研究成果，加上专家的征询，确定下一级指标相对于上一级指标的权重系数。基本做法是：将复杂系统的各个构成要素按支配关系分成递阶层次结构，然后以专家征询的方式确定层次中各要素的重要性排序等级。国力主方程只取一、二级指标值（见表 5－1），对一级指标的硬实力确定权数，权数合计为 1。在知识经济时代，硬实力中的科技实力是综合国力增强的关键，是综合国力的核心部分。为突出科技对综合国力的重要性，以及它对经济和军事的贡献，取值为 0.4。科技实力又包括应用科学和基础科学两个指标。应用科学细分为对经济的贡献率和对军力的贡献率，重要性相当，权重各占 0.5。在基础科学总水平上，由于各个学科性质差异很大，很难判断哪个更重要，也无法根据什么单位数进行汇总，只有采用目前比较有代表性的论文发表数及引用次数来表示一国的基础科学总水平，即一国在国际顶尖级科学刊物上公开发表的具有世界最高水平的论文数量及其被世界各国学术界引用的次数，这是基础科学总水平的下一级指标之一，还有一项指标是科技成果转化率，

表5－1　综合国力指标体系构成及赋权与取值范围

<table>
<tr><td rowspan="11">硬实力</td><td rowspan="4">科技实力</td><td rowspan="4">0.4（赋权系数）</td><td rowspan="2">应用科学</td><td rowspan="2">0.5（赋权系数）</td><td>对经济的贡献率</td><td>0.5（赋权系数）</td></tr>
<tr><td>对军力的贡献率</td><td>0.5（赋权系数）</td></tr>
<tr><td rowspan="2">基础科学</td><td rowspan="2">0.5（赋权系数）</td><td>论文发表数及被引用次数</td><td>0.5（赋权系数）</td></tr>
<tr><td>科技成果转化率</td><td>0.5（赋权系数）</td></tr>
<tr><td rowspan="3">经济实力</td><td rowspan="3">0.3（赋权系数）</td><td colspan="3">GDP（总量和人均），按世界人均量排名（1－20，21－60，61－最末，分为三档）</td><td>0.7（赋权系数）&（1.0＼0.9＼0.8）</td></tr>
<tr><td colspan="3">产业结构（以第三产业贡献率为代表值）</td><td>0.2（赋权系数）</td></tr>
<tr><td colspan="3">贫富差异（以基尼系数为代表值）</td><td>0.1（赋权系数）</td></tr>
<tr><td rowspan="4">军事实力</td><td rowspan="4">0.3（赋权系数）</td><td colspan="3">武器装备（以每年军费为参照）</td><td>0.5（赋权系数）</td></tr>
<tr><td colspan="3">武装规模（以现役军人总数为基准）</td><td>0.2（赋权系数）</td></tr>
<tr><td colspan="3">军种结构（远程投送力量占比）</td><td>0.2（赋权系数）</td></tr>
<tr><td colspan="3">实战与演练（军事专家咨询和媒体报道）</td><td>0.1（赋权系数）</td></tr>
<tr><td rowspan="4">软实力</td><td colspan="2" rowspan="4">总取值为0.5~2之间，根据各自重要程度赋予不同权重，得大约的取值范围</td><td colspan="3">文化</td><td>0.15~0.60（取值范围）</td></tr>
<tr><td colspan="3">核心价值观和主流意识形态</td><td>0.20~0.80（取值范围）</td></tr>
<tr><td colspan="3">外交政策和对国际制度的掌控</td><td>0.10~0.40（取值范围）</td></tr>
<tr><td colspan="3">国家形象</td><td>0.05~0.20（取值范围）</td></tr>
<tr><td rowspan="3">巧实力</td><td colspan="2" rowspan="3">总值确定在0.9~1.1之间，根据各自重要程度，得出大约取值范围</td><td colspan="3">国家在全球或地区的战略意图</td><td>0.2~0.22（取值范围）</td></tr>
<tr><td colspan="3">对国际局势的判断和把控</td><td>0.3~0.33（取值范围）</td></tr>
<tr><td colspan="3">国家领导人智慧及软硬实力组合技巧</td><td>0.5~0.55（取值范围）</td></tr>
</table>

也就是所发表的科学论文和创新发明的专利有多少被转化为实际成果或产品，两项指标设定权重相等，皆是0.5。经济实力是综合国力的主体部分，其强弱不仅制约着国家的工农业生产能力和对外贸易水平，而且直接制约着军事力量的发展和规模，同时还影响着国家科技投入程度、国民的受教育程度与基本素质，以及国家政治的稳定等构成综合国力的其他要素。因此，经

济实力是综合国力的缩影，权重应该较大，取值为0.3，下辖的三个二级指标 GDP、产业结构、贫富差异的权重分别设定为0.7、0.2、0.1。考虑到中国特定的地理位置而产生的战略重要性和周边势态的严峻性，把军事实力赋予和经济实力相等的地位，取值0.3。人类和平是常态，过于强调武力，把过多资源投入到军事部门，会损害经济发展，最终遏制综合国力的提升。军事实力细分为武器装备、武装规模、军种结构、实战与演练四个二级指标。权数取值：武器装备0.5，而武装规模和军种结构各为0.2，实战与演练0.1。

以上就是由科技实力、军事实力和经济实力组成的硬实力，曾经是国家实力的主要指标。后来，随着科技发展，人类进入现代文明社会，各国的相互了解和沟通越来越频繁，国家形象、外交、制度等软实力作用越来越显著。借助于硬实力的支撑，软实力在一国综合国力中的分量越来越重。软实力强就会使硬实力的使用事半功倍，反之，可能会削弱硬实力。软实力的取值范围一般是，最大值为2，最小值取1/2，表明软实力的较大弹性对整个国力的影响巨大。软实力大于1，表明它对整体综合国力有正向影响，能促进硬实力的发展和发挥；小于1，表明有负向影响，可能导致硬实力下降。最高值取2，表明其软实力对硬实力的作用发挥到了极致，意味着整个综合国力达到世界最强。当今世界，国际政治经济秩序的制定和人类文明的引领，确实体现的是以美英为主的西方文化、价值观。

巧实力是对硬实力和软实力搭配组合使用的指数效应，主要针对在某个时段或具体国际事务上的组合技巧：组合得当会使软、硬实力充分发挥到最佳；搭配欠妥，综合国力降低。巧实力的概念和作用诞生时间不长，获得可用的历史数据极少。同时，它也是一个主观性非常强的无形矢量，如何灵活使用，因时间、地点、背景等差异而变化很大，难以把握其二级指标权重取值。巧实力只有在国际上遇到处置具体的事务时，才能看出当时的国家首脑及其政府的领导智慧，一般可忽略不计，作指标分列不具备普遍意义。因此，本书没有作二级指标的分列考量，只对它做整体定性分析。为使计量运算简便易行，巧实力取值也简单，取值范围增减10%上下：一般常态的取1；大于1，即巧实力最佳发挥，能使整个综合国力放大，增一成，取值为1.1；小于1，即使用不当，使原有硬实力和软实力缩小，减一成，取值0.9。这种定性分析主要考虑的是，不管国家首脑如何搭配使用软、硬实力，短时期内一国的软、硬实力变化不大，过了那个特定时期或特定事件，国家实力还会恢复如初。如小布什政府采取单边主义政策，肆意对外使用武力，连传统的欧洲等西方盟国都批评美国，使美国国家形象在全世界面前受损。巧实力使用不当，美国综合国力一时受损，在那个特定时间内，巧实力取值只能小于1。两场战争、国际信誉下降，加上2008年的国际金融危机等挑战，随后几年美国国力出现一时衰退迹象。但后来美国政府迅速调整政策，美国的软、硬实力依然世界最强，没有什么实质性变化。因此，我们确认巧实力是易变的实力，非常态化，取决于当时当地的情景。

为使评价指标体系分析模型能客观地反映各指标与总评价指标之间的关系，在测算某个国家综合国力确定指标分值时，尽可能做到科学合理、符合实际、易于接受。

第二节　综合国力指数模型构建

综合国力构成要素众多，要素指标性能、物理单位、级别差异较大，量纲不同，必须进行无量纲处理转化。本书采用两种无量纲化方法。

一、 指数法

该方法是先以某一子系统在某一标准条件下的要素指标量为基数，然后将其他要素的同一性能指标与之相比较，最后按照各指标之间的关系将计算所得到的系数进行综合，即得到各种要素的指数。计算模型如下：

$$X_i = \alpha_i / \alpha_{0i} \qquad (i = 1, 2, 3 \cdots n) \qquad (5-1)$$

其中，X_i为第 i 项指标的指数；α_i为第 i 项指标的实际值；α_{0i}为第 i 项指标的基数值；n 为指标个数。

综合国力要素指数为：

$$X = f\ (W_i,\ X_i,\ i) \qquad (i = 1,\ 2,\ 3 \cdots n) \tag{5-2}$$

其中，X 为综合国力某一要素指标；W_i为综合国力第 i 项要素指标；X_i为第 i 项指标相对于要素指标的权重系数；f 为反映综合国力要素指标与其分指标指数之间的函数关系。

指数法把综合国力各个要素的指标量值转化为无量纲的相对值，以百分数的形式计量基础数，最大值设为 100。这样，相对值一致，便于综合国力函数值的测算和对比。在测算中为了对比中国和美国等世界各国的综合国力，统一以美国的相关数值为基数，最大值 100，再计算中国及其他国家的要素指标指数。全世界各国综合国力的函数值统一都按此方法计算，以确保各指标数值的统一。指标逐级无量纲化，再按某种方法汇总，最终加权计算出某国综合国力的函数值。

二、 专家征询法（Delphi 法）

该方法依靠专家丰富的知识和经验，在掌握了相关资料和详细情况的基础上，再对征询项目做出评价。当测算综合国力系统中无法找到具体数据或涉及很多无形的软要素时，就采用这个方法。除了传统的管理学上的匿名、反复多次的方法以外，本书把参阅相关领域著名学者的文献，以及其公开发表的论文上的观点作为佐证，这种方法就称为专家征询法。如很多著名国际问题专家，大多数人认同的某个指标或其排名，就是客观的、可采用的。尽管这种方法不完全科学，但在某种程度上也能说明问题。

一般情况下，要对经过加权后的各个指标进行综合，方法是采用综合指数法进行综合汇总，求出总评价指标的综合评价值。根据数学和统计学原理，所谓综合指数是指，编制总指数的基本形式，把不同性质、不同类别、不同计量单位的工作指标经过指数化变成指数，按照同类指标相乘、异类指标相加的方法进行指标综合，然后比较。具体方法有线性加权和法、乘法合成法、加乘混合法等。该法原理简单，无须复杂的运算，易于操作。对数据的分布、指标的多少无严格要求，适用范围广。对原始数据进行相对化处理，消除了不同指标量纲的影响。但是由于权重作用较明显，易夸大权重大的因素和掩盖权重小的因素的作用。①

第三节　中国特色的综合国力测算模型

综合国力研究的核心任务是在确定合理的构成要素之后，在各个要素之间建立内在的逻辑关系，并在此基础上对前人研究成果进行分析总结，优化处理，理清要素与系统之间的函数关系，最终构建反映未来综合国力的测算模型。因此，首先要分析综合国力的基本性质和现有的研究模型，得到综合国力的测算方程。其次在现有存量综合国力的基点上，参考发展经济学的经济增长理论，用资源投入（本书以“年经济增长率”替代）和效率（转换机制）为变量，构建未来综合国力的增长趋势模型。在整体方程构建上，借鉴金融复利计算的方法，假定综合国力在基本稳定条件下逐步增强，并适当考虑国家遇到的风险。本书认为，综合国力是随着时间的积累逐步增强的，当期的综合国力是在上期的综合国力基础上经过资源和转换机制的作用而得出的，以年度为时间变量，把形成综合国力的投入产出过程（从资源、转换机制到综合实力）涵盖进来，得出本书的国力动态方程。下面为综合国力增长预测模型：

$$SNP_{(t+n)} = SNP_{(t)} \times [1 + \bar{K} \times B]^{n} \quad (5-3)$$

其中，$SNP_{(t+n)}$ 为（t + n）期综合国力；$SNP_{(t)}$ 为 t 期综合国力；$\bar{K} \times B$ 为综合国力实际增长率；n 为未来 n 年。

① 王晖，等．多指标综合评价方法及权重系数的选择［J/OL］．论文英才网，http：//www.800765.com/YIyao/1/106.html.

模型（5－3）就是本书采用的综合国力预测模型，即用某个时点的综合国力为基期，例如本书选择2010年为基期，预测未来某个时间的综合国力。同时，还需进一步弄清如何解析t期综合国力$SNP_{(t)}$模型和$\bar{K}$、B等因子模型。

经参考相关学者和机构的研究成果，结合自身的研究，得到t期综合国力计算模型：

$$SNP_{(t)} = [E_{(t)} + M_{(t)} + (A_a + A_b)]^{1-\alpha} \times S\beta \times Q \qquad (5-4)$$

其中，$E_{(t)}$为t期经济实力；$M_{(t)}$为t期军事实力；$A_a + A_b$为科技实力（应用科学和基础科学）；S为软实力，取稳定值；α为风险系数，如发生战争、革命、灾难的概率；β为政治现代化程度系数（政治民主化、治理法治化）；Q为巧实力，靠定性评估。

模型（5－4）表明现有综合国力存量等于硬实力、软实力和巧实力三者相乘的结果，将三者全部关联，其中任何一个变化都对全局影响极大。硬实力中主要分为经济实力和军事实力，根据大多数国内外学者的观点，两者可以加法合成。科技实力中的应用科学作为两大力的丰富内涵，依附于它们，不单独存在于两大力之外。因为，科技在经济、军事中作用很大，尤其是21世纪，经济发展和军力提升，离不开强大科技引擎的推动，把它渗透到具体的经济、军事实力中来体现它的分量。具体取值采用我国科技水平的提升，以及对经济发展、国防现代化建设的贡献数据，也可采取专家征询法或社会调查方法，取值以美国的量值为指数标准值，进行相应的计算并比较取值。科技实力中的基础科学以发表国际顶尖级论文和被引用次数为样本，与科技成果转化率进行线性加权。经济实力中各个指标根据在集合中的重要程度不同被赋予不同的权重。经济实力的主要指标有：总量指标（GNP或GDP代替）、人均国民收入（世界排名）、产业结构（城市化水平和第三产业贡献率）、贫富差距（基尼系数）。由于综合国力系统是一个复杂的动态系统，难以找到正确、合理的客观规律或规则确定权重系数，因此，主要用专家征询法及其他主观方法确定权重系数。测算时，权重系数作用明显，各指标相互独立，应采用线性加权和法，计算结果突出量值较大和权重系数大的指标的重要地位。经济实力、军事实力、科技实力中的总量指标应采用线性加权和法计算。军事实力的主要指标包括：武装规模（军队编制和从军人数）、武器装备（现代化程度和自主研发能力）、军种结构（陆、海、空、战略核力量、航天力量）、实战与演练（实战中作战智慧和取胜情况、实战经验）等指标。一方面，权重还是应该有所区别的，赋予武器装备较大权重，说明现代高技术条件下武器装备在很大程度上决定了军事实力；另一方面，指标之间相互关联，任何一方都不能被偏废，其变化对全局影响较大，敏感度很高。

α 是一种非常态，在计算综合国力时作为参数，根据一个国家当时所处时局而定。特定时期、特定事件中，α 显示其重要性，如 1990 年 8 月，海湾战争涉及极大的致命风险。然而，对于大多数国家来说，可在常态中取值很小或者干脆忽略不计。

β 值反映对软实力的强弱产生影响的一个程度，与软实力以乘数形式显示，取值范围在 0.1 ~ 1 之间。国家民主化、现代化程度的高低对软实力产生乘数效应。民主化、现代化程度越高，β 取值越大，对软实力的增量越大。反之，传统的威权专制国家，β 取值小，其软实力必然微弱，仅靠硬实力支撑。

$\overline{K} \times B$ 是关于综合国力的增长问题，即年均综合国力增长率，也就是说，有多少资源在某种国力转换机制下（本书用“资源利用效率”）形成了综合国力，表明产生综合国力的增量。在国力转换机制下，每年一定量的资源投入到经济社会运行和国防建设中，这个一定量的资源是指投入经济运行的国内自然资源、人力资源，甚至包括国外资源净输入，因为国家是一个系统，需要和外界进行物质、能量、信息的交换，资源有流进也有流出。国外资源是从国外引入包括智力资源在内的各种资源，以人才为载体的智力资源对一国综合国力增强也有着极其重要的意义。二战结束后，美国从战败的德国引进大量顶尖科学家，对美国后来成为世界超级大国起了非常大的作用。上述三者共同构成了资源年平均可投入量。只是由于无法获取相关资源的权威资料，资源种类繁多，量纲不一，具体数据难以计量，加上这一数据随时间变化而不定，也由于时间、精力和费用等因素难以进行精确研究。再者，资源投入量增长率与经济增长率成正比，资源投入越多，一般经济增长越多，表现为经济增长率越高。因此，在测算和预测综合国力时，由于资源投入的量化难以确定，可找得到的数据很难统计。在测算模型中，$\bar{K}$ 值就以经济增长率代替，一般来说，综合国力增长率和经济增长率是正相关关系，表明当年的资源投入转换为当年的经济增长量，当年的经济增长量和历年存量共同成为经济实力，形成综合国力的主干力量。

方程另设了一个转换机制 B，即资源转换成综合国力的效率。这是本书不同于以往国内学者所研究的地方，它的计量要求也是一个关键的测算模型，内部的各个要素，如社会基本制度形态与制度建设、政治现代化程度、民主法治程度等通常都非常重要，相互关联度大，一致性要求高。参考值用定性方法确定，主要采用参考历史文献法、专家征询法和主观判断法。结合以上模型，最终得出测算未来某个时期的综合国力的模型，即：

$$SNP_{(t)} = [E_{(t)} + M_{(t)} + (A_a + A_b)]^{1-\alpha} \times S\beta \times Q \times [1 + \bar{K} \times B]^n \quad (5-5)$$

这就是参照前人研究成果并结合自己的学术研究所得出的测算模型，可以把它应用于对某个国家的当前综合国力的测算，以及未来某段时间综合国力的预测。

第六章

中美综合国力对比

如何评估国家实力原本就是一个见仁见智的问题，不会有一个标准恒定的方法。正如弗朗西斯·培根指出的："在所有公共事务中，没有比准确评估一个国家的实力更容易犯错误的事情了。"因此，我们所做的评估中国某个时段的综合国力，也只是一个相对准确的变量，无法绝对准确。如果要评估当前和美国相比较的某个国家的综合国力，只能以美国的无量纲化数据为标准，用一个通俗易懂的例子做比方，就像用一杆秤来衡量某一物体重量，美国为秤砣，中国为被称物体。时间选择上以 2010 年为时点。2010 年，中国经济总量居世界第二。这一年，中国的工业生产总值占全球的 19.8%，超过了百年霸主美国。一个农业大国，工业生产总值能够在 30 多年的时间里跃居世界第一，令人振奋和骄傲，选择 2010 年综合国力的测量就显得特别有意义。以 2010 年的中国综合国力为测量目标，就必须以同时段的美国综合国力的无量纲为"秤砣"。2010 年中国的综合国力在历年积累的基础上变化较大，尤其是经济实力的超历史突破，随之而来的是科教文卫投入的增加和高技术、高附加值产品出口的增加，形成科技研发与经济增长的良性互动。在经济实力等硬实力上升的基础上，中国在一定程度上增强了外交和处理国际问题的能力，进一步改善了国家形象，提升了软实力。可以通过测算及世界排名情况和中美综合国力对比中反映出 2010 年中国的综合国力。

第一节　中国综合国力测算基准的选定

研究中国 2049 年综合国力，实质上就是在一定的条件下，对未来中国综合国力水平的预测研究。要预测未来中国综合国力，必须找出已知的历史数据作为已知变量，借用较为准确的测量工具，结合定性分析方法，并参照历史上已有的测算方法，对比世界主要国家的数据，并假设一定的内外部情境条件，就能大致算出中国在全球的排名。根据所假设的情境条件，可找出实际情况和所假设的差距，为达到未来的那个目标寻求正确的对策。

一、 中国综合国力水平的国际比较

当今时代，一个国家的综合实力、经济发展、社会进步和国家发展战略，以及在国际事务中的参与程度等，无不需要通过国际比较研究来提供准确可靠的信息情报，为国家制定科学、可行的战略决策做参考。国际综合实力对比所涉及的国家可以是双边的，也可以是多边的；所涉及的领域可以是部分的，也可以是相对广泛的。但比较规模的大小和比较的深度及广度，则由所处的时代、国际经济与政治环境，以及国内经济社会发展的任务而定。通过综合国力对一个国家的实力进行研究和探讨，并将各类指标进行分析和量化，然后进行国际间对比，得出一国在世界综合国力排名中所占的位置。只有通过国际比较才能知道一国综合国力的相对实力大小。

中国的综合国力在国际比较中排名总体上是不断上升的。从新中国成立到 21 世纪第一个十年（2010 年）期间，我国由落后弱小到逐步繁荣强盛，但综合国力的增强主要反映在硬实力中的“经济实力”上，软实力相对滞后，巧实力也还没能到游刃有余的程度。

从 1949 年到 2010 年这不寻常的 60 年里，中国历尽艰辛，综合国力几度起落，下面粗略地回顾这 60 年来每一段时期综合国力波动背后的深层次原因。

1949 年我国的综合国力非常弱小，国力主要表现在基础性国力上，即国土、人口、自然资源、农业产值及陆军军力上。由于固有的历史原因，加上连年的战争破坏及旧政权对资源、资产和人才的转移，当时新中国家底十分薄弱。经济上，缺乏相应的近现代工业体系，工业门类不完整，制造能力低下，产品手工制作占比相当大，科技含量极低，很多产品和先进武器装备靠国外进口，经济增长主要依靠第一产业农业，而工业和第三产业贡献率低。其他的国力，如科技实力和海空军力量一片苍白，科教文事业基本处于停滞后的启动中，对外影响、外交等软实力微弱，新中国还在等待国际社会的承认。综合起来的国家实力在世界主要国家的排名中居第13位，综合得分远远低于美、苏等强国，也低于英、法、德、日等（见表6－1）。

表6－1　1949年世界主要国家综合国力排名

名次	1	2	3	4	5	6	7	8	9	10	13
国别	美国	苏联	英国	法国	联邦德国	日本	意大利	加拿大	巴西	澳大利亚	中国
综合得分	338	220	142	128	77	73	62	59	36	31	21

资料来源：1991年3月20日《学术信息》。

注：对原始统计数据进行了四舍五入的整数化处理。

表6－1显示，1949年中国的综合得分只相当于美国的6.21%，即美国综合国力是中国的16倍。而同时期苏联的国力也十分强大，尤其是其军事实力，和美国不相上下，其综合国力差不多是中国的11倍。即便是第二次世界大战后历经战争创伤恢复没几年的英国和法国，以及战争中战败的联邦德国，在美国“马歇尔计划”的推动下，也比中国的国力强大。

从新中国成立后到20世纪50年代末，我国一直实行“一边倒”外交策略，断绝和西方发达国家的交往，只与以苏联为首的社会主义国家进行政治经济交流。在此期间，苏联对中国提供了一定的经济和技术援助。在苏联的援助下，加上中国实行计划经济，集中力量进行经济建设，经济总量显著扩张、经济实力迅速上升，科技水平有了提高、科技体系初见雏形，军事技术装备得到改善、军兵种全面布局，到新中国成立十周年时，以硬实力的提升为主要特征的综合国力在世界的排名已经上升到第10位。

但是从1962年至1976年这15年是中国综合国力呈现负增长的一段时期，中国与经济全球化浪潮失之交臂，国民经济倒退，人民生活极端困难，技术进步受阻，军力发展受限，软实力更加脆弱，中国综合国力呈直线下降状态。[①] 究其原因：一是新中国成立后，以美国为首的西方阵营敌视社会主义中国，从经济、科技、军事等各方面对新中国进行封锁与围堵，将中国隔离于世界市场之外，使中国无法参与世界经济分工和协作，无法进行国际贸易，也无法得到发展经济所需的国外相应资源和先进的技术。二是 20 世纪 60 年代，由于中苏关系破裂，苏联撤走全部在华专家和援助中国的物资，撕毁经济技术合作协议，使得我国的经济发展和国防现代化进程蒙受巨大损失。三是“文化大革命”的错误路线使中国经济几乎走向崩溃的边缘。到 1978 年时，中国人口占世界的 25%，而 GDP 只占世界的 1%。[②]

1978 年以邓小平同志为核心的党的第二代中央领导集体开始登上中国的政治舞台，中国踏上一个新的征程。1978 年党的十一届三中全会召开，党和国家工作中心开始转移到经济建设上来，并着手推动经济转轨、体制转变和社会转型，各项运行机制相应调整。同时，通过改革开放，加大力度吸收和运用外资，引进先进技术设备和管理经验。经过一段时间的奋力追赶，中国经济实力逐年增强，科学技术水平逐步提高，到 1980 年，我国综合国力在国际排名中上升到第 8 位。随后 10 年，中国重视科教、重视人才培养，使科技在生产力中的核心作用得到进一步发挥，加上农村家庭联产承包责任制的施行和城镇工厂经营机制改革的推动，中国国内城乡生产积极性提高，潜力得到释放，到 1988 年我国国内生产总值已居世界第 8 位。经济发展的结果反过来作用于科教文卫等各项事业的进步，科学技术、文化教育和医疗事业等也有很大提高，对外开放的影响使得世界对中国的产品、技术和文化有了认识，软实力凝聚成形并发挥一定的作用。经济实力、科技实力和软实力的综合得分大幅度上升，综合国力已经达到美国的 30%，在世界的排名一度

① 中国综合国力（三）——10 年“文革”时期克服“左”倾影响取得的成就［M］//李景治，蒲国良．社会主义建设理论与实践．北京：中国人民大学出版，2003.

② 刘霞辉，等．改革年代的经济增长与结构变迁［M］．上海：上海人民出版社，2008：1.

上升到前10名之内，处于世界第6位（见表6－2）。表6－2显示，1949年到1988年的近40年间，中国与美国综合国力的比值已由6.21%上升到30%，上升速度较快。

表6－2　1988年世界主要国家综合国力排名

名次	1	2	3	4	5	6	7	8	9	10	11
国别	美国	苏联	联邦德国	日本	法国	中国	英国	巴西	印度	加拿大	澳大利亚
综合得分	440	225	218	211	199	133	114	108	96	87	73

资料来源：1991年3月20日《学术信息》。

注：对原始统计数据进行了四舍五入的整数化处理。

1990年到1992年，由于受到资产阶级自由化的影响，中国的经济体制改革在理论上面临争议，在发展方向上存在诸多不确定性。在这关键时刻，中国改革开放总设计师邓小平勇敢地站出来，力排众议，拨正船头，引导中国特色社会主义的航船驶向光明的彼岸。1992年元旦，邓小平视察上海、深圳等改革开放的前沿城市，发表了著名的“南方谈话”，明确提出实行社会主义市场经济。

邓小平的南方谈话，对20世纪90年代中国的经济改革与社会进步起到了关键性的推动作用，对21世纪中国的改革与发展也产生了不可估量的推动作用。1992年，中国改革进入新的阶段。制度改革破除了坚固僵化的计划经济体制，转轨进入以市场为基础、以计划调节为引导的经济模式。与此同时，西方发达国家的跨国企业发现了改革开放后中国市场的巨大商机，纷纷前往中国投资经营，外国资本、技术和人才等资源不断流入中国，向中国投资的企业、资本总量迅速增加。1993年中国实际吸收外国投资达270亿美元，居世界第二位，占发展中国家吸收外资总量的1/3，当年中国GDP增长率高达13.87%。1997年7月1日，中国对香港恢复行使主权，这是中国综合国力加强与国际地位上升的重要体现。中国领导人运用智慧和领导艺术，准确地判断了当时的国际局势，充分认识到自身的硬实力和软实力能够应对国际风云变幻所带来的风险，实现了中国的国家战略意图和战略目标，提振了国内民众的信心和士气，使得中国在国际社会的国家形象和国际影响力明显上升。

根据中国现代国际关系研究所“综合国力课题组”发表的《综合国力评估系统（第一期工程）研究报告》，1998 年我国的综合国力仅次于美、日、法、英、德和俄，已跃居世界第 7 位（见表 6 - 3）。① 该报告还在经济、科教、军事和资源四大领域列出参考指标：在经济领域，中国处于第 6 位，分值略高于俄罗斯，但不到美国的 1/3；在科教领域，中国的分值只有美国的 1/7，法、英、德的 1/5，俄罗斯的 1/2 还弱；在军事领域，分值相当于美国的 1/9、俄罗斯的 1/3、英法的 1/2，与日本、德国大致接近；在资源领域，俄罗斯第一、中国第二、美国第三。从报告分值看，中国最弱于美国的是军事实力，但与其他六国相比，中国最弱的要数科教水平。

表 6 - 3　1998 年世界上主要 7 个大国的综合国力值

	美国	日本	法国	英国	德国	俄罗斯	中国
综合国力值 1	8371	5112	4270	4070	3918	3203	2175
综合国力值 2	6090	3096	3254	2830	2710	1604	1101

注：综合国力值 1 是对经济、军事、科技教育、资源等（主要是硬实力指标）进行评价时得到的综合值；综合国力值 2 则是在综合国力值 1 的基础上，把政治、社会、国际影响力等评价值作为调整系数所得到的综合国力值。

到 2000 年，我国与意大利的 GDP 水平已大体相当，居世界第 6 位，是美国 GDP 的 12.3%，日本 GDP 的 25.7%，德国 GDP 的 63.1%，英国 GDP 的 83.1%。随着经济的快速发展和经济总量的大幅提高，我国国民总收入（GNI）大幅提高，这一年人均 GNI 从 1978 年的 190 美元增加到了 1000 美元。我国人均 GNI 与世界人均 GNI 水平差距也逐渐缩小，这一年我国人均 GNI 从 1978 年相当于世界人均 GNI 水平的 10.1% 提高到 19.2%，比 1978 年高 9.1 个

① 中国现代国际关系研究所“综合国力课题组”．综合国力评估系统（第一期工程）研究报告［J］．国际资料信息，2000（07）．

百分点。经济总量和人均收入水平的提高促进了综合国力的提升，中国现代国际关系研究所的资料显示，当时中国的综合国力相当于美国的1/4，英国的1/2，俄罗斯的2/3，最弱项是创新能力，科技实力弱，许多产品仿制国外，科教文卫、国家形象、外交与国际话语权、主流意识形态吸引力等软实力只占美国的1/7，英国的1/5，俄罗斯的1/3。① 进入21世纪，中国终于在2001年成功加入WTO，拉动经济增长的外贸出口和国内外投资大幅增加，人均收入增加，人民生活大幅改善，思想和智慧能力也有了改观，科教文卫发展和军事实力提升也有了强劲的物质基础，综合国力强劲发展。2001年，中国综合国力排名为世界第6位，但是与美国、日本、德国、英国、法国的差距还较大，分别为它们的11.3%、27.9%、62.7%、81.3%和88.6%。2003年，中国科学院可持续发展战略研究组基于可持续发展的理念，不仅分析了当时国家所拥有的政治、经济、社会发展方面的能力，也分析了支撑国家经济社会发展的生态系统服务能力，即人类直接或间接从生态系统获得收益的能力，最后研究得出：我国可持续发展的综合国力位列世界第7，综合国力排在前6位的国家分别为美国、日本、加拿大、德国、法国和英国，中国的经济实力位于美、日之后，军事实力排第4位。此外，外交能力、生态力、政府调控能力分别居第5、6、13位，而科技力及社会发展程度表现较差，未能进入前十名。②

2005年，中国社科院世界经济与政治研究所对主要大国进行了综合国力实测，中国综合国力排第6位，属于国力次强的国家。但清华大学国际问题研究所的阎学通却认为："2005年，世界大国按实力可分为3个等级：美国是唯一的超级大国，第二等级大国则是中国和日本，第三等级大国有法国、德国、俄罗斯、英国和印度。中国的综合实力已是多强之首。"③ 这一年，对中国综合国力看好的还有美国智库兰德公司战略评估组（SAG），他们研究

① 中国现代国际关系研究所．中国综合国力在世界排第几［J］．经济视角，2000（09）．

② 中国科学院可持续发展战略研究组．2003中国可持续发展战略报告［N］．北京晨报，2003－02－27．

③ 阎学通．国际格局的变化趋势［J］．现代国际关系，2005（10）．

认为，2005 年世界的力量格局是：美国占 20%，中国与欧盟相当，各占 14%，其他国家的力量都相对较小。① 到 2006 年，中国经济总量已达 26 452 亿美元，占世界 GDP 的比重由 2002 年的 4.4% 提高到 5.5%，世界排名由 2002 年的第 6 位上升到第 4 位。在综合国力上，中国社会科学院发布的“国际形势黄皮书”系列年度报告《2006 年：全球政治与安全报告》认为，“美国以几乎所有项目的绝对优势排在第 1 位，综合国力遥遥领先于其他国家，属于国力超强的国家；英国、俄罗斯、法国、德国、中国、日本和加拿大属于综合国力次强的国家”。② 中国综合国力的世界排名由 2002 年的第 7 位上升到第 6 位（见表 6 -4），4 年之后排名上升一位，这主要由于综合国力中的经济实力贡献，如中国丰富的劳动力资源、充裕的资本资源、长期稳定的国内环境、稳中求进的政府政策方针等。

表 6 -4　2006 年全球前 10 位国家综合国力排名

	国别	经济力	科技力	军事力	资源力	社会发展	政府调控	外交力	年增长率（%）	综合国力
1	美	3251	1718	2249	547	559	185	131	0.43	8639
2	日	2158	1111	806	226	416	169	100	0.26	4986
3	法	1588	994	814	201	419	184	119	0.31	4319
4	英	1602	856	830	217	400	171	112	0.75	4188
5	德	1762	854	623	191	419	184	107	0.48	4139
6	中	1321	312	508	483	245	133	116	2.98	3119
7	俄	598	504	863	521	332	157	118	2.20	3092
8	加	836	227	176	532	423	174	99	1.92	2467
9	意	743	252	227	228	397	161	97	1.97	2106
10	澳	554	147	130	375	410	148	89	2.56	1852

资料来源：中国现代国际关系研究所《综合国力评估系统研究报告》，国家统计局《国际统计年鉴》等。

① Gregory F. Treverton and Seth G. Jones, “Measuring National Power,” 2005, p3.

② 李慎明，王逸舟 . 2006 年：全球政治与安全报告 [M]. 北京：社会科学文献出版社，2006：240.

2008 年 8 月 24 日，美国一家研究机构发布《第十次全球综合国力排名》。中国综合国力在美、日、德之后，居世界第 4 位，其中经济实力排名世界第 3，军事实力排名世界第 3，科技实力排名世界第 8，教育实力排名世界第 10。这种分析当然是一家之言，不可全信。按照中国社科院的综合分析，中国的综合国力在 2006 年排名第 6，时隔两年，不可能迅速超越两国，而跃居第 4。因为，世界各国的综合国力排名在短期内变化不会太大。高估中国排名的原因可能是集中于中国的经济、军事等硬实力，而中国较弱的软实力没有受到特别的重视。也可能是美国看到中国正在崛起，可能对美国构成威胁，因此出于某种政治意图或某种国家战略需要，故意夸大事实，为其把军事外交战略重心转移到亚太地区寻找借口。

2010 年，又有权威机构对中国的综合国力进行测算排名。众所周知，2010 年对中国来说，是值得庆贺的一年。这一年中国 GDP 的世界排名首次超越日本，成为仅次于美国的世界第二大经济体。与此同时，国防、外交、科教文卫等各项社会事业都得到发展，经济总量的绝对上升和各项事业的迈进为综合国力的净值增加了正的分值。2010 年，中国社会科学院再次进行综合国力的测算，并和社科文献出版社一起发布“世界经济黄皮书”系列年度报告《2010 年世界经济形势分析与预测》，对 11 个国家的综合国力进行了分析评估。和以往不同，这次评估的指标体系突出了领土与自然资源等潜在的基础性国力的权重，整个指标包括领土面积、自然资源人口、经济、军事、科技 5 个直接构成要素，以及社会发展、可持续性、安全与国内政治、国际贡献 4 个影响要素。11 个国家的综合国力排名顺序为：美国、日本、德国、加拿大、法国、俄罗斯、中国、英国、印度、意大利、巴西，中国综合国力排第 7 位。

以上是对中国从 1949 年新中国成立到 2010 年综合国力国际比较的简单回顾。总体来说，中国综合国务在上升，但上升中也出现了回落，这与中国的国家战略选择、制度设计和国际环境对中国的影响有关。

二、 2049 年中国综合国力测算基准的选定

2049 年中国综合国力的测算，需要选定一个已知历史数据做基准，作为自变量代入测算模型的函数方程中测算出未来的因变量。这个自变量就是已经确定的各个方面数值，在公开的学术资料或官方公布的信息库中可以查阅到，具有权威性、可信性。关于历史数据，我们选择了 2010 年中国综合国力数据，之所以选择 2010 年的，是因为 2010 年对中国来说是一个新起点，以 2010 年数据为基准，可以充分反映起跑线上参与比较的各国的详细实力，便于现在的比较和将来的预测。同时，2010 年是中国在历史上留下浓墨重彩的一年，这一年中国经济总量首次超过日本，成为世界第二大经济体。这对国人无疑是一个巨大的鼓舞，也是一个无形的感召，更吹响了让中国继续奋进、奔向美好未来的战斗号角。

纵向上，从 2010 年到 2049 年差不多 40 年，相当于中国 8 个“五年规划”，有利于在制定五年规划中逐步递进，衔接过渡，最终逐一落实目标；横向上，在国与国的竞争中，为中国如何找到提高综合国力最有效的战略，超越对手，立于不败之地而列出正确的对策。过去一段时间，国内外许多机构和学者对未来中国也做了远景规划，时间归集点大致在 2049 年左右。如：乔根·兰德斯的《2052：未来四十年的中国与世界》（2013 年，译林出版社），全球高级经济学家多米尼克·威尔逊（Dominic Wilson）的报告《与 BRICs 一起梦想：展望 2050 年》，吴敬琏等在 2011 年出版的《中国未来 30 年》，迟福林撰写的《第二次改革——中国未来 30 年的强国之路》，郑永年的《未来三十年：改革新常态下的关键问题》，等等。所以，我们再做这方面的研究时，获取的文献资料和有关数据资料比较丰富，引证据典可靠且相对容易，大大减少了研究中搜集资料的工作量，保证了在宝贵的时间内研究效率的提高。

根据上述基准的确定，在预测 2049 年中国综合国力之前，需要较为准确地预先确定 2010 年的中国综合国力，从而为全书的研究做铺垫。

第二节　中美竞争力比较

一、 中美综合国力对比分析

因本书是以2010年中国综合国力为基数预测2049年中国综合国力，因此，我们首先运用综合国力现值测算模型 $SNP_{(t)} = [E_{(t)} + M_{(t)} + (A_a + A_b)]^{1-\alpha} \times S\beta \times Q$，以无量纲对比得出中国相对于美国的经济、军事、科技等硬实力，再用定性方法估算出软实力等值，代入到综合国力现值测算模型，测算出2010年综合国力的大概数据。在具体的测算中，方法是：对中国综合国力诸构成要素指标按标准量化，使众多属性不同、量纲不一、不同度量的指标变成可以进行逐级汇总的标准数据，采用多指标加权综合评价，根据不同历史时期对综合国力构成要素及指标的重要性不同赋予相应的权重系数，然后运用多指标评价法进行测算。各个因素的取值以美国的量值为指数标准值，进行相应的计算并比较后取值。由于各项因素对综合国力的贡献大小不同，所以在每项因素前需预估表示权重的重要性系数。因为，任何一个国家，其综合国力如何，最有说服力的就是与这个世界最强的国家美国对比，才能得出有说服力的差距。因此，测算分值取样采月和美国进行指标量化对应方法测算，如美国取100，则中国根据以往数据及各自发展情况，加上专家咨询和权威资料，以百分比的数值得出中国分值。下面分别分析各指标汇总值。

二、 中美经济竞争力对比

在经济竞争力上，我们的方法是计算GDP（含总量和人均）、产业结构和贫富差距三项要素的加权平均和。

在这三项要素中，GDP总量最能代表一个国家经济发展的成果，不管人均分配结果如何。一般来说，经济总量越大，国家整体经济实力就越强，当然，人均 GDP 也能反映一个国家内部的社会稳定和公平正义情况，对经济实力有一定影响。因此，该项所赋权重应该较高。产业结构，亦称国民经济的部门结构，是国民经济各产业部门之间以及各产业部门内部的构成。社会生产的产业结构或部门结构是在一般分工和特殊分工的基础上产生和发展起来的。研究产业结构，主要是研究农业、轻工业、重工业、建筑业、商业服务业等部门之间的关系，以及各产业部门之间的内部关系。一国产业结构演变受以下几种因素制约：知识与技术创新、人口规模与结构、自然资源禀赋、资本规模（资本的积累程度）、需求结构、国际贸易、国际投资规模（包括本国资金的流出和国外资金的流入）、经济体制（计划经济或市场经济，计划指令型的产业发展模式与市场竞争型的产业结构发展模式）、产业政策、历史条件、战争与和平环境等。各国的自然禀赋、制度选择不同，就会有不同的制约因素，产业结构也会呈现不同的形态，而最合理、最适当的产业结构形态就是产业结构趋向高度化。产业结构高度化是指一国经济发展重点或产业结构重心由第一产业向第二产业和第三产业逐次转移的过程，标志着一国经济发展水平的高低和发展阶段、方向，反映了经济增长的可持续性、产业发展潜力、产业的产出效率以及在经济竞争中取胜的概率。产业结构高度化的国家如美国，第三产业特别发达，贡献占比高，其第三产业中的科研服务和金融能力特别强：前者通过提高产品的技术含量在市场竞争中取胜，交易中能以较小的资源能源消耗获取高附加值产品的收益；后者在国际经济往来中通过金融手段攫取经济利益和财富的能力特强，对 GDP 贡献就大。另外，我们也考虑财富分配的结果对经济实力的影响，因为贫富差距过大容易引起社会不安定，危及经济稳定。根据上述三项要素的重要性不同，参考专家的意见和众多资料，赋予 GDP（含总量和人均）、产业结构和贫富差距三项要素的权重分别是 0.7、0.2、0.1。

首先，来比较中美两国 GDP。以美国 2010 年的 GDP 总量 14.66 万亿美元，无量纲化为 100，其人均 GDP 为 47 132 美元。用乘法合成模型方法，以人均 GDP 对总量进行折算。我们假定，如果一国人均 GDP 排在 1—20 名，折扣率为1；21—40名，折扣率为0.9；41—60名，折扣率为0.8；61—80名，折扣率为0.7；81—120名，折扣率为0.6。按照这个折扣率，美国的人均GDP排在1—20名，其折扣率应为1。据此，总量和人均GDP乘法合成得出美国GDP=100×1=100。而2010年中国GDP约为6.02万亿美元，无量纲化为100×（6.02/14.66），即41.06，2010年中国人均GDP为4400美元左右，世界排名为第94位，折扣率为0.6。据此，中国GDP的无量纲值=41.06×0.6=24.64。

其次，看产业结构。2010年，由于知识与技术创新、资本规模、需求结构、国际投资规模、经济体制等因素的影响，中国产业结构仍未实现高度化。第一产业农业产值贡献率虽低，但中国城乡二元结构呈现出来的户籍壁垒、土地所有权使用权制度等因素使得中国城市化率低于发达国家，农业还占用较大的劳动力数量，农村还保有大量居住人口，以家庭为基本经营单位的土地承包制度使得农业难以形成规模化的生产经营，大量农业劳动人口停留在技术水平不高的农业生产中，不断重复本可以通过分工和大型现代化农业生产设备替代的相同劳动，体现为农业中的人均贡献率不高，人力资源利用效率低。第二产业在整个经济中的贡献较大，超过50%，达56.8%。[①] 其中，工业占比为48.5%。这是由于中国加入WTO后，外部世界市场的打开给“中国制造”提供了前所未有的机会，出口导向型的产能潜力得到充分释放，不计负外部性成本的粗放型生产大量出现，高能耗的低端制造工业遍地开花，重复建设，但产出效率低，环境资源压力大。整个制造业创新创造能力较低，高科技、高智能、高附加值的产品所占比重小，相同的产品和发达国家相比，所耗能源高、附加值低，面临国外残酷的竞争，所创产值微薄。第三产业主要是服务业，和过去比有了较大的提升，但第三产业的贡献率仍低于国际标准，表现为科技研发、教育和文化产业对整个经济的贡献率低。2015年我国服务业在GDP中的比重超过50%，

① 1990—2011年中国三次产业贡献率，来源于《中国统计年鉴2012》。

2019 年达到 53.9%，服务业比重占据国民经济半壁江山，意味着中国经济发展进入“服务经济时代”。而美国的产业结构以基础研究、科技服务、金融、电信等高端产业为主，第三产业对经济增长贡献率达 78.6%，农业贡献率只有 1% 左右。经济学研究取得共识的是：在产业结构中，第三产业往往反映一个经济体的发达程度和效能，其对经济贡献率越大，越能说明其产业结构的合理化程度。为了简化计算过程，突出重心，本书以第三产业的贡献率为取值依据，代表产业结构指标要素的特征。根据相关资料，2010 年中国第三产业的贡献率为 38.5%，而美国同期为 78.6%，相应的比值为 38.5% ÷78.6% =50%，美国取值 100，中国 50，也就是说，中国在产业结构上的得分只是美国的 50%。

最后，看贫富差距。2010 年，美国共有 1.18 亿个家庭（包括单身、单亲和夫妇家庭等类型），平均家庭人口为 2.58 人，家庭净资产平均是 7.73 万美元，折合人民币约 47 万元。年收入 34 999 美元以下的家庭属于美国的低收入家庭，共有 4335 万户，约占家庭总数的 36.6%；年收入在 35 000 ~99 999 美元的家庭属于中等收入家庭，共有 5108 万户，占家庭总数的 43%；年收入 100 000 ~200 000 美元的家庭在美国属于中上收入家庭，也可以称为富裕的中产阶级，共有 1960 万户，约占家庭总数的 16.6%；年收入 200 000 美元以上的家庭属于高收入家庭，共有 462 万户，占家庭总数的 3.8%。从以上数据可以明显看出，美国在收入分配上的差距较大，收入最高 20% 的家庭占据了家庭总收入近一半，他们占有的收入是最低 20% 家庭收入的 15 倍，是中间 20% 家庭收入的 3 倍多。美国国会预算办公室的报告指出，从 1979 年到 2010 年，美国最富的 1% 人口的收入增加了 2.75 倍，而最穷的 20% 人口同期收入只增加了 18%，富人收入增幅为穷人的 15 倍。经济学家一般把基尼系数 0.4 作为收入分配差距的“警戒线”。2010 年，美国的基尼系数达到 0.46。[①] 而据世界银行发展报告中的情

① 资料来源：http：//www.cb.com.cn/1634427/20111027/292498.html.

况，同一年，中国城镇家庭净资产平均是 41 万元人民币，折合美元为 6.63 万美元。中美两国城镇家庭净资产平均数是 7.73∶6.63。[①] 但中国广大农村家庭净资产比城镇少，按联合国标准，中国还有 1.5 亿贫困人口，相较美国也是贫富悬殊十分巨大。据世界银行计算的中国基尼系数，2010 年，中国基尼系数已扩大至 0.458。[②] 2013 年，中国国家统计局公布了 2003 年至 2012 年全国居民收入基尼系数，其中 2010 年是 0.481，在这一点上中美两国相差不大。虽然两国贫富差距表象背后的根源不同，但两国基尼系数过高，都会对各自经济增长和社会发展带来负面影响。为便于量上的直观对比，我们采用世界银行的数据，暂且不去考量中美两国贫富差距对经济实力的影响，由基尼系数直接转化无量纲值，确定中美取值相同，均为 100。

根据以上分析，上述三项要素以无量纲方式由美国的标准值确定，进行加权平均得到中国 2010 年的经济实力 $E_{(t)} = 24.64 \times 0.7 + 50 \times 0.2 + 100 \times 0.1 = 37.25$，即中美经济实力 $E_{(t)}$ 之比为 37.25%。

三、中美军事竞争力对比

本书仍以美国 2010 年的军事实力为基准，无量纲化为 100，然后分别就构成军事实力的相关部分进行比较，如战略资源、军费投入、武器装备、武装规模、军种结构、实战与演练等。

1. 战略资源

战略资源是指对战争全局起重要作用的经济资源、人力资源、自然资源、资本资源、知识资源、政府资源、军事资源、国际资源的统称。战略资源的状况是由国家地理位置、土地面积、人口数量与质量、地形和地质结构以及能否合理开发、运输、储备、分配、消费等因素决定的，它是准备和进行战争的物质基础，决定一个国家支持战争的潜在能力，并直接影响战争的

① 王天玺．飞龙在天——中国超越美国［M］．北京：红旗出版社，2016：58.

② 世行发展报告，http：//www.worlduc.com/blog2012.aspx？bid＝134657。

进程和结局，同时也是制定国家战略和军事战略的重要依据。自二战以来，特别是苏联解体后，美国的军事、经济和制度影响力遍及全球，成为世界唯一的超级大国，自诩为世界的领导者。从今天的地缘政治态势看，美国国家战略资源占世界的20%以上，尤其是知识资源和资本资源，分别占到全球的1/3 和1/4（见表6－5）。

表6－5　美国国家战略资源占全球资源的比重

（%）

经济资源	人力资源	自然资源	资本资源	知识资源	政府资源	军事资源	国际资源	战略资源合计
21.64	8.60	15.82	25.54	35.19	16.13	20.99	24.44	22.518

资料来源：门洪华．中国与世界关系的逻辑建构——理论、战略与对策［M］．北京：北京大学出版社，2016。

从各方面看，现在的美国已经基本占领和控制了世界公海、太空、信息、网络等人类公共空间资源，这些别国所不具有的资源可以为美国军事实力提供强大的支撑，使得美国在军事上具有超强地位，军事技术远远领先于其他大国，其他国家在可预见的将来难以望其项背。而一旦出现某潜在对手挑战现有的秩序，挑战美国的权威，和美国发生战争，美国可利用在全球各大洲、各大洋和重要战略要点的驻军、先进的监控网络、世界货币美元的购买力，加上制度文化的软实力吸引等不同手段，从全球获取支持战争需要的各类战略资源。中国有广阔的领土、相对丰富的资源，但比起美国在全球获取战略资源方面的能力还差得比较远，尤其是中国的社会主义制度不被一些西方发达国家认同，多数发达国家不承认中国的民主政治和市场经济地位，而不发达国家要求从中国获取资源，却难以给中国对等的好处。在战略资源上，中国和美国在量上难以比较，美国的战略物资获取手段的弹性变数太大，不确定性高，定量分析非常困难，本书只能忽略这方面的指标，就余下的5 个指标进行分析比较。

2. 军费投入

根据瑞典斯德哥尔摩国际和平研究所发布的报告，2010 年美国军费开支达 6980 亿美元，同期中国军费为 1190 亿美元。我们采用瑞典这一不持有特定立场的数据，使之无量纲化得出中国同期的军费投入数值为 100 ×（1190/6980）=17.05。

3. 武器装备

进入信息化时代后，武器装备主要体现为高度密集的技术基础之上的体系对抗，其整体水平差距已非单项长处所能弥补。武器装备的体系化使得整个战争的范围与过程被视为完整的系统，战争的协同性和时间性空前突出。在各种战争要素系统的协同下，武器的运用是以远程精确打击为主，远程打击效果决定战争的进程，士兵与士兵近距离的陆战已经退居次要地位。因此，进行远程打击的武器装备成为现代国家军力的主要标志。世界军力最强的是美国，其军方宣布不和任何国家进行单方面的陆战，采用美军优势的远程打击为主，忽略陆军的短程武器装备。因此，进行军力测算的武器装备就以能打击到对方的洲际弹道导弹、空军的战斗机、远程轰炸机、海军的航母和潜艇的数量质量为计算标准。

洲际弹道导弹方面，据美国卡内基国际和平研究所机构研究的核政策项目报告，2010 年中国大约拥有 30 ~ 35 枚洲际弹道导弹，而美国有洲际弹道导弹大约 1000 枚。以美国的数量为基准无量纲化为：100 ×（35/1000）=3.5。

空军的战斗机方面，1995 年美国开发的 F－22“猛禽”第五代战斗机，2005 年初步形成战斗力，2010 年成规模地装备部队，并部署在相关战略要地。2010 年中国空军的基本任务只是本土和近海防空、掩护水面舰艇和水下潜艇，夺取近海制空权和制海权。所以，据空军专家估计，2010 年中国战术空军的能力最大值估计不会超过美国空军的 50%，无量纲化为 50。

以远程轰炸机为代表的战略空军方面，在 2010 年时，应该说中国不具备实际意义上的战略空军力量，只有美、俄、法三国拥有名副其实的实力。因为按照国际标准，战略空军是指“空天一体、攻防兼备、信息火力一体，能够以空制空、以空制海、以空制地，全面参与各种作战形式，能实施远程反应的空军”，按照此标准衡量，中国自己尚不能生产先进的大型军用飞机，拥有不足 40 架进口的军用大飞机。[①] 而当时的美国，远程战略轰炸机数量加上大型军用运输飞机数量，有约 1300 架，另外还有一些尚未淘汰的改进型飞机仍在服役。本土以外的起降大型飞机的海外空军基地也有若干。据空军专家的估计，2010 年中国战略空军的实际力量只有美军的五分之一左右，姑且无量纲化为 20。

海军的航母及其所携带的各种战机方面，美国航母战斗群为 11 个，航母上的各种飞机能执行广泛的作战任务，包括制空、对地攻击、反舰和反潜。相比之下，中国 2010 年在这个领域属于空白，没有一艘航母，力量对比无量纲化为 100 ×（0/11）=0。

常规潜艇和核潜艇方面，截至 2010 年中国与世界潜艇科技超一流的美国有较大的差距。据军事专家估计，中国潜艇力量无量纲化为 30。

取相等加权系数，上述 4 项有代表性的武器装备汇总得分为：3.5 ×25% +50 ×25% +20 ×25% +（0 +30）×25% =25.875。

4. 武装规模

武装规模以军队人数折合成单兵战斗力为计算标准，因为越是热兵器时代，武器装备数量质量和军事演习越显得重要，人数多少越显得次要。2010 年，美军现役 140 万，中国军队现役 230 万，为了简化处理，以中美“军费投入”比值的无量纲化数值作为武装规模的计算值。

5. 军种结构

美军开创了现代远程海空战争模式的先河，其军种结构以远程投送和精确打击力量为主体，其海空军和战略导弹部队占主导地位，海外驻军几乎遍布全球各个重要角落，军力的配置、调整、投送可以做到时间少、路程短、速度快，满足先发制人的战术要求。一旦发生战事，可以随时就近打击目

---

① 央视《军事报道》栏目上频频报道：中国战略空军发展模式。

标，把其认为对美国利益构成威胁的潜在危险消灭在远离本土的海外。而中国以本土和近海防御为主要目标，军种结构中主要以陆军为主，附带近海防御为主的海军以及支援它们的空军。虽然近年来中国这种结构有所改变，但海军的远程投送和打击能力处于起步阶段，远弱于常年在世界各大洋游弋的美军，缺乏训练有素、实战经验丰富和能征惯战的深蓝海军，无实际意义上的海外驻军。根据权威资料和专家咨询，站在全球战略的角度分析，中国在此项的得分暂估为美国20%。

6. 实战与演练

由于美国的霸权主义战略及美军的军费支出巨大，二战后，美军单独或协同其他盟国不断进行远近距离、规模不等的实战，如朝鲜战争、越南战争和伊拉克战争等。

常年真刀真枪的战争锻炼了美军各军种的实战能力，使美军保持着绝对压制“潜在”敌军的威慑力。除进行实战，美军还常年在全球各地举行军演，为未来实战的取胜做准备。另外，为保证实战和军演的需要，美国在全球重要战略要地设有海空军基地，以基地为支撑投送兵力。过去的50年中，美国及其盟国可以将作战力量投送到世界任何一个角落，对敌人实施打击。反观中国，近30年内无海陆空三军同时进行的大规模实战，周边进行的中印、中越摩擦只有陆战，附带零星的海上冲突；军演上，主要是国内军演，陆军为主，海空军作为支援力量。中国远洋海空演练最近几年才陆续进行，截至2010年，中国在海外没有正式的海空军基地，除参加联合国维和行动和印度洋打击海盗外，基本没有海外军事行动和海空军演习，军事影响力没有超出亚洲地区。纵观这方面的现实情况，我们主观估计中国军队在实战与演练方面的得分只相当于美军的30%，即中国的得分为30。

以上就是中美两国在战略资源、军费投入、武器装备、武装规模、军种结构、实战与演练等分指标上的得分情况，我们根据表5－1中军事实力所选取的指标及权重，采用线性加权法，把后四项的各项得分汇总，继续以无量纲计算出中国 2010 年的军力 =25.875×50% +17.05×20% +20×20% +30×10% =23.35，不到美国的四分之一。

四、 中美科技竞争力对比

科技竞争力分两部分，其中 A_a 为应用科技，A_b 为基础科学总水平。

应用科技方面，根据查询有关资料，目前美国、日本科技对经济的平均贡献率已达到 80% 左右，英、法、德等西欧国家为 50% ~60%，俄罗斯为 30% ~50%，而中国经济增长主要靠资源的消耗、劳动力贡献，平均科技进步贡献率只有 20% ~40%。[①] 近年来，中国科技对经济的贡献率加大，中国在经济、军事等应用科技总体上落后的同时，少数科技处于国际领先水平，如超级计算机、载人航天、反卫星、高能激光、基因工程、杂交水稻、高铁等。以超级计算机为例，中国目前是世界上继美、日之后第三个跨越 10 万亿次计算机研发和应用的国家。这是中国集中有限资源办大事的举国体制所带来的优势。虽然我国的前沿科技领域成就斐然，但科技在实际应用上水平并不高，科技贡献率不高。学者王利政等人研究得出：当前我国科技进步贡献率为 51%，[②] 还有其他学者认为低于这一数据。为简便起见，我们不妨采用这一研究结论。据此，可视美国经济中的科技贡献 80% 是标准值，中国的应用科技得分为 51%/80% ×100 =63.75。

基础科学方面，当今世界，科学领先国际先进水平、处于前沿的国家不多，只有美、英、日、德、法、俄、中等极少数国家。我们以一个国家科学论文产出（包括论文发表数和被引用次数）和它的成果转化率两项指标（权重各为 50%）代表科学水平。1999—2009 年，中国各学科领域论

① 周京平. 试论诺贝尔经济学奖：科技进步贡献率——与中国经济理论与实践［J］. 经济研究导刊，2011（7）.

② 王利政，高昌林，朱迎春，英英. 引入无形资本因素对科技进步贡献率测算的影响［J/OL］. http：//www.stdaily.com/stdaily/content/2011 -12/04/content_393710.htm. 中国科技发展战略研究院科技进步贡献率研究小组供稿。

文产出表现出快速发展的态势，各学科领域论文产出增长率大大高于国际论文产出增长率。但从各学科论文被引频次与国际1%顶尖论文数上看，中国依然大大落后于美英等西方国家。在ESI、SCI、SSCI等国际权威数据库中，科学论文产出数量前10名的国家及其论文被引频次情况如表6－6所示。我们从表中可以看出，中国论文被引频次排名和篇均被引频次排名两项均比较落后，说明基础科学总水平还较低。还是用标准法测算中国基础科学总水平得分，若以美国的论文篇数和被引频次为标准，中国的两项分值为：(649 689/2 974 344) ×100 =21.8；(3 404 466/44 669 056) ×100 =7.6，加权和为：21.8 ×50% +7.6 ×50% =14.7。在成果转化率上，据有关资料显示，美国的科研成果转化率为80% ~85%，西欧为50% ~60%；[①] 而中国，以高等院校为例，2006年教育部门公布的统计数字表明，高校科技成果转化率为10%，[②] 社会科学研究成果仅有5%至6%被转化，3%的成果形成产业。[③] 此项中国相比美国的得分情况为：(10%/80%) ×100 =12.5，即中国的基础科学总水平最后得分是：14.7 ×50% +12.5 ×50% =13.6。对以上两项科技力 A_a 和 A_b 进行线性加权，和值为：63.75 ×50% +13.6 ×50% =38.68。

表6－6　科学论文产出数量前10名的国家及被引频次

排名	国家	论文数	被引频次	被引频次排名	篇均被引频次	篇均被引频次排名
1	美国	2 974 344	44 669 056	1	15.02	1
2	日本	788 650	7 602 742	4	9.64	8
3	德国	766 162	9 406 841	2	12.28	4
4	英国	682 018	9 399 334	3	13.78	2

① 周清华．发达国家中小学教育科研改革的举措和经验 [J]．中国软科学，2009 (3)．

② 统计表明高校科技成果转化率约为10% [EB/OL]．新浪教育新闻，http：//news.sina.com.cn/c/edu/2007－02－14/160012318715.shtml.

③ 束洪福．我国社会科学研究成果转化率仅5% [N]．科技日报，2010－01－04.

（续表）

排名	国家	论文数	被引频次	被引频次排名	篇均被引频次	篇均被引频次排名
5	中国	649 689	3 404 466	8	5. 24	10
6	法国	548 046	6 304 141	5	11. 5	5
7	加拿大	424 562	5 233 211	6	12. 33	3
8	意大利	403 588	4 417 871	7	10. 95	7
9	西班牙	305 430	2 942 425	10	9. 63	9
10	澳大利亚	276 622	3 067 686	9	11. 09	6

资料来源：汤姆逊路透科技信息集团，ScienceWatch 网站。

注：参与评选的论文来自 Thomson Reuters 从 1999 -01 -01 到 2009 -12 -31 收录的所有论文。

第三节　综合国力测算基准指数分析

一、风险系数（α）

在详细计算综合国力时应当估算出精确的 α 值，但 α 值很难确定，只有国家有能力出面组织强大的相关机构和各领域专家学者，调集各方面的资源系统地进行比较协调与综合，统计测算出各类数据，才能较为客观地估计风险系数。由于能力、财力和物力所限，我们无法准确地确定一个国家的 α 值。但对于任何一国家，对国力影响的风险系数 α 确实存在，比如 1990 年科威特被伊拉克入侵，几近灭国，α 无限增大，接近 1。针对 2010 年中国综合国力测算，当然理论上也应该考虑这一年中国所遇到的风险。2010 年中国经济社会运行基本平稳，没有发生全国性重大影响的不利事件，总体上没有形成影响国力聚集的巨大风险，α 取值很小，可以忽略不计。因此，为计算简便，我们确定 α 值为零。

二、软实力（S）

软实力是对硬实力的力量撬动，软实力越强，越能驱动硬实力成倍扩张，使综合国力增强。自改革开放以来，随着经济的增长，人民生活水平的提高，加上中国政府对此越来越重视，中国的软实力已经变得越来强。目前，软实力对中国经济社会的发展和国家在国际社会中的影响力日益发挥正向增强作用，同时对硬实力起扩充作用。但不可否认的是，与美国相比，中国的软实力仍有巨大进步空间，主要表现在体制、机制、意识形态以及对国际机制的掌控上。随着改革的深入和国家的发展，我们坚信中国软实力将越来越强，最终能与我们国家的硬实力相匹配，互相促进。若以美国的软实力为样本，对其自身的硬实力放大两倍计，最大值取为 2，那么根据专家的反馈意见，中国软实力取值大概为 1.6。

三、 政治现代化程度系数 （β）

政治现代化思想观念和实践最早发轫于 17 世纪的西欧，随后渐渐扩及欧洲和北美大陆，并于 19 世纪及 20 世纪流行于亚非两洲及拉丁美洲。到了二战后，人类社会逐步步入政治现代化时代。中国也正在趋向政治现代化，但一时难以达到发达社会的程度。中国的有些政策和对相关事务的处理，不时地被外国政府、国际组织非议，这也严重影响了中国与西方国家的交往。这些状况表明：中国政治现代化还需要时间的推进。因此，β 取值可能小于 1，大约为 0.8。

四、 巧实力 （Q）

由于巧实力取决于对具体国际事件的处理，它不是一个常态数据，也可理解为，在常态国力的基础上，一国政府高层及其技术支持部门在特定时间对国内外特定事件巧妙应对与处理的能力。2010 年的时间跨度较长，中国的全球战略意图、对国际局势的把控和政府对软硬实力的组合偏好等属于难以列入学术研究的国家机密。但由于当时中国的国际影响力不足，国防外交能力有限，而且自身内部尚有国家完全统一问题没有解决，目前没有跳出地区影响范围，对亚洲周边以外的重大国际问题触及不多，不能对事关国际局势的重大热点事件发挥影响，如中东、北非等地的国与国之间的矛盾冲突，就是对亚太地区的重大国际事件也是心有余而力不足。纵观中国尚未达到强势的软、硬实力，不足以让中国随心所欲地巧妙调配使用软硬两种实力，对全球范围内的国际制度、运行机制的把控能力十分有限，还不到游刃有余地运用巧实力处理世界重大事件的程度。也就是说，中国巧实力的使用不太容易，能力也极其有限。从国际组织和体系的实际情况来看，目前只有美国具有全球影响力，能够有充分的能力和机遇运用其货币、军力、科技、制度吸引和话语主导权等软、硬实力组合形成特定的巧实力，来实现本国的战略意图。因此说，要测算世界主要国家综合国力的精确值，也只有美国可以纳入巧实力的分值，其他国家或多或少有些巧实力，有的国家根本谈不上有这种实力。因此，本书的研究忽略了运用巧实力的变化，确定 Q 值为定值 1。

综合上述各个指标，根据本书所列硬实力各个二级指标的赋权系数，即科技实力、经济实力、军事实力分别是 0.4、0.3、0.3，按照标准方法，初步测算可以得出：2010 年美国的综合国力 $SNP_{(t)} = [100 \times 0.4 + 100 \times 0.3 + 100 \times 0.3]^{1-0} \times 2 \times 1 \times 1 = 200$；2010 年中国的综合国力 $SNP_{(t)} = [38.68 \times 0.4 + 37.25 \times 0.3 + 23.35 \times 0.3]^{1-0} \times 1.6 \times 0.8 \times 1 = 43.08$。从上述中美两国比较看，美国硬实力标准值 100，而中国的硬实力为 33.65，但美国的综合国力值为 200，是中国综合国力值 43.08 的 4 倍多，说明中国软实力和美国比，差距还比较大，降低了中国硬实力的原有分量，导致中国综合国力远低于美国。若考虑巧实力的差距，与美国的综合国力相比，中国的综合国力还有很大的追赶空间。综合各方面的原因分析，总体上看，2010 年中国的综合国力与美国还有较大差距。

第七章

2049年中国综合国力的预测分析和总体展望

对于2049年中国的远景预测，国内外有很多机构在做，有针对经济发展的，有针对社会文化的，有预测中国军事实力的。中国科学院国家健康研究课题组对外发布的《国家健康报告》（第1号）称，国家健康是中国超越美国最大也是最重要的“本钱”，中国只要坚持强身健体、善养国家“精气神”，预计到2049年，一定能够全面超越美国，实现中华民族伟大复兴。本书从综合国力的角度，也试图对2049年的中国进行预测。除此，前述优化出来的综合国力模型是否有价值、有意义，也还需要把它应用到实际分析中，与实际结合以检验其科学性、可行性和合理性。综合国力预测模型的研究目的和愿景也就是要对中国未来的综合国力进行估算，这样优化综合国力测算模型才有实际意义。

第一节　2049年中国综合国力预测

由于发展中的不确定性，预测未来从来都是极其困难的，但是我们可以根据过去的规律和轨迹预测未来走势，发现其中的不利因素，以便设法找到改进的方法，或重新确定实现目标的路径。本书将对过去综合国力发展的成果进行总结，并以此为基础变量，在一定的假设条件下对未来某一时期的综合国力进行预测，得出目标变量。在这个从基础变量到目标变量的演进过程中，我们设法找出不利于目标实现的因素，对症下药，拿出解决办法。以普遍适用的方法来研究2049年中国的综合国力状况与国际地位比较，是本书的一个中心议题。一方面，看所设计的预测模型本身能否切合实际，是否具有科学性、可行性，是否经得起时间检验；另一方面，看中国未来发展在可预见的范围内，按过去的经验教训，能达到一个什么样的目标值，还存在什么不足，需要在哪些方面改进和调整，为决策者和有关方面提供相关对策建议，也为人们憧憬国家未来增强信心。

对中国 2049 年综合国力的预测，要用到本书前面章节所提出的预测模型，即 $SNP_{(t+n)} = SNP_{(t)}\ [1+\bar{K}\times B]^n$。其中，$SNP_{(t)}$采用前面所测算的 2010 年综合国力数据，预测模型主要确定式中 $\bar{K}\times B$ 的值，即综合国力年均增长率。$\bar{K}$ 和 B 的取值决定未来综合国力年均增长情况。

一、关于 $\bar{K}$ 的取值分析

根据前面章节确定 $\bar{K}$ 的取值方法，$\bar{K}$ 值本身在模型中的内涵是资源的投入量转换成综合国力的增长率，但由于一国资源投入转换量无法精确统计，也无法取具体量纲，又因经济实力 $E_{(t)}$ 是综合国力 $SNP_{(t)}$ 的主体和基础，经济增长率和综合国力增长率基本呈正相关关系，因此我们还是把综合国力增长率，即包括硬实力、软实力、巧实力的增长率等所有方面归结到以中国的经济增长率为基本依据，这样便于计量测算和定量分析。我们预测，今后 30 年，随着中国经济社会发展资源转换为综合国力的各种机制的完善，综合国力会保持较平稳的提高。因此，$\bar{K}$ 值参照年均经济增长率，确定取值为 6%。分析如下：

第一，在经济硬实力上，据相关预测，如果中国成功地进行了产业结构调整和经济发展方式的转型，产品和服务的科技贡献率增强，全要素生产率的增长率不断提高，那么靠全要素生产率的带动，未来 30 年中国经济仍将保持稳定增长势头，年均经济增长率保持在 6% ~8%①，将长期高于美国的经济增长。

为了便于比较，2049 年中美经济总量均按购买力平价计算。按照世界银

① 温迪·道伯森·亚洲新势力——2030：世界经济重心转移［M］. 北京：中国金融出版社，2010：167.

行的数据，按购买力平价计算，2010 年中美 GDP 分别是 10. 08 万亿美元和 14. 58 万亿美元；到 2049 年，中国 GDP 预计可达到 40. 5 万亿美元左右，美国 GDP 预计可达到 37. 5 万亿美元左右。当然，这只是一个简单的线性增长，没有考虑政治变数、科技进步、国际环境变数等所可能产生的非线性影响。到 2049 年，中国人口以 14. 5 亿计算，那么人均 GDP 约为：40. 5 万亿美元/14. 5 亿 =2. 8 万美元。排名进入前 20 名，折扣率为 1，GDP 单项中国的得分：(40. 5/37. 5) ×100% ×1 =108。

再看中国 2049 年的产业结构。中国坚持走可持续发展道路，以城市化为平台、以人才和科技创新为手段，推动产业结构转型，促进科技服务业、金融、信息等第三产业拉动经济增长，使之对经济增长贡献率达到 60% 以上，那时美国可能达 80% 以上。若还以第三产业的贡献率为取值依据，中美得分比为：60% ÷80% =75%，美国取值 100，中国是 75。

贫富差距上，美国的基尼系数应该不会有什么变化，2010 年达到 0. 46，2049 年假设不变。中国是社会主义国家，人口多，社会稳定异常重要，党和政府一定会注重以制度改革来推进社会公平，同时加大扶贫力度，贫富差距上可能好于美国，假设为美国的 120%，美国取值 100，中国取值为 120。综上，中国的 $E_{(t)} = 108 \times 0.7 + 75 \times 0.2 + 120 \times 0.1 = 102.6$。

第二，在军事硬实力方面，对 2049 年中国军力估计比较困难，涉及军事秘密，缺乏权威数据。在武器装备、武装规模、军种结构、实战与演练等分指标方面：武器装备以军费投入为计算标准，2010 年中美军费比为 1190/6980 =17. 05%。根据中国的国情、长远国策及现行国际格局的改变，随着中国经济实力和美国持平，专家认为 2049 年中国有可能达到美国军费的 70%，中国利用增加的军费加快国内研发及加大对外先进武器和军用技术的引进与合作，进一步缩小和美俄的差距。武装规模上，2049 年世界各国军力在不同程度增强，将出现地区军事强国试图挑战现有的国际格局，不安定的国际秩序时不时地出现。美国将加大对全球的“维稳”，军队规模不会下降，即便高科技武器替代人的作业程度加大，现役 140 万应当也不会减少；中国军队，尤其是人数太庞大的陆军，随着军事战略思想的改变，国防现代化程度的提升，高科技武器的增加，加上人口老龄化，劳动力需求增大，军队兵力结构会调整，总数量尤其是陆军数量有可能减少。在实战与演练、军种结构上，随着军费增加，中国势必将加大军事演习的频度和规模，并注重远程打击的火力投放和海外军事巡航。综上，经过专家研究和资料分析预测，为了维护国家利益，为了保障经济发展尤其是海外投资和贸易的安全，中国军力年均增长率将可能高于经济增长率，届时军力应当达到美国的70%左右。

第三，在科技硬实力方面，到2049年中国科技实力将会得到较大增强。这一预测的背后是有较为确定的因素支撑的，因为国际关系的强权背后是技术强势的支撑，技术强势已经成为影响国际政治军事经济格局的主要因素，是主权国家参与国际政治较量、扩大国际影响力的支撑点。西方国家对涉及中国国家安全和国家竞争力问题的那些科学技术的发展，会形成技术威慑的压力；中国发展将遇到西方国家的科学技术封锁与威慑，包括经济增长模式转变的压力。再者，在经济增长与人口、资源、环境的矛盾日益突出的今天，随着人口红利逐渐消失，劳动力、土地等的成本快速上升，如果过去以数量扩张为特征的粗放型增长方式得不到改变，将不能提升产业竞争力和促进经济的可持续发展，因此要尽快转变经济发展中的科技“短缺效应”，通过自主创新、直接跨越代际的技术升级等后发优势，缩小与创新前沿的差距。以上两种压力，将倒逼中国改变发展道路上的技术瓶颈，而经济总量的增长也使我国科技水平的提升有了坚实的财力支持。2010年到2017年的中国科技发展也印证了，在以上两种压力下中国科技的飞速发展。截至2017年5月，中国科技创新进展喜人：第一艘国产航母成功下水，第一架国产商用大飞机首飞成功，首次试采海域天然气水合物（可燃冰）成功。另外，2016年，我国国内发明专利拥有量首次突破100万件，是世界上第三个国内发明专利拥有量突破百万件的国家，国内居民专利申请数占全球38%，居世界第一，是美国的1.9倍；国际科技期刊论文数占全球的比重达到21%，居世界第一；中国研发投入占全球的比重达到17.6%，接近美国；其他诸如量子通信、中微子振荡、铁基高温超导、载人航天、探月工程、深海探测等方面也处于领跑位置。由此可以发现，只要把中国技术赶超的后发优势，直接超前的跨越优势、引领优势，集中力量办大事的体制优势发挥好，中国科技的整体实力将会得到较大幅度提升，尤其是随着教育、研发投入的增加，基础科学将在国际上有很大的建树。根据本书前述章节所列出的测算方法，2049 年中国科技实力有可能达到美国的 70% 左右。

第四，在软实力上，我们知道硬实力的大幅提升不一定会推动整个综合国力排名自然而然地上升，还需要软实力的相应提升，软实力与硬实力互相促进。中国缺乏与硬实力能量相匹配的软实力分量，软实力难以和硬实力按恰当比例来运用形成巧实力的能量。若想实现对硬实力有引领和促进作用的软实力的提升，就需要文化、外交政策、价值观与意识形态等方面的支撑。因为，在全球化时代，“国家生存和安全不再是传统的军事安全，对国家安全的威慑既可能是军事、政治等传统因素，也可能是经济、科技、文化、环境资源等非传统安全因素”。[①]“国际政治的性质变化常常使无形的权力变得更加重要，国家凝聚力、发展和运用制度的能力、有吸引力的意识形态等软性的同化权力，与传统的军事力量和征服等硬性的指挥权力同样重要”[②]，“技术、教育和经济增长在国际权力中的作用越来越重要”[③]，价值观、意识形态、文化、制度构成国家间竞争的重要内容，依托硬实力的软实力在国家竞争中的作用超越单纯的军事作用，软实力的重要性日益为中国领导人和民众所关注。有识之士意识到中国的改革实质上就是在构建起具有中国特色的市场经济和民主政治的发展模式，在这一模式基础上逐渐形成被实践证明是正确选择的价值和文化。预计不久的将来，随着全球化程度的深入，跨国文化的广泛交流和碰撞，中国的社会财富分配更趋公平，民众的智慧将普遍提

---

① 陈振阳，孙艳红．贯彻落实科学发展观与全面提高我军的威慑和实战能力［EB/OL］．中国军网，http：//www. chinamil. com. cn/site1/ztpd/2006 －02/28/content_ 420240. htm.

② 约瑟夫·S. 奈．硬权力与软权力［M］．门洪华，译．北京：北京大学出版社，2005：97.

③ 约瑟夫·S. 奈．硬权力与软权力［M］．门洪华，译．北京：北京大学出版社，2005：99.

高，文化等软实力也会逐步提高。最终，国家为了在相互依赖的国际大环境中参与合作和竞争，会汲取各国文化精髓，就像技术赶超具备后发优势那样，软实力的能量增长也呈加速膨胀趋势。这样，在硬实力的助推中软实力有了质的飞跃。设想这个质的飞跃使中国的软实力由目前的 1.6 提升到接近美国的 1.8，那么中国应对全球重大事务的话语权、处理周边事务和国际交往的能力就会上升，反过来推动硬实力更强。

第五，在巧实力上，随着软、硬实力的强大，中国更能清晰地判断和把控国际势态的发展进程，并能引导其他国家为世界共同发展作贡献。虽然中国目前使用巧实力的机会和空间不多，难以和美国相提并论，但中国也不该放弃每一个巧实力发挥作用的机会，逐步积累巧实力的能量。

通过上述对硬、软、巧实力的定性分析和少量的定量分析，可以看出，在满足所述条件情况下，国力增长率将高于 2010 年前的一段时间的水平，表明国力预期增长率 $\bar{K}$ 的取值，即上文确定的 6% 的水平，是有充分依据的。而国力实际增长率如何，还要看 B 的取值。

二、 关于 B 的取值分析

上述 $\bar{K}$ 值的增加并不是国力年均增长率的最终增加，还要看国力实际增长率 $\bar{K} \times B$ 中关键的 B 值，即从国力预期增长率到国力实际增长率，还需考虑转换机制 B 的影响。$\bar{K}$ 和 B 相辅相成，没有转换机制的根本改善，所有事关硬实力、软实力、巧实力的 $\bar{K}$ 值就不会增加。转换机制又可以从经济社会和政治两个方面分析。

一方面，是现存体制、机制下的经济社会发展模式。过去一些年里，我国形成的高能耗、高物耗、高污染的经济增长模式，是由历史长期的计划体制惯性和后期利用资源优势追赶发达经济体综合导致。在此模式下，资源利用效率低，导致环境污染问题日益严重，同时因贫富差距的扩大引起了诸多社会隐患。因此，相对于 GDP，乃至相对于经济实力和综合国力来说，需要彻底转变经济发展方式，贯彻创新、协调、绿色、开放、共享的发展理念，推动经济由高速增长转向高质量发展。

另一方面，政治监督体系不完善，权力运行机制不健全，官员不尽职和腐败现象依然严重。政府管理不透明、社会不公、贫富差距、产权模糊等社会现象导致资源使用没有发挥应有的效用，包括人力资源、知识资源在内的资源漏损过大、浪费严重，资源转换成综合国力的效能低，影响了经济社会效益的产生和综合国力的增强。这些问题虽逐渐得到了解决，但还是直接或间接地影响了综合国力的提高。

B 值的定性分析似乎还不能完全解决问题，精确说明还是要靠定量分析。必须对转换机制 B 进行量化取值，我们还是采用标准方法，即以美国的数值为样本，对其他国家进行无量纲取值。B 值主要表现为一个国家一年内可投入的自然资源（以石油和煤炭消费各占 50% 为代表）、人力资源（以劳动力数量和人力资本为代表）对综合国力产出的不同影响。实际上，就是对国力预期增长率的效能影响，即资源转换为综合国力的效率问题。我们以 2010 年的各项数据为依据得出中国的综合国力年平均实际增长率，即 $\bar{K}\times$ B 值。

首先，以中美石油和煤炭两项消费量代表两国自然资源投入，分析两国综合国力产出的效率差异。2010 年中美石油消费量分别是 4.28 亿吨和 8.5 亿吨①，比值为 4.28/8.50 = 50%；煤炭消费中国是 22 亿吨，美国为 9 亿吨左右②，比值：22/9 = 245%。根据无量纲标准法，设定石油和煤炭权重相等，中国 2010 年自然资源投入值总计：50 × 50% + 245 × 50% = 147.5。再看人力资源投入量，2010 年，中国劳动年龄人口占总人口的比例为 74.5%③，平均受教

① 根据 BP 公司《世界能源统计年鉴 2011》数据汇总整理得出 2004—2010 年世界各国石油消费量数据，美国和中国占世界石油消费量的份额最高，分别为 21.1% 和 10.6%。

② 邱锐豪、邱言文：美国 2009 年煤炭供需情况回顾，2009 年美国煤炭消费 90 756 万吨，2010 年持平，估计值为 9 亿吨。另据国际能源网发布：2010 年，中国的煤炭消费达到 22 亿吨。

③ 津上俊哉．人口大国的人口危机——中国适龄劳动人口 2013 年转向减少［EB/OL］．http://news.cecb2b.com/info/201301211/460619.shtml.

育年限为9.5年，其中受过高等教育的比例仅为10.05%①，出国留学生选择留在国外的总数已达100万人左右。2010年，美国劳动年龄人口占总人口的比例为64%②，平均受教育年限已超过13年，成年人拥有本科学位的比例达到27.5%。二战以来，美国从世界各地吸纳的高级人才超过50万人。③ 据此，我们选择以受过高等教育的人口为现代社会人力资源标准，来测算中美两国的人力资源比值。经查阅有关统计资料，2010年中国总人口13.3亿④，美国总人口3.09亿⑤。中国人力资源总量为：13.3亿×74.5%×10.05%-100万=0.986亿；美国人力资源总量为：3.09亿×64%×27.5%+50万=0.549亿。同样，根据无量纲标准法，以美国为100，中国2010年人力资源投入取值为：（0.986/0.549）×100=179.6。采用自然资源和人力资源权数赋值相同，得出中国的资源投入值，即147.5×50%+179.6×50%=163.5。若以经济实力一项代表整个综合国力的话，2010年美国的资源100转换成经济实力100计算，美国的转换机制B为100%，而中国的转换机制B为37.25/163.5，换算成百分数就是22.8%，即与美国相比，中国的资源转换成综合国力的效率只相当于美国的22.8%。

可以看出，因为转换机制的问题，中国的资源转换成综合国力的效率较低。如果以此不变的效率，以此不变的转换机制预测2049年中国综合国力，那么毫无疑问，中国2049年的综合国力将不会有大幅提升。这表明：在现代经济与综合国力增长和积累中，包括科技转换能力、劳动力资本的增加和知识的掌握、软实力因素在内的转换机制越来越占主导作用。如果中国不进

① 北京师范大学劳动力市场研究中心.2012中国劳动力市场报告［M］.北京：北京师范大学出版社，2012：127.

② 世行：劳动力参与率，总数（占15岁以上总人口的百分比）［EB/OL］. http：//data.worldbank.org.cn/indicator/SL.TLF.CACT.ZS/countries/BW-ZF-XT.

③ 美国科技成果中80%是由国外50万引进人才完成的。

④ 2010年普查登记的大陆31个省、自治区、直辖市和现役军人的人口共1 339 724 852人，是世界第一人口大国（来源于国家统计局官方资料）。

⑤ 美国2010年人口普查总数已达308 745 538人，成为世界第三人口大国。

行国力增长转换机制方面的改革，以现有的综合国力年平均实际增长率预算，即 $\bar{K}\times B$ 值，那么 2049 年的综合国力和美国相比将仍然较低，中国的 $\bar{K}\times B$ 值为 $6\% \times 22.8\% = 1.37\%$，而美国的 $\bar{K}\times B$ 值为 $2\% \times 100\% = 2\%$（中国的经济增长率取 6% 作为 $\bar{K}$ 值，美国取 2% 作为 $\bar{K}$ 值），即中国的综合国力年平均增长率比美国少 0.63 个百分点。况且这里还未考虑随着中国改革的深入，生产能力的利用减少，经济增长速度将放缓，不一定能维持比美国快 4 个百分点的年经济增长率。这一结果显示，如果不做出改变，耗费大量人力和物力资源的中国经济高增长对综合国力的巨大推动优势会被低效的、不完善的国力转换机制所抵消。

以上只是针对 2010 年的基础数据，并假设中美两国转换机制、软实力不变的基础上预测的硬实力贡献所引起的综合国力的增长率，如果考虑软实力的变化对整个国力的影响，那么中美两国的 $\bar{K}\times B$ 值就会发生逆转。我们设想中国致力于国力转换机制方面的提升、全面深化各项改革，带来的不仅仅是资源利用效率的提高和转换成国力的效能增强，更重要的是，中国的软实力随之发生突破性的转变，达到和美国相近的水平，美国为 2，中国接近 1.9。假定中国转换机制 B 得到根本改变，硬、软、巧实力得到提升，新的 $\bar{K}\times B$ 得以产生，因国力转换机制改变而得到的特别是软实力的超越上升将反映在新的 B 值中。根据上述分析，其中，$\bar{K}$ 还是以经济增长率 6% 为基准，而假设经过中国努力，B 值由 2010 年只相当美国的 22.8%，到 2049 年能达到美国的 75%，这样改变后中国的 B 值就是 75%。$\bar{K}\times B$ 的取值就是 $6\% \times 75\% = 4.5\%$。此处不计巧实力的影响，即忽略巧实力的变化引起 $\bar{K}\times B$ 值的增减，以 2010 年综合国力的值为基准，我们再次预测 2049 年中美两国的综合国力：

2049 年中国的综合国力：$SNP_{(t+n)} = SNP_{(t)} \times [1+\bar{K}\times B]^n = 43.08 \times [1+4.5\%]^{39} = 239.96$；

2049 年美国的综合国力：$SNP_{(t+n)} = SNP_{(t)} \times [1+\bar{K}\times B]^n = 200 \times [1+2\%]^{39} = 432.95$。

从中美两国的预测分析可以看出，到2049年，中国国力实际增长率$\bar{K} \times B$高于美国的同期水平，但中国综合国力与美国仍有差距。为了预测中国2049年在世界的排名情况，本书依照前文的计算方法，对2049年的潜在强国做了预测分析和整理汇总。预测是根据有关资料以定性分析为主。结果如表7-1所示。

表7-1　2049年世界综合国力排名（以2010年基数为不变值预测）

排名	国别	S	$\bar{K} \times B$	$SNP_{(t+n)}$	排名	国别	S	$\bar{K} \times B$	$SNP_{(t+n)}$
1	美国	2.0	2%	432.95	6	日本	1.7	1.8%	200.36
2	中国	1.9	4.5%	239.96	7	法国	1.8	2%	195.23
3	俄罗斯	1.9	3.2%	226.96	8	印度	1.5	3.5%	190.22
4	英国	2.0	2%	205.35	9	加拿大	1.8	2%	171.33
5	德国	1.9	2.2%	202.98	10	巴西	1.5	3%	162.37

资料来源：根据ISI、SCI、SSCI、ESI、EI、INSPEC、DII、GeoRef、CABI数据库及世界产权组织（WIPO）、美国专利商标局（USPTO）、欧洲专利组织（EPO）等各项资料，经专家征询等定性分析后，测算后汇编而成。

根据世界政治经济总体格局和安全态势的发展趋势，我们认为39年时间相对很短，总体而言，各国综合国力变化不太，尤其是西方国家的制度已相对成熟，靠制度改革释放能量的空间微乎其微，价值观和意识形态也已基本定型，经济社会发展基本稳定，在美国一超体系下国力增长稳中有升，各国差距比例基本维持不变。因此，我们设定英、法、加等国年均国力增长率为2%，而日本，由于其长期受美国控制，军力发展受限，《广场协议》的后遗症短期内难以根除，加上顽固的国际贸易排外保护主义和制造业的比较优势进一步丢失，以及日本老龄化加深，经济依旧缓慢恢复中，因此其软实力降为1.7，国力增长率按西方国家平均的2%变成1.8%，综合国力在未来一段时间内应当为欧盟领袖德国所超越。而德国引领欧盟，地缘政治优势明显，影响力最强（BBC国家形象民调显示，德国第一），我们认定其软实力由1.8上升为1.9，相应地，其国力实际增长率在西方国家中突出，由平均数2%上升为2.2%。其余的中、印、俄、巴等金砖国家前景乐观，被世界普遍看好。由于这些国家的技术后发优势，劳动力、自然资源丰富，制度改进释放经济增长的空间潜力较大，产业贡献率发生转移加快，经济增长率预计会高于西方国家。印度服务业等第三产业快速发展弥补了制造业的不足，下一步将利用国际产业大转移和劳动力年龄结构年轻化的明显优势，其丰富的人力资源从占比较大的第一产业大量转移至制造业，经济增长有可能超过中国，成为发展最快的国家之一。俄罗斯制度转型逐步成熟到位，利用其丰富的能源、自然资源和高科技能力，加上其固有的军工产业和军品市场优势，吸引国际资本和开拓世界市场，进一步把发达的工业化和信息化推向深处，其经济增长潜力较大。金砖国家中，巴西被世界看好的重要原因是其地大物博、发展潜力巨大，国土面积、人口数量、经济实力，属南美之首。巴西依靠廉价土地、原料和劳动力，其产业结构较为均衡稳定，产业演进的进程较快，反映在其第三产业贡献率最高，近年来，国内经济稳定、外贸顺差增多和外国投资增多，丰富的自然资源、良好的地缘政治优势和较好的社会发展基础，为其在未来国力快速增长、冲击世界前十强奠定了坚实的基础。

这一预测结果表明，越是进入现代文明社会，对于中国来说，以政治制度为核心的转换机制在综合国力增强中的作用越来越大。虽然中国的经济实力等硬实力在上升，但综合国力转换机制较为低效。前车之鉴，后事之师。2049 年，目标是要把我国建成富强民主文明和谐美丽的社会主义现代化强国，社会各项事业蓬勃发展，军事实力及其科技贡献率进一步提升，军种结构得到调整优化；整个国家进入中兴之际，开始成为具有全球性影响的、综合国力仅次于美国的世界第二大强国。要达到这个伟大目标，就必须积极推动国力转换机制的大力改进。

第二节　2049 年的世界格局与中国

按照中国国内发展和国际形势的两大趋势及两者相互影响的可能性走

向，2049 年中国的综合国力和国际地位，尤其是经济、军事、科技等硬实力，如无特殊事件发生，会呈较大幅度上升趋势。一方面，从国内环境看，我国正处于并将长期处于社会主义初级阶段的基本国情没有改变，人均国内生产总值还有待提高，地区发展不平衡、资源环境不协调、发展方式不可持续的问题依然突出。同时也应看到，中国已经是世界第二大经济体，是全球最大的制造业大国，科技创新和发明创造的专利数量进入世界前列，“一带一路”倡议的推动和亚投行的影响力将极大地加速中国经济发展的引擎。根据国内外经济学家的测算，2030 年到 2049 年期间，中国有很大可能成为世界第一大经济体，为中国国际地位的提升奠定强大的物质基础。另一方面，从国际环境看，中国的崛起将面临一个更为复杂的国际环境，人类社会文明的前进势头不可阻挡，和平、发展、合作的时代潮流更加强劲，追求和平、发展的力量无比巨大。但与此同时，随着新全球角色登场、地区集团扩张、非国家行为体作用的增强和网络力量的加强，各种全球性问题会层出不穷，传统安全威胁和非传统安全威胁相互交织，一些国家热衷于推行“新干涉主义”，增加了国际形势中的不稳定、不确定因素。

从我们同外部世界的关系看，我们同世界各国的友好合作不断加强，利益融合程度进一步加深，合作明显增加。但一些国家加大亚太军事存在，对华政策接触加遏制，两面性突出；周边国家同我国的领土主权和海洋权益争端时有发生；我国同一些发展中国家存在一定程度的同质竞争。所以，中国综合国力的增强和国际地位的提升将遇到意想不到的困难和阻力。但是，如果中国能够坚定推动国力转换机制方面的改革，提高文化影响力和国际话语权，遏制规则性的社会不公，触动顽固的既得利益者所维护的保守制度，加深融入国际主流社会的程度，提高中国的国际影响力和处理国际事务的治理能力，使中国的综合国力实际增长率 $\bar{K} \times B$ 值得到提高，那么政治现代化程度 β、软实力 S、硬实力 $[E_{(t)} + M_{(t)} + (A_a + A_b)]$ 和巧实力 Q 就有可能大幅改善。如果条件达成，不难判断，到 2049 年，世界整体格局和中国国际地位趋势将呈现以下三大特点。

一、 传统核心国家和新兴国家的国力竞争更为激烈

展望2049年，新兴国家崛起将是未来国际格局最根本的特征之一。随着西方国家力量的相对削弱，全球财富和权力呈现出从西方向东方转移的趋势，中国、印度、巴西、俄罗斯等国家的崛起只是时间问题。据相关研究，到2040—2049年，上述四国所占全球GDP比重将与最初西方七国占全球GDP比重相当。

就中国而言，下一轮经济增长和国力提升的强大引擎，一方面是城市化、工业化及其推进下的新一轮科技革命，另一方面是政治现代化及其推进下的体制改革所释放出的能量。同时，中国在国际上还遇到一个美欧日的暂时衰退，为自己发展提供了“10年罕见的战略机遇”。[①] 如果中国积极地推进国家治理体系和治理能力现代化，大力提升包括民主科学的国家决策机制、高效廉洁的政府运作机制在内的制度创新能力，清除腐败和社会不公现象，同时强化文化软实力的辐射力、吸引力和竞争力，让中国文化元素的价值渗入国际规则制定中。按照这样的发展模式，在城镇化、新型工业化、信息化和农业现代化加速的背景下，到2049年，中国将进入中等发达国家的行列，中国经济占世界GDP的比重可能增加到23%，经济总量将超过美国，综合国力排名将大幅上升，和平崛起势不可当。

再说印度，同中国经济发展轨迹不同，印度的经济发展主要靠服务业和消费的拉动，走的是由农业生产直接转向服务业为基础的经济发展道路。服务业产值年均增长率为10%左右。服务业中的金融业开放速度加快，金融市场较为健全，利率市场化进程较快，银行资本充足率高于一般国家的平均数。据麦肯锡调查，印度银行“对本国GDP贡献大小”得分在全球银行中

① 艾伯哈特·桑德施耐德，辜学武．美欧日衰退为中国提供罕见战略机遇［N］．经济参考报，2013-01-24.

十分突出，为经济发展提供了充足的流动性和较为稳定的金融环境。政府实施经济改革，注重信息科技和软件开发为主的科技服务在经济发展中的拉动，经济发展呈现平稳增长的趋势。

伴随制造业和服务业的快速增长，2010 年印度 GDP 增长率为 9.2%，[①] 到 2011 年前两个月 GDP 增长率也达到 8.9%，[②] 增长速度仅次于中国，有时候甚至超过中国。按照印度劳动力适龄人口较为年轻和劳动技能的教育培训年限较高的潜在优势，以及在新一轮国际产业转移中的机遇，加上其国内需求和消费增长的驱动，印度经济已经进入快速上升通道，预计经济增长率有可能如中国加入 WTO 后的“黄金十年高速增长期”的增长率一样高，到 2049 年其经济总量预计可能超过德国。

在新兴市场国家的经济、综合国力崛起的时候，美欧日等传统核心国家继续受金融危机影响，它们所面临的困境是，既无法通过汇率贬值快速形成对外盈余，又无法轻易重启私营部门借贷，也无法削减赤字、振兴经济。往后 10 年左右一段时期内它们经济起色不大，[③] 综合实力相对减弱。鉴于经济上的相对衰弱，美欧日等发达国家在国际政治事务中的主导能力将相对下降，扩张能力总体上呈现出一定程度的萎缩，东西方力量消长仍持继续。通过经济总量的变化，可以得到验证（见表 7-2）。

表 7-2 中国、美国、印度、日本、俄罗斯 GDP 增长表现比较，1990—2030 年

年份	中国	美国	印度	日本	俄罗斯
1990	2124	5803	1098	2321	1151
2000	4319	8019	1900	2667	774
2001	4781	8079	2009	2673	814

① 中国经济网：2010 年 10 月 15 日讯（实习记者黄倩）据印度《经济时报》10 月 14 日报道，可搜索 http://intl.ce.cn/specials/zxgjzh/201010/15/t20101015_21892495.shtml。

② CCIEE 经济每月谈编辑组. 中国智库经济观察（2011～2012）［M］. 北京：社会科学文献出版社，2012.

③ 资料来源：IMF《世界经济展望》。

（续表）

年份	中国	美国	印度	日本	俄罗斯
2002	5374	8209	2080	2664	852
2003	6188	8431	2267	2699	914
2015	12 271	11 467	4 665	3116	1300
2030	22 983	16 662	10 074	3488	2017

资料来源：安格斯·麦迪森. 中国经济的长期表现：公元 960—2030 年［M］. 上海：上海人民出版社，2008.

英国经济学家安格斯·麦迪森在《中国经济的长期表现：公元 960—2030 年》一书中预计，2015 年中国经济总量将超过美国成为世界第一，印度超过日本进入第三，俄罗斯也大幅提升。到 2030 年时，中国经济遥遥领先于全球，印度、俄罗斯增长幅度也超过美、日。（当然，这只是根据当时的发展环境和经济增长情况的预测，在实际发展中将遇到诸多不确定的因素；俄罗斯靠单一的能源贸易支撑经济增长，若遇到价格下跌，将改变上述前景。）在综合国力的基础力量——经济实力得到增强的情况下，相比而言，新兴市场国家在国际社会谋求发挥更大作用的意愿和能力随之上升，国际政治博弈参与者的数量继续增加，世界必然形成传统核心国家和新兴市场国家的竞争局面。然而，在相当长的一段时间内，新兴市场国家尚不会对传统核心国家的权力均势构成根本性的动摇，尤其是美国的超级强国地位仍将在相当一段时期内维持。

首先，西方国家依旧引领世界，并在相当长的一段时间内继续领先。今天的国际格局和人类文明形式是由西方国家奠定的，世界现有秩序的形成先于新兴国家的国力崛起，国际政治与安全均势相对稳定，新兴市场国家和传统核心国家的综合国力竞争博弈一直不停地在进行中，新兴市场国家认为的不合理的世界秩序本质，即经济金融上的美元本位和政治安全上的西方制度霸权，短期内恐怕也不会得到多少改变。

西方国家中以今天美国为主要代表。美国过去是，现在是，将来仍将是世界经济大国，任何人都不应低估美国经济的发展潜力。值得一提的是，2008 年世界金融危机后的美国，在西方国家中率先复苏，各项经济指标趋向危机前的水平。

在经济领域，美国在生产和贸易规模、资源禀赋、人才储备、资本数量、科技水平和劳动生产率上都处于全球最好状态。美国是世界最大的粮食出口国，拥有抵御食品价格动荡和食品短缺的多种手段。美国创造性地利用非常规油气资源，改变了世界能源市场的游戏规则。美国是世界研发中心，创新能力较强，硅谷的创业公司和风险投资公司具有示范意义。苹果、微软等科技企业引领着世界潮流。

2019 年世界 500 强公司中有 121 家在美国，世界 10 家最大的软件销售商有 7 家在美国，美国诸多高科技产品畅销全球，将来的机器人和数字自动化等也将覆盖全球市场。2016 年企业家富豪出身的特朗普当选总统，在他的主导下，新政府出台了若干战略计划与政策，扩大基础设施投资，重建高速公路、桥梁、隧道、机场、学校和医院，实行里根政府以来的最大规模减税和积极的货币政策，鼓励美国企业回归本土，扩大国内就业，等等。对外国际经济贸易方面，坚持“美国优先”原则，放弃一些不利于美国经济社会发展的国际条约，如《巴黎气候协定》，退出跨太平洋伙伴关系协定（TPP），减少美国对全球无偿承担的国际义务和国际协防支出。

在军事领域，包括尖端武器的研发、生产与装备部队、实战与演练、军费投入、太空军事利用、战争理论研究等，美国都占有很大优势。2017 年 5 月 30 日，美国五角大楼导弹防御局宣布，当日进行的美国首次拦截洲际弹道导弹试验取得成功，这对美国国土安全保卫至关重要，展示出美国面对真实威胁拥有了真正的遏制力。可以预见，今后相当长的一段时间内，美国军事实力依然是全球压倒性的力量。

在科技领域，无论是前沿的科学探索研究，还是应用到实践中获得的生产力提高，还是科研投入、人才数量质量，美国都是首屈一指的。美国科技实力的全球领先地位是在第二次世界大战后建立起来的，目前在世界上仍占绝对优势。美国拥有世界上最多最优秀的科技人才，战后诺贝尔科技类奖项获得者中半数以上是美国人，美国科学家发表在世界顶级刊物的论文数量世界第一，全世界科技原创绝大多数源自美国。美国制造了很多世界一流的科技设备和科研仪器，开发了各种先进的科研技术，大大推动了人类的科学技术进步。在传统的西方七国中，美国的研发经费投入占半壁江山。技术应用与开发方面主要由美国的企业科研机构和政府科研机构来承担，企业以技术开发为主，经费占其全部研发经费的75%；联邦政府科研机构以应用研究和技术开发为主，经费分别占其全部研发经费的35%和55%。目前，美国在航天、航空、能源、环境、信息与通信、生物、材料、自动化等技术领域具有优势。基础研究是美国历来高度重视的强项，美国的各个大学是基础研究的主要基地，其基础研究经费占其研究与开发总经费的64.5%。强大的基础研究力量使得美国在数学、物理、生物和化学等领域获得了很多重大的科学发现，推动了人类的科技水平。

综上，虽然美国时不时地面临异常艰难的经济形势，但美国的创造力、弹性以及创新精神使其有能力应对与解决一些核心问题，并重新获得竞争力。

其次，新兴市场国家存在内源性缺陷，难以短期内超越西方国家。后起的新兴市场国家也不是尽善尽美，其自身发展也面临诸多困难。历史一再证明的是，领导型国家一定是创新型国家，是能够指引世界前进方向的国家。以创造能力为指标，大致可分为三个层次：美国为创新型国家，是世界科技创新的领头羊；欧洲和日本等国家属于次创新型国家；世界其他大多数国家属于模仿型国家。目前，中国应当是处于由次创新型国家向自主创新型国家迈进的过程中。而新兴市场国家科学技术发明原创性差，科技水平处于追赶仿制阶段，研发能力不如美、德、日等传统科技核心国家，尤其是在基础研究的原创性科技发明方面，后起的新兴经济体无法在短短几十年内超越西方国家。中国等新兴经济体走的是后发赶超优势的道路，但大部分是产品技术模仿优化后的赶超，基础科学发现仍旧无法领先全球。金融体系脆弱也是新兴经济体面临的棘手问题，由于资本市场面临国际短期资本的冲击，容易形成资产泡沫和经济“失血”停滞的巨大风险。另外，由于民主法治不够健全与完善，新兴市场国家还会面临政府公共服务水平较低、官员贪腐和民众群体事件等政治和社会问题，这也将阻碍这些国家经济社会的发展。

二、世界依旧呈“一超多强”格局

一般而言，国际格局是世界各国，尤其是主要强国和大国长期以来相互博弈、相互影响的结果，而不是哪一个国家单独的行为结果。但冷战后的现行国际秩序是美国在苏联解体后构筑的，也是以美国为中心运作的。美国在打败苏联这个等量级对手后，“凭借其强大的综合国力，占据世界唯一真正超级大国地位，在各权力领域均拥有全球性资源”,① 不仅拥有诸多的传统硬实力资源，还拥有确保其在跨国相互依赖领域之领导地位的意识形态、制度等软实力资源。②

未来一段时期，美国仍将是世界超级大国，其超强的综合国力、无与伦比的全球影响力、相比而言最为发达的现代化制度、睿智自信的民族性格、领导世界的欲望和能力等因素，使得在未来较长一段时间内不太可能出现能在全球范围与美国比肩的国家。

未来 30 年，国际体系仍将维持一个超级大国和多个大国并存的格局，亦即已故学者塞缪尔·亨廷顿所说的“一超多强”格局。世界格局的变动，只是多强之间实力对比的变化。过去那种如“一战”“二战”等想通过战争短期内“重新洗牌”的模式似乎不太可能重现。尽管金砖国家经济发展势头良好，也不太可能像 19 世纪和 20 世纪的德国、日本那样挑战现有的国际体系，因为当前全球政治安全格局呈现权力均衡态势，这意味着，大国之间爆发冲突的可能性甚微，更不太可能升级为全面战争，加上大国都拥有毁灭性的大规模杀伤性武器，以及大国之间建立的临时性预防战争的沟通协调机

① 约瑟夫·S. 奈. 硬权力与软权力［M］. 门洪华，译. 北京：北京大学出版社，2005：75.
② 约瑟夫·S. 奈. 硬权力与软权力［M］. 门洪华，译. 北京：北京大学出版社，2005：109.

制，遏制了大国间爆发战争的可能性。因此，世界各国企图通过战争改变世界版图的可能性几乎为零。“一超多强”体系内部的“多强”要想超过别人更加强盛起来，只有走和平崛起的道路，通过自身的发展和改革，充分利用国内国际资源，挖掘综合国力增长的潜力，以高科技创新、生产和人力资本等手段来增强综合国力，才会出现“多强”之间实力排名的微变，但微变后的世界格局总体上依旧呈“一超多强”格局。

三、 中国国力超越 “多强”， 硬实力紧追美国

根据本书研究模型的预测，2049 年前后，中国综合国力会大幅度超过“多强”，直追美国，尤其在经济上甚至可能超越美国，成为经济总量最大的国家。为此，中国要以实现“中国梦”为奋斗目标，不断对综合国力增强的关键因素——国力转换机制进行整合擢升，从而优化国力增长效率。全面深化改革，逐步理顺党与国家、政府与市场、公有制与混合所有制等诸多关系。政治上，优化中国共产党的传统执政方式，增强对内的亲和力和对外的感召力，发展社会主义民主政治；经济上，贯彻新发展理念，建设现代化经济体系，推动新型工业化、信息化、城镇化、农业现代化同步发展。到 2049 年，中国经济总量很大可能就会超过美国，并改变科技实力、军事实力，进一步提高国家文化软实力。经济总量的剧增、经济社会的发展让全体中国人都享受到现代化的好处，这就是综合国力在国内增强的体现。

国际上，“多强”的格局分析也表明，中国比其他强国更具能量和潜力。如果中国在国力转换机制上有重大突破，比英、德、日、法等国家更有条件利用它们所不具备的辽阔领土空间、众多人力资源、后发科技优势和强有力的中央政府治理能力等有利因素，也比俄罗斯更有综合国力赶超所需要的经济实力基础、人口的数量质量和天然的地域气候等来加快提升自己的综合国力。世界体系中，中国元素的增加，将有利于中国在全球重大事务中展示国际话语权和发挥显著影响力。中国要紧紧抓住机会，勇于承担起大国必要的责任和领导角色，积极成为国际事务的有效领导者，并与美国联合行动保证

全球安全秩序的基础设施建设和制度安排，以便更好地为本国国家利益和世界公共利益谋划出力。这样，在强大经济实力和科技实力的支撑下，中国的综合国力必将超越法、德、日、俄、英，紧追美国，成为和美国合作与竞争的强有力伙伴。

第三节　2019—2049 年中国综合国力发展目标展望

今日之中国，从奋斗中走来；未来之中国，在奋斗中开创。坚持和发展中国特色社会主义的总任务，是实现社会主义现代化和中华民族伟大复兴。“九层之台，起于累土。”无论是风和日丽，还是惊涛骇浪，保持平和理性的心态、奋发有为的状态，一步一个脚印向前迈进，始终是中国人民追梦圆梦的不变节奏。在乱云飞渡的国际风云中保持淡定从容心态，一心一意做好自己的事，脚踏实地向前走，追梦之路就会越走越宽广。我们需要深入分析国际形势的演变规律，准确把握历史交汇期我国发展外部环境的基本特征，并把自身发展摆到世界变局中来看待，在我国与世界的关系中看问题，科学分析我国在世界格局演变中的地位和作用，让我国发展与世界发展形成良性互动，既发展自己也造福世界。

一、 未来 30 年中国经济、 科技发展目标展望

新中国成立 70 年来，在经济、科技领域创造了伟大奇迹。新中国 70 年，是创造科技进步奇迹的 70 年。在这 70 年中，中国形成了规模宏大的科技队伍，取得了一个又一个举世瞩目的科技成就。多复变函数论、陆相成油理论、人工合成牛胰岛素等成就，高温超导、中微子物理、量子反常霍尔效应、纳米科技等基础科学突破，“两弹一星”、超级杂交水稻、高性能计算机等工程技术成果，为我国经济社会发展提供了强大支撑，也为我国成为一个

有世界影响力的大国奠定了重要基础。当前，大数据、云计算、人工智能等新技术推动数字经济、平台经济、共享经济井喷式发展。古老的中国，在新一轮科技革命浪潮中踏浪前行。

改革开放 40 多年来，我国经济建设取得重大成就，经济持续较快发展，工业化、城镇化快速推进，各项事业全面发展。面向未来，中国将坚定不移推动全方位对外开放，致力于发展更高水平的开放型经济，积极融入全球分工体系和产业链、创新链、价值链，全面履行开放承诺。

1. 2020—2035 年中国经济、科技建设发展目标

大幅提升经济实力、科技实力，保持经济中高速增长，产业迈向中高端水平，经济发展实现由数量和规模扩张向质量和效益提升的根本转变。完善社会主义市场经济体制，加快构建全面开放格局，增强经济活力。基本建成现代化经济体系。基础设施体系更加完备，城市品质明显提升。科技创新能力持续增强，跻身创新型国家前列。形成清洁低碳、安全高效的能源体系和绿色低碳循环发展的经济体系。能源、水资源等利用效率达到国际先进水平。

2. 2035—2049 年中国经济、科技建设发展目标

物质文明较为发达，大幅提高社会生产力水平，核心科技竞争力名列前茅，建成世界科技强国，成为世界主要创新和科学高地。经济总量和市场规模超越多数国家，建成富强民主文明和谐美丽的社会主义现代化强国。天蓝水清的优美生态环境成为普遍常态。

二、未来 30 年中国军事发展目标展望

持久和平，是千百年来人类的共同梦想。当今世界，经济全球化大势浩浩荡荡，各国经济合作增多，依存加深，安全问题的联动性、跨国性、协作性日益明显。全球力量格局正在发生深刻变化，新兴市场国家和发展中国家整体实力增强，在国际安全事务中的话语权不断提升，少数国家主导国际安全秩序的日子一去不复返。强国必须强军，巩固国防和强大的人民军队是坚

持和发展中国特色社会主义、实现中华民族伟大复兴的战略支撑，需努力建设与我国国际地位相称，与国家安全和发展利益相适应的强大军队。

当前，中国的国防和军队建设正站在新的起点上。面对国内国际安全环境的深刻变化，面对强国强军的时代诉求，必须将提高战斗力作为军事发展的落脚点。2020—2035 年，基本实现国防和军队现代化；到 21 世纪中叶，把人民军队全面建成世界一流军队。

三、 未来 30 年中国文化发展目标展望

文化是一个国家、一个民族的灵魂，是人民的精神家园。文化兴国运兴，文化强民族强。中华优秀传统文化是中华民族的“根”和“魂”，是最深厚的文化软实力，是中国特色社会主义植根的沃土，是我们在世界文化激荡中站稳脚跟的根基。中华民族伟大复兴需要以中华文化发展繁荣为条件，要推动中华优秀传统文化创造性转化、创新性发展，不断增强中华文化的影响力和吸引力。

1. 2020—2035 年文化建设发展目标

社会文明程度达到新高度，国家软实力显著增强，中华文化影响更加广泛深入。提高全体人民的文化自信、文化自觉和文化凝聚力。重视社会公德、职业道德、家庭美德、个人品德的社会风尚基本养成，公共文化服务体系、现代文化产业体系和市场体系基本建成，中外文化交流更加广泛，中华文化达到“走出去”的水平。

2. 2035—2049 年文化建设发展目标

人民拥有高度精神文明，国民素质显著提高，中国精神、中国价值、中国力量成为中国发展的重要影响力和推动力，建成文明的社会主义强国。

四、 未来 30 年中国外交发展目标展望

历史的变迁，时空的交错，总给人以无限感慨。从濒临被“开除球籍”的边缘到日益走近世界舞台中央，从封闭半封闭到全方位对外开放，从 1954

年日内瓦会议登上国际舞台到主场外交好戏连台、彰显大国风范，新中国成立 70 周年的峥嵘岁月，镌刻着一个东方古国敞开怀抱、拥抱世界的坚实足迹。70 年筚路蓝缕，70 年砥砺奋进，中国外交书写了波澜壮阔的历史篇章，正在迎来大有可为的广阔天地。历经 70 年风云激荡，置身世界百年未有之大变局，新时代中国特色大国外交勇毅笃行，定格一个个合作共赢的高光时刻，升腾起革故鼎新的万千气象。

未来 30 年，中国将携手各国，共商共建人类命运共同体，推动新型国际关系建设；完善外交布局，打造全球伙伴关系网络；深度参与全球治理，积极引导国际秩序变革方向；推动国际社会从伙伴关系、安全格局、经济发展、文明交流、生态建设等方面为建立人类命运共同体做出努力；将“一带一路”国际合作打造成各国交流的重要纽带。

第八章

未来30年中国综合国力目标实现的制约因素

新中国成立70年来，取得了辉煌成就。2019—2049年这30年，是实现“两个一百年”奋斗目标的重要30年，也是实现中国梦的关键30年。

但追梦之路从无坦途，必须在攻坚克难中勇敢前行。2019年，我国国内生产总值达到99.1万亿元，增长6.1%，经济保持中高速增长，在世界主要国家中名列前茅，为全面建成小康社会打下了坚实的基础。然而，当下世界经济增长低迷，国际经贸摩擦加剧，国内经济下行压力加大。中国既面临世界百年未有之大变局，又处在由大向强的关键阶段，少不了成长的烦恼、转型的阵痛，也难以避免“木秀于林，风必摧之”的考验。

中国在前进的道路上需要克服的劣势和障碍还很多。中国如果不能正确地认识这些劣势和障碍，不及时排除不利因素，就会阻碍综合国力能量的增长，从而限制综合国力的提升。面对这样那样的风险挑战，我们要增强忧患意识，要保持战略定力，善于把握大局大势，把准前进方向。

第一节　自然资源不足，制约经济发展

一、生态资源破坏和环境污染

经济增长是提升综合国力的驱动力。资源是人类经济社会发展的基础要素，可持续的经济增长需要以大量的资源投入和环境平台作为支撑。尽管脱贫攻坚战打响以来，全国生态环境质量总体改善，大气环境质量改善成果进一步得到巩固，水环境质量持续改善，海洋环境状况稳中向好，土壤环境风险得到基本管控，生态系统格局整体稳定，核与辐射安全有效保障，环境风

险态势保持稳定，但是中国经济在持续多年的快速增长过程中，面临着越来越大的国内资源环境压力。经济发展与环境保护的矛盾仍将长期存在。环境资源问题直接影响到经济社会发展的可持续性和综合国力的提升。中国还面临各种灾害的威胁。据估计，近半个世纪以来每年因气象、海洋、地质、农牧业、林业等方面灾害造成的直接经济损失，约占国内生产总值的5%。21世纪，中国综合国力的提升将在资源环境安全方面面临严重的挑战。

二、资源管理制度不完善

资源政策的取向、资源法律的健全与否，直接关系到自然资源的开发秩序、利用效率、分配格局、保护力度，从而对国家或地区的资源安全状况及走势有着显著影响。我国的资源价格制度、资源核算制度、资源有偿使用制度及资源环境的管理体制等亟待完善。另外，环境与现行的制度安排也具有相当大的关联，竭泽而渔的发展、破坏环境的掠夺式行为主要源于不合理的制度：一些制度没有发挥出对环境的保护功能，一些制度甚至加剧了对环境的破坏。某些地方的环保制度规定，环保部门的排污收费中部分可用作其行政经费。这种制度设计对环保部门治理污染无疑是一种负激励：一个地区污染程度越轻，环保部门征收的排污费就越少，可用于支配的经费就会越少，而环保部门的选择可能就是不治理而获得高收益。这种制度安排对环境就是一种灾难。某些政府补助也加剧了环境破坏。排污企业因其排污行为理应承担治理污染的一切成本与损失，但政府补助降低了排污企业的治污成本，使企业因污染而产生的收益大于治污成本，污染反而有利可图。这不仅没有有效规制排污企业，促进企业提高治理污染技术，反而在某种意义上助长了企业排污。可见，制度设计和安排的缺陷与缺失加剧了资源的破坏和环境的恶化。

三、资源利用效率低，资源供需形势严峻

传统的粗放型经济增长方式导致资源浪费十分严重，主要表现在过度开

发资源、资源利用效率低、储量快速消耗。在粗放型增长方式下，我国资源利用效率远远低于日本与美国，环境成本远远高于发达国家。据统计，目前我国每万元GDP增长所消耗的能源量是美国的5倍，德国的5倍，日本的6倍。2017年，我国一次能源消费总量增长到31.322亿吨标准油，比2009年增加了8.027亿吨标准油，约增长了34.46%；同年，美国一次能源消费总量只略微增长到22.349亿吨标准油，比2009年增加0.756亿吨标准油，只增长3.5%。而美国2017年GDP总量为19.55万亿美元，比2009年的14.45万亿美元增加了5.1万亿美元，增长了35.29%；中国2017年GDP为13.17万亿美元，比2009年的4.92万亿美元增加了8.25万亿美元，增长了167.68%。可以看出，中美两国的GDP与能耗增长的比率差异：中国从2009年到2017年GDP增长了1.6768倍，但能耗增长了34.46%；而美国从2009年到2017年GDP增长了0.3529倍，能耗只增长了3.50%。换言之，从2009年到2017年，中国GDP增长率是美国GDP增长率的4.751倍（1.6768÷0.3529），但能耗的增长，中国是美国的近10倍（34.46%÷3.5%）。以比美国能耗增长10倍的代价换来GDP相对增长4.751倍，说明中国每创造1美元GDP所消耗的能源高于美国，能源利用效率远远低于美国。2018年，中国能源消费总量约为46.4亿吨标煤，其中非化石能源占比14.3%。当年期石油消费增长了3.5%，增加了44.5万桶/天；天然气消费增长了近18%，即420亿立方米，这是自实施“十三五”规划以来最快的增长率。2018年，中国超越日本成为世界上最大的天然气进口国，是继美国之后全球天然气需求增长第二大贡献国。

据预测，到2049年，我国矿产资源供需形势将更加严峻。国际能源署预测，2030年中国的一次能源需求量将达到38.19亿吨。中国地质科学院全球矿产资源战略研究中心对我国矿产资源供需前景分析预测后认为，未来20年，石油总需求缺口超过60亿吨，天然气超过2万亿立方米，铜超过5000万吨，精炼铝1亿吨（见表8-1）。

表8－1　2010年、2030年和2049年主要资源预测

主要资源	单位	预计需求量/进口量/对外依存度		
		2010年	2030年	2049年
石油	亿吨	4.4/2.6/55%	10/7/70%	12/9/75%
天然气	亿立方米	1100/150/13%	5000/2100/42%	5500/3000/55%
铜	万吨	448/200/45%	600/300/50%	650/400/61%
铝土	万吨	840/300/36%	1680/670/40%	2000/1000/50%

资料来源：中国地质科学院全球矿产资源战略研究中心，《全球矿产资源战略研究2001—2002报告》，其中2030年、2049年数据为笔者根据对世界和中国经济增长趋势的预测得出。

四、缺乏国际大宗资源型商品定价权

经济的快速增长会给国内资源供给造成压力，加之国内资源有限，因此要求国家和企业把目光投向海外，向国际市场购买大宗原材料或者并购海外资源型企业，这是经济发展的必然选择。然而，现行国际贸易格局使中国处于定价不利的地位。2013年起，我国的货物贸易进出口和出口额居于世界第一位，目前已经成为世界第一大石油净进口国。但是，在成为世界贸易大国的同时，作为世界上最主要的大宗资源型商品进口大国，我们并没有获得应有的贸易大国地位，如中东的石油美元定价权依然掌控在美国、沙特阿拉伯等国家手中。在国际市场上，我们虽然是铁矿石、天然橡胶、铜、大豆、石油、天然气等大宗商品的主要需求国，但缺失大宗商品的定价权，只能被动接受包括初级产品在内的大宗商品进口高价位，即我国在国际大宗原材料的购买过程中往往只能高价买进，从根本上缺少对这些原材料价格的控制手段，更不用说利用自身的购买优势形成国际定价权。

由于在国际市场中缺失定价权，大宗资源型商品暴涨暴跌无法控制，就石油、天然气、铜和铁矿石资源来说，因缺乏定价权导致中国财产损失达到国内生产总值1%左右。因为在大宗商品市场中缺少国际定价权，所以中国进出口企业面临极大的挑战。出口企业因出口商品价格一降再降，导致企业无利润而难以维持。进口企业进口的产品价格持续上涨，导致生产出来的产

品没有价格优势，失去竞争力。当企业出口大宗商品的时候，国际买家联合压低国际市场价格；当企业进口大宗商品的时候，国际卖家联合拉高国际市场价格，致使中国企业损失惨重。近年来，随着劳动力、土地等成本上升，以及中美贸易争端的加剧，中国企业特别是外向型企业、民营企业举步维艰，加上全球性的公共卫生危机，很多中小民营企业面临破产。这对中国国民经济可持续发展、就业、民生都造成严重影响。

五、 海外资源型行业并购的风险

自加入WTO以后，特别是2010年成为世界第二大经济体以后，通过参与国际经济大循环，中国更好地融入了全球经济体系，分享全球资源配置，从而实现了较快发展。现在中国的资本和外汇的盈余替代了20世纪80年代之前的资本和外汇的短缺；当时缺少市场化经济主体，到现在已拥有了很大一批不错的现代企业，特别是互联网技术企业，如华为、阿里巴巴、腾讯等。但是，全球正处于产业结构的调整阶段，传统资本大国正企图重新恢复其垄断地位，生产要素在亚洲为中心的新兴市场和传统欧美市场间集聚和流动，加之受政治、贸易战影响，资本、贸易壁垒呈现降低后又增高的趋势。在这种环境下，海外资源型行业并购风险增大，面临诸多不利局面，如审批的政治风险、居高不下的定价风险、隐藏的税务风险、知识产权过期风险、融资的法律风险、人力资源整合不利的风险、政局不稳、规则无定等诸多潜在的风险。

中国企业目前在海外并购的矿产资源多属于尚未完全开发的，这些矿产资源的储量信息并不十分准确，并购完成后的勘探开发存在较大的不确定性。由于企业价值评估体系不健全，往往难以合理地对目标企业进行评估定价。在定价中，可能接受高于目标企业价值的收购价格，进而产生风险。跨国并购在并购双方达成协议之后，通常都需要获得双方所属政府的批准。中国海外并购的企业多为国有背景，并购对象的战略性容易引起西方国家政府的警惕。由于中国意识形态与西方国家不同，西方国家政府在审批中国企业的跨国并购时，往往从政治方面考虑。美国智库传统基金会专门设立了“中国全球投资跟踪器”（China Global Investment Tracker），详细记录了每一笔超过 1 亿美元的对外投资。美国荣鼎咨询公司设立了“中国投资监视器”，记录中国对美国能源板块的投资情况。中国海外投资过于集中于能源和矿产领域，引起了被投资企业所在国和企业股东的一些不安。在这样的不利因素下，2015—2017 年，贝恩报告显示，中国企业境外并购交易总额占亚太地区的比例连续三年超过 40%，但到 2018 年上半年却大幅下降。在贸易保护主义抬头后，外国政府对中国海外并购矿产资源持有戒备心态，往往以“威胁国家安全”为由，拒绝中国企业收购本国企业的申请。未来一段时间，中国将面临更多的不确定因素。

六、 国际资源海上运输风险

众所周知，我国进口国际矿产品和石油天然气能源主要靠海上运输。2019 年，中国进口了 5.06 亿吨石油，突破了 5 亿吨大关，较上年增加 9.5%，连续 17 年刷新纪录。中国 2019 年的日均石油进口量达到了 1012 万桶。这一水平不但超过了全球最大的石油消费国美国，还是全球第三大石油进口国印度的 2 倍多。根据未来经济增长需求和市场消费量的预测，到 2049 年前后，我国石油进口量有可能达到 6 亿~7 亿吨，成为世界第一大油品进口国。

近年来，中国能源国际合作取得重大进展，已在西北、东北、西南三大方向布阵能源进口通道。这三个方向通道与原有海上航运通道一起，形成了中国从海外进口原油和天然气的四大战略海运路线：中东航线、非洲航线、东南亚航线、南美航线。观察上述线路图可看出，中国海上能源通道航程漫长且线路单一，这是由中国的地理位置所决定的。中国地处东亚，油气进口主要来自中东和非洲，在其他新航线未开辟的情况下，就使得中国海上的油气运输不得不走上述特定线路和通道。我们应该注意的是，中国油气进口对海上通道的依赖性并未因陆上通道的形成而下降。据中国海关总署统计，

2017年，中国原油进口前五大来源国是俄罗斯、沙特阿拉伯、安哥拉、伊拉克和伊朗，进口份额占比分别为14.24%、12.43%、11.11%、8.78%和7.42%。2018年，中国原油进口前五大来源国是俄罗斯、沙特阿拉伯、安哥拉、伊拉克和阿曼，进口份额占比分别为15.48%、12.28%、10.26%、9.75%和7.12%。中国石油进口中，70%以上来自中东和非洲等地，预计在未来较长一段时期内，这种格局仍不会发生较大变化。相对于海上运输，中国的陆路油气运输还只能作为一种补充，绝大部分石油仍需通过海上运输，而且苏伊士运河—印度洋—马六甲海峡—南中国海是必经之路，这是必须充分正视的客观现实。当前国际海上运输安全形势紧迫，中国海上油气通道所面临的问题和现实挑战，主要来自：

一是美国“亚太再平衡”战略。美国“亚太再平衡”战略主要是针对中国崛起，确保美国在该地区的主导权，实质依然是为了维护其在全球范围内的超强地位。该战略的实施将影响亚太地区国际关系格局，对中国的海上安全构成重要影响，并间接对中国海上能源通道安全形成一定的压力。

二是南海问题。南海问题一直备受国际关注，成为中国与周边国家的矛盾交汇点。相关当事国不仅强化各自对所占岛礁和海域的控制，加快对南海资源的开发，而且不断与中国发生实质性摩擦与碰撞，2014年发生的中越南海争端便是突出的例证。加上美国“印太战略”对南海安全形势的负面影响开始显现，为中国海上油气安全带来某种不确定因素。

三是马六甲海峡困局。马六甲海峡是世界上最繁忙的水道之一，每年有约8万艘次船只通过，其中约60%为中国船只。中国进口原油约80%要经过该海峡。因此对中国而言，马六甲海峡是一条名副其实的“海上生命线”，它的通畅与否直接关系中国的能源安全、经济发展以及国家安全。马六甲海峡一旦发生意外，如恐怖袭击和自然灾害，包括沉船事件，都会对中国能源海上运输构成重要影响，值得高度关注，并要积极探寻解决之道。但目前尚不存在对中国的现实战争威胁，即使在可预见的未来，对中国海上能源运输的最根本挑战——截断马六甲海峡的极端情况，在常态下仍然可以避免。

四是海盗和海上恐怖主义的威胁。一段时期以来，对中国海上运输危害最大的当属海盗。2019 年上半年，国际海事局海盗报告中心（IMB PRC）报告了 78 起海盗和持械抢劫船只事件，而 2018 年同期报告了 107 起。成品油轮、散装货船、原油轮及集装箱船，这类大型船只由于航行缓慢、躲避不及，极易成为海盗袭击的目标。国际航运的威胁并未彻底解除。除了亚丁湾、索马里海域外，马六甲海峡一带也不时受到海盗袭扰。但更令许多国家政府担忧的是，某些海盗集团与恐怖组织相勾结，共同从事海上犯罪活动。有人将“海上恐怖主义”归为“政治性海盗行为”。

以上诸多的风险和挑战，给中国的能源运输带来严重的挑战。

第二节　经济运行方面的制约

经济实力是综合国力的基础。2049 年中国综合国力目标的实现与经济发展密切相关。综合国力中的经济实力、科技实力、国防装备、文化、教育等，都离不开经济增长这一物质基础，一旦经济基础与经济发展的基本面出了问题，就会影响综合国力整体目标的实现。然而，随着 2019 年开始的中美贸易争端和 2020 年新冠肺炎疫情的影响，中国的出口势必会受到很大冲击，中国用净出口需求支撑经济高速增长的模式难以为继，加之中国的产能过剩情况还比较严峻，诸多问题制约着国家整体实力的提升。

一、 国有经济体制机制尚待完善

受历史传统的惯性和观念、制度的困囿，中国的市场经济体制较为特殊，表现在以下方面：（1）国有经济仍然控制着国民经济命脉，国有企业在石油、电信、铁道、金融等重要行业仍处于相对优势地位；（2）各级政府有支配土地、资金等重要经济资源流向的权力；（3）现代市场经济不可或缺的法治环境尚待完善，各级政府对企业微观经济活动的干预没有完全绝迹。

国有经济部门是之前“抓大放小”改革遗留的产物，主要分为大型央企和地方国企。就中央企业而言，国家除保持对七大战略性行业①绝对控制外，还对基础性和支柱性产业领域②有较强的控制力，如此多国有企业保持垄断地位，弊端是显而易见的。

首先，“国强民弱”局面仍未得到很好的改善。央企、地方性国企凭借制度庇护，享有种种特权。在重要领域、关键行业，仍是国有企业，尤其是大型央企在主导，比如能源、通信、电力等。部分民营企业在传统边缘行业中生存，抵抗系统性风险的能力较低，比如 2020 年初受疫情和中美贸易战影响的中小企业面临生存问题，造成大量企业倒闭与工人失业。

其次，“效率低下”局面改观不大。很多企业低水平复制、产能过剩，很难以创新和改进经济效率来促进企业的转型升级，“居民消费不足”“产能过剩”在一定程度上与此有关。维持这些企业生存的运营成本，使得原本能更好解决基础研究、教育、公共卫生、社保、扶贫、慈善等迫切需求的预算资源被低效占有。

二、 内外经济结构失衡， 居民消费不足

中国在相当长的一段时期内一直存在内需与外需失衡、投资与消费失衡的问题，经济增长主要依靠投资和出口拉动，导致严重的结构性失衡问题。拉动经济增长的“三驾马车”中，出口贡献率下滑，居民私人消费严重不足，造成了诸如产能过剩、最终需求不足、群众生活水平提高过慢、收入差距拉大等一系列经济和社会问题。消费率在经济波动中呈现持续下滑的态势，2016 年以后，产能过剩下的供给侧结构性改革一时难以起到立竿见影的效果，需要较长一段时间才能改变消费率低下、产能过剩的状态；出口方面，由于世界政治经济格局正发生变化，贸易保护主义盛行，中美贸易争端

① 七大战略性行业主要指国防、电网、石化、电信、煤炭、民航和航运。

② 基础性和支柱性产业领域主要包括汽车、机械、信息技术、钢铁、建筑、冶金和化工等。

加剧，中国的进出口经济受到很大影响，这对长期依赖出口来拉动经济增长的中国来说，的确是个重大打击，需要挖掘内需以弥补外需的下降。

经济结构内外失衡的宏观经济后果是：虽然投资、出口促进了 GDP 增长，但国内需求不足，居民消费低迷，企业产能过剩，贸易持续顺差导致央行被动对冲，国内货币供应过量、流动性泛滥，资产泡沫生成和通货膨胀压力增加等问题。

三、 创新活跃，但转化成实际产能的潜力不足

中国经济的高速增长和外汇储备的增加得益于对外贸易的迅速发展，也就是说，强大的国际市场需求释放了中国劳动力资源和物质资源的生产潜能。但是从价值链的角度来看，中国获益并不多。这主要是中国企业在国际分工中地位低下造成的。出口产品的技术含量较低，劳动密集型产品以及粗加工产品占较大比重，而高科技含量和高附加值产品所占比重较低。出口企业大多缺乏创新，缺乏核心竞争力、自主品牌及国际渠道，低价格、耗能耗料是很多中国产品在国际市场上的主要竞争手段。这些缺乏创新的低附加值产品，常常受到贸易保护主义和其他国家同质性产品的双重挤压。创新转化不足的原因有很多，其中主要是因为研发风险大。可喜的是，华为等一些企业一直投入大量研发费用进行研发，为企业的创新研发树立了榜样。在中国出口的高新技术产品中，具有自主知识产权的产品虽然比起过去有了一定的技术产权，但从整个产业领域看，仍然不占绝对比例，很多除自身创新难以转化的硬伤之外，“山寨文化”也没有完全销声匿迹，这是给中国制造带来致命伤的另一因素。由于见效快、回报可观、成本低廉，不少制造商、经销商将大量人力、物力、财力投入“技术仿制”“工艺仿制”“品牌仿制”的生产经营中，这显然给中国产品竞争能力带来了极大困扰，无论是在国内市场还是国际市场，中国产品品牌的公信力不高。公信力即消费力，长此以往，“中国制造”如不转变为“中国创造”，前景必然堪忧。

四、 全球环保行动对国际贸易的挑战

低碳经济模式是中国发展对外贸易面临的主要不确定因素。低碳经济模式作为危机后协调社会经济发展和应对气候变化的基本途径，已得到主要经济体的普遍认同。在低碳经济模式下，各国在国际分工中的比较优势及所处的环节将发生变化。碳排放权将成为除劳动力、资本、技术、自然资源等以外的另一个制约要素，清洁能源、减排技术将是决定竞争优势的一个重要因素。经过多年研发，发达经济体在新能源、节能减排技术等方面有明显的优势，而且新能源产业及其相关技术，也成为危机后发达经济体在世界范围构筑新一轮产业和技术竞争格局、重振本国经济的希望所在。因此，发达经济体不仅通过征收碳税或其他措施，促使国内企业节能减排，而且积极推动减排义务向国际贸易领域扩展，主张对来自减排标准低的经济体的进口产品征收“碳关税”。虽然欧美等经济体仅在本国范围征收碳税，但从长远来看，发达经济体将推行更加严格的减排标准，并将利用其优势，制定“碳关税”等低碳经济规则，来保障其产业、产品的国际竞争力。目前，中国不仅减排技术落后于发达经济体，各行业的碳密度均高于发达经济体，而且碳密度较高的产业在经济中占有较大的比重。这种高能耗、高排放的经济模式在短期内难以发生根本转变，一旦“碳关税”得以实施，将对中国的对外贸易产生巨大冲击，产品出口将面临更多的环境壁垒，出口产品的比较优势将下降甚至发生逆转，贸易增长将面临更大的阻力。

五、 国际经济秩序对中国经济运行的影响

发达国家利用市场强势地位，制定市场交易游戏规则，并强加于国际市场之中，加上西方自由市场的资源配置效率较高，使财富从低效率地区向高效率地区汇集，从而使市场弱势国家的财富和人才向强势国家转移。中国在现有的国际经济秩序中，处于不利地位，参与国际贸易和金融活动时易被美国等西方发达经济体无偿转移财富，它们可以利用主要包括产品标准、专

利、商标、金融工具创新以及种种贸易壁垒等工具使中国财富流失。例如，美国利用金融全球化之便，通过国际货币发行权，大量发行美元，举债进口，依靠国际货币贬值平衡国际收支，从而将发展中国家的财富转移到货币发行国。再者，美国依靠先发优势，发展高新技术产品，而将大量低端产品转移到中国。一方面，尽量压低价格进口发展中国家产品；另一方面，将价格高昂的所谓高新技术产品出口到中国，开展不平等的国际贸易。市场价格偏离导致财富向价格强势国家转移，中国大量资源产品类财富转移到发达国家，长此以往将削弱中国综合国力。

六、 发达国家“再工业化”，中国制造业面临困局

当前，全球经济增长放缓。发达国家为提振本国经济提出“再工业化”战略，欲重夺国际制造业竞争主导权。与此同时，在中国，与制造业关系密切的劳动力、土地、能源等成本快速上升且环境保护标准日趋严格，中国对发达国家的制造业成本优势不复存在，而一些发展中国家和地区因有着比中国更低的成本优势，成为接纳国际制造业转移的新阵地。这样发达国家和发展中国家对中国制造业形成“前堵后追”之势，将深刻影响中国经济的未来。

发达国家都认为，制造业大规模向发展中国家特别是中国这样的劳动力资源丰富的国家转移，导致其国内抵御经济危机的能力弱化。从地缘政治和保护本国经济的角度出发，中国制造业过去几十年的蓬勃发展带动经济高速增长，在某种程度上触及了当前经济强国的利益。为遏制中国和复苏本国经济，美国、欧洲和日本决定重振制造业，创造更多就业机会，增加国内税收，夺回失去的机会。为此，美、日、欧等各国政府纷纷采取政策措施，明确以“再工业化”作为国家复兴战略的重要内容。美国政府先后出台《美国制造业振兴法案》《重振美国制造业框架》《“先进制造业伙伴”计划》《先进制造业国家战略计划》等一系列法案，对将海外产能迁回本土的公司予以税收优惠，降低开设工厂的成本引导制造业回流。日本政府也推出了刺

激经济发展的一系列政策，如通过结构改革、鼓励民间投资和出口，振兴日本国内制造业。欧洲提出2020年前将制造业产值占欧盟GDP的比重提升到20%。西方国家政府的政策激励，加上中国成本优势的丢失，导致西方国家跨国公司生产基地开始把低端制造业转移到低成本国家，同时又把高端制造业“重返本土”。国际产业出现的“逆转移”将对“中国制造”造成冲击和不利影响。

过去一段时间，我国的制造业产能以低端、高能耗为主，在技术含量、产品附加值等方面不具有优势。一旦美国制造业回流引发高端制造业出现“逆转移”，很可能加剧我国产业结构的失衡和出口产品竞争的压力加大。再者，随着“再工业化”战略的有序推进，美国等发达国家的资本和技术流出将逐渐逆转，可能由海外直接投资净输出国转变为净输入国，这不仅会导致发达国家的资本回流，而且其种种优势和巨大的市场还会吸引全球资本，使得中国吸引全球制造业资本趋缓。

第三节　社会发展方面的制约

综合国力固然靠经济、科技的支撑，但经济增长、科技进步又需要社会良性发展这一平台的支持，没有和谐稳定的社会环境，经济增长就将面临下滑的风险。我国在社会转型中面临着诸多的不合理因素，制约了综合国力的提升。

一、人才和财富外流

国家之间的竞争与市场之间的竞争，使一国财富积累发生转移，即从甲国转移到乙国，从而削弱前者的经济实力与综合国力。近些年，中国就出现了这种不利于中国综合国力提升的人才、财富双流失现象。

首先，中国高端人才流失严重。据教育部公布的数据，1978年到2019年1月，我国出国留学的人数达到585.71万人，其中432.32万人已完成学业，365.14 万人选择回国发展。据调查，有 79.4% 的博士生打算留在美国继续发展，造成我国很多高端人才流失。这些由中国付出巨大基础教育成本和养育成本培养出的人才，在科、教、研领域，特别是能够创造高附加值的知识经济领域为移居国工作，对发展急需科研人才的中国无疑是一种损失。

其次，中国相当数量的富豪已移民或准备移民。有调查数据显示：中国在投资资产超过千万元的富人中，近 60% 接受调查的富人都已完成投资移民或有投资移民考虑；而这一趋势在个人可投资资产在 1 亿元以上的群体中表现尤其明显，约 27% 的人已经完成了投资移民，正在考虑投资移民的高达 47%。[①] 移民主体是社会精英和新富阶层，移民的主要途径是投资，移民去向是美国、加拿大、澳大利亚、新加坡等国家。

中国财富、人才双流失导致中国综合国力遭到削弱。究其原因，大体有以下几个：第一，利用移民政策，转移财富。如近年来，加拿大的投资移民政策使中国的许多企业家和富裕家庭，花费大量资金到加拿大投资办企业，加拿大为此吸纳了中国的许多金融资产和人力资本，中国国家财富则因此缩水。第二，利用人才政策导向，转移国家间财富。典型例子是美国，美国因其社会自由度高及经济技术先进等优势，通过绿卡政策，吸引了大批中国付出巨大成本、长时间培养的高素质人才，中国人才流失，而美国则聚集了大量财富和高端人才。

二、 体制机制不完善导致权力腐败，侵蚀社会公平正义

中国实行的是马克思主义与中国实践相结合的中国特色社会主义制度。在此制度下，政府代表国家管理经济和社会，而部分政府官员利用制度的漏洞，在国有土地、矿产、国有企业等国有资产的资本化过程中，通过设租寻租，制造国有资产资本化的漏损，实现权力的变现。权力不受监督和制约就

① 凤凰网财经资讯．内地亿万富翁热衷投资移民半数资产集中在香港［EB/OL］. http://news.ifeng.com/mainland/detail_2011_04/21/5884501_0.shtml.

易导致腐败，正如英国历史学家阿克顿所言："权力导致腐败，绝对的权力导致绝对的腐败。"权力腐败败坏了党风、政风和社会风气，侵扰了社会正常生态，损坏了国力转换机制的良性运行。

三、贫富差距增大，阶层有固化趋势

改革开放40多年来，中国经济实现了快速发展。但与此同时，中国的社会阶层结构发生了深刻的变化，整个社会呈现出阶层结构向多元化方向发展、社会成员间的收入差距不断扩大的趋势，特别是近年来出现两极分化的危险趋势。

2019年6月5日，招商银行和全球领先的管理咨询机构贝恩公司联合发布《2019中国私人财富报告》。报告以科学的分析方法和大样本调研为基础，专门针对中国大陆高端私人财富市场进行持续研究。报告指出，2018年中国个人可投资资产在1000万元人民币以上的高净值人群规模达到197万人，全国个人持有的可投资资产总体规模2019年底突破200万亿元大关。在新经济、新动能的推动下，以企业中高级管理层与专业人士为代表的新富群体涌现，他们已成为高净值人群的中坚力量。此外，电力、石油、电信、金融、烟草等行业职工人数不到全国职工人数的8%，工资与福利收入的总额却相当于全国职工工资总额的55%，[①] 至今这一状况未有大的改观。

加之某些制度，如供给制度、需求制度、产权制度、收入分配制度和价格制度等存在设计与运行缺陷，使财富向某些阶层转移，加剧了贫富两极分化，包括城乡贫富分化和居民贫富分化。

四、老龄化加速，未来人力资源形势复杂

中国社会存在严重的人口老龄化问题，既有庞大的人口基数，又面临着老龄、少子的家庭问题。人口问题实质是人口再生产与物质资料再生产的失

① 周瑞金．皇甫平：中国改革何处去［M］．杭州：浙江人民出版社，2016.

调，人口增长超过经济增长而出现人口过剩。中国社会生活和发展所遇到的种种问题，无一不直接或间接与巨大的人口压力相关，包括就业困难、住房紧张、粮食、燃料等生活必需品需进口、消费与积累比例失调、生态环境严重破坏、全民族的科学文化水平降低等。

中国 14 亿人口对政治、经济和社会发展是个很大的负担，让基数如此庞大的人口能够人人丰衣足食，需要适龄的青壮年劳动人口提供生产生活所需的劳动力要素。但中国的现实情况是人口的政府调节与市场调节导致人口低生育率：政府调节——实行多年的计划生育政策使得人口数量逐年下滑；市场调节——市场经济深化和城市化进程的加快，使得农村劳动力和人口逐步向城市转移，低成本高生育率的农村自然经济基本解体，城乡家庭趋向小型化，生育成本加大，而且妇女生活状况改善，地位提升，自我价值实现的欲望强烈，其生育观念更新，市场调节下的生育率自动下降。人口数量的下滑，青壮年劳动人口相对于总人口的比例降低，“人口红利”逐步消失，人口老龄化渐渐显现。人口的低生育率、低死亡率、低增长率的“三低”特征促使人口老龄化的速度加快。

按照联合国标准，60 岁以上老年人口在总人口中的比例达到 10%，或者 65 岁及以上老年人口占总人口的比例达到 7%，一个国家或地区就成为老龄化社会。①

据全国老龄工作委员会办公室发布的《中国人口老龄化发展趋势预测研究报告》，2030 年到 2049 年，伴随着 20 世纪 60 年代到 70 年代生育高峰出生的人群进入老年，中国老年人口数量开始加速增长，估计 2049 年左右老年人总量将超过 4 亿，老年化水平推进到 30% 以上。其中，80 岁及以上老年人口将达到 9448 万，占老年人口的 21.78%。②

① 中国网络电视台．我国人口政策将有方向性转折　计划生育仍为国策［EB/OL］．http：//news.cntv.cn/18da/20121113/105016.shtml.

② 全国老龄工作委员会办公室．中国人口老龄化发展趋势预测研究报告［R］．中国网，2006-02-24.

老龄化问题的加深会对中国经济社会带来很严重的问题，老年人的养老、医疗等赡养负担日益加重。从长期看，这将改变支撑过去40年我国经济快速增长形成的高储蓄率和高投资率，也会导致中国投资和经济增长速度的下滑，以及财政负担、社会负担的上升。

2016年开始，国家针对老龄化问题进行人口结构政策调整，开始全面实施“二孩”政策，但这一政策并没有带来人口的显著改变，即使人口数量有了一定的增长，人口结构还需时日才能得到改观。

五、 失业与“劳动力荒” 问题并存

一边是人口老龄化，一边又是劳动力供给与就业需求的脱节。在中国，劳动密集型的低端制造业和劳动服务业仍占主体，就业市场需要大量有一定技术操作经验的蓝领工人和劳动服务人员。蓝领工人和劳动服务人员因计划生育政策本来就少，加上生活成本升高、户籍与社会保障制度不够完善、城乡二元结构以及就业者个人的原因等导致劳动力越发短缺。未来20年这种结构性失业和“劳动力荒”的矛盾可能会一直存在，将在一定程度上制约社会稳定和经济健康增长，并有可能引发潜在的社会风险。

六、 国内外非传统安全问题频发，制约我国未来综合国力发展

世界上任何一个正在崛起的经济体要持续健康发展，常常都要付出巨大的代价。作为崛起中大国，中国正遭遇各种非传统安全问题的困扰。传统安全是国际关系的主题，一般是指与国家间军事行为有关的冲突。相对于传统安全而言，非传统安全的内涵更广泛和复杂，涉及政治、经济、军事、文化、科技、信息、生态环境等领域。非传统安全问题主要涉及恐怖主义、武器扩散、生态环境安全、经济危机、资源短缺、疾病蔓延、食品安全、信息安全、科技安全、经济安全、非法移民、走私贩毒、有组织犯罪、海盗、洗钱等方面。当前，我国正处于一个特殊历史时期，面临“大国崛起的烦恼”，面临实现经济体制转型和第一个百年奋斗目标的历史任务。随着安全利益的

拓展，国家安全涉及方方面面，既有传统上的，更有非传统上的，而此刻国内面临诸多的非传统安全问题，主要有：

一是公共健康问题。在全球化国际环境下，新型流行疾病的传播和蔓延更快，如 SARS、禽流感和艾滋病等。2020 年蔓延全球的新冠肺炎疫情，极大地影响了中国经济社会的正常运行，给人民的生命安全和身体健康带来了严重威胁。国际贸易急剧下滑，给我国造成巨大的经济损失，对国家安全构成严重的威胁和危害，国家不得不投入巨额的人力、财力进行控制和防范，分散国家本可以用于国力聚集的有限资源。

二是金融安全问题。中国经济增长极易受到变幻莫测的世界市场影响，这是国内无法控制的。鉴于我国目前正处于深化金融改革的关键性阶段，以及金融业发展本身有其特殊的风险性和不稳定性，全球性及周边金融危机的发生将给我国带来巨大风险。

三是环境安全问题。我国环境问题非常严重，先发展后治理的传统经济发展模式使生态环境遭受了巨大的冲击和破坏。水土流失、土地荒漠化、空气污染和酸雨、水稀缺和污染、生物多样性减少等正使我们面临严峻考验。

四是自然灾害问题。自然灾害更是始终与人类发展历史相伴。对于一个正走向富强的中国，国内的自然灾害与来自外部的安全威胁一样具有破坏性，在一定程度上将损害正在增长的综合国力。

五是信息和网络安全问题。信息网络无国界使得信息化进程中存在着巨大的网络安全风险。互联网正在改变世界，西亚、北非的国家动荡，越来越显示出信息和网络的推动作用。过去一个阶级推翻另一个阶级，一个政权改变另一个政权，需要大量地积聚力量，而今网络号召与反政府游行就能迫使政府垮台、政权更迭、制度改变。正是由于网络的巨大力量，美国等西方国家把影响和改变中国的途径移师网络，我们要做好应对该领域挑战的准备。网络安全问题现已成为我国信息活动和国家安全保障必须面对的经常性问题，不仅给一国的信息化进程带来现实挑战，而且也给国家与国家之间带来新的矛盾和冲突。

六是文化安全威胁问题。“西强东弱”的文化生态难以在短时间内改变，未来一段时期，我们将受到压力或者说威胁。历史早就证明，对一个民族的改变根本在于文化，失去了自己的文化就意味着失去自我。目前中国的政治文化一枝独秀，民族文化发展相对迟滞，被好莱坞大片深刻影响的中国青年一代，其价值观念和思维方式被西方影响，这方面我们处在被动地位。

七是民族分裂主义问题。当前，中国本土安全形势依然严峻。新疆和西藏地区的民族分裂主义势力、宗教极端势力、暴力恐怖势力及境外敌对势力，对我国民族地区安定团结的政治局面和国家安全构成严重危害。为此，中央政府为打击反恐怖主义、分裂主义和极端主义，需要付出大量的人力、物力、财力。

八是意识形态斗争带来的安全威胁。过去是以苏联为首的东方共产主义阵营和以美国为首的西方资本主义阵营两种话语体系、两种价值坐标，甚至两种思维方式的对立。当时中国处于社会主义东方阵营，应对西方意识形态挑战并不困难。随着苏联的解体，冷战结束，西方主导着话语权，世界进入单一话语体系和评价尺度时代。这些年来，中国处于与西方设定的话语体系和价值体系的博弈中，时刻面临挑战。

九是海外企业遭遇恐怖袭击问题。为响应“走出去”战略，国内很多企业，特别是央企近十多年纷纷走出国门投资进驻国外。然而，由于当地政治因素、安全局势、传统习俗势力和治安情况糟糕，中国驻外企业在海外投资极易受到恐怖主义的袭击，遭受财产损失和人员伤亡。

第四节　国际政治经济和中国周边安全环境的制约

中国综合国力的发展除遇到前述种种制约外，还受国际政治和周边安全环境的制约。

从国际政治与外交的角度看，如今的国际社会日益碎片化，不仅有民族国家间力量转移的博弈，也有工商业组织、宗教组织、部落甚至还有犯罪网络等各类非国家行为体的力量在作祟。如在今天的非洲和南亚地区，政府常常无力提供包括安全在内的基本公共服务，犯罪网络“接管”国家，动乱和难民潮不断出现，给国际社会的安定和平环境带来隐患。在国家之间和非国家的权力斗争中，中国作为最大的发展中国家，在崛起过程中必然不断遇到新的问题。正如米尔斯海默认为的，由于国际体系的无政府状态，国际体系中的大国为了得到安全而展开的竞争，迫使它们采取进攻性战略，因为构成国际体系的大国互相惧怕对方并竞争权力，结果造成和平无法实现。① 这种观点也说明了中国目前所遇到的周边安全环境不容乐观的态势。围绕领土、海权、军事、周边关系、人权、人民币汇率、贸易、市场经济与否、意识形态领域的争议，中国与世界大国及周边国家不断产生摩擦，凸显了中国外交面临的严峻挑战，也说明了外部世界对中国崛起的疑虑、担忧乃至敌意。

再从国际经济贸易角度看，越来越多的发达国家表现出明显的保守主义倾向，全球化的阶段性回落在一定程度上基本形成定局，全球协调治理似乎变得越发困难。对中国而言，一个比较理想的格局是国际经济秩序得以维系，其中不公平不合理的部分在中国等新兴市场国家与发达国家的博弈中得以较大程度纠正，让全球化红利惠及中国等广大发展中国家，并在 G20 的平台上加强全球智力协调，让更多的国家和地区加入全球发展网络，分享发展成果，让全球化的势头得以延续，让全球需求特别是中国的国际商品和金融投资市场需求得以尽快复苏，而中国能够在公平合理、平稳可持续的全球化进程中进一步优化经济增长方式，通过全球范围内配置投资和产能来扩大全球市场份额，并提升其在全球产业价值链上的位置。然而，这些理想的境况离现实还是很远，中国经济发展仍会遇到国际政治经济环境的制约。

---

① 米尔斯海默在《大国政治的悲剧》一书中提出了这种观点，并称其为“进攻性现实主义”理论。

一、西方主流价值“一家独大”，不利于中国发声

当今的国际格局是在“雅尔塔体系”后由西方国家特别是美国主导的“单极”国际政治经济格局。随着苏联的解体，二战后建立起来的国际体系如今面目全非，今天的俄罗斯与昔日的苏联不可同日而语，国际社会中不再有一个国家可以在综合实力上全面与美国抗衡。美国引领的西方国家主流价值的影响超过社会主义意识形态的影响。西方国家特别是美英成为国际社会主流，西方文明成为人类文明的主旋律。在国际主流社会看来，它们的民主政治模式是人类社会普世价值在政治领域里的具体体现。由于中国的意识形态、政治制度与国际主流体系存在差异，国外一些政客不断以此为借口，大肆攻击中国的民主和人权问题，甚至轮番会见意图分裂中国版图的政治势力领导人，如负罪外逃的“达赖集团”，给他们以所谓的道义支持。自20世纪末以来，中国多次针对现有的国际规则不合理而发声，要求国际社会的文化和政治模式多元化，包容和尊重包括中国价值观、意识形态和制度在内的各国不同文化与社会制度；要求国际事务的广泛参与，反对国际上只有一种声音；要求自主选择和决定自己的发展方式。在国际国内的许多重要场合，中国领导人和官方发言人都呼吁建立更加公正的国际秩序。习近平主席在多个场合的演讲中都体现了这一点，如2014年3月27日他在法国巴黎联合国教科文组织总部演讲中提出，文明是多彩的、平等的和包容的，应该推动不同文明相互尊重、和谐共处。① 中国为自己利益的呼吁具有正义性，但当今世界，美国一国独大，主导着国际社会秩序，西方国家的声音占据着国际社会主导权，中国常常被排挤于市场经济和所谓主流价值体系之外。

二、大国增强亚太军力，中国周边安全形势堪忧

进入21世纪，随着北约不断东扩，俄罗斯经济与综合国力的衰减，欧

① 资料来源于2014年3月27日习近平主席在联合国教科文组织总部的演讲。

洲失去了昔日强敌的威胁，防务迫切性大为降低，而亚太的中国在 2010 年成为全球第二大经济体，军事实力今非昔比，另一大国日本实力却相对衰落，这些形成有利于中国和平崛起的战略环境。

在这种格局下，美国不能容忍中国的崛起，提出“亚太再平衡”战略，开始把注意力由欧洲转向东亚，将战略重心转到亚太地区，减少欧洲驻军，并逐步从伊拉克和阿富汗撤军，把 60% 的海空力量部署到西太平洋，并在东北亚部署反导系统，聚集多国搞联合军事演习，唯独避开中国，针对中国的意图相当明显。美国既维系同日本、韩国、菲律宾、新加坡、澳大利亚等国的关系，又极力拉拢印度、越南和缅甸等新盟友，并全面解除上述国家的武器禁运，租用越南、菲律宾海军基地，围堵中国之势日趋明显。美国从现实主义的冷战思维出发，企图遏制中国的崛起，可以用美国政治学家约翰·米尔斯海默的话表达美国的意图：“实行遏制政策，就像我们当年遏制苏联那样，以防止中国在事实上主导亚洲。”① 美国实施的“亚太再平衡”战略，除美国自身力量外，中国周边国家也在实施遏制中国的行动，甚至包括远在亚太的北约。这是美国运用巧实力，通过外交手段的运作，拉拢中国周边国家加入美国“以亚遏华”的战略中。美国这一战略构想的目标是确保对大西洋、印度洋和太平洋的控制，力图形成一个环欧亚大陆的战略围堵圈，阻滞中国的挑战，以建立美国所主导的世界新秩序。

相比之下，中国的实际情况是，“缺少与其他主要大国进行同等军事竞争的资源，更难建立周边地区主导权或成为全球超级大国”②，短期内，不存在以中国为主导结成反美联盟的可能性。正是由于美国的这一战略转变，中国的周边安全形势不容乐观，与邻国的争议领土，不是处于对方的实际控制，就是远离中国海岸线。在国际环境不利的同时，国内也存在忧患，两岸

① 约翰·米尔斯海默．大国政治的悲剧［M］．芝加哥：芝加哥大学出版社，2001.

② Nathan and Ross, *The Great Wall and Empty Fortress*, p. 156.

关系依旧处在僵持阶段，“台独”势力在抬头。除此以外，美日、美韩以中国、朝鲜为假想敌，不断进行各种形式的军事演习，中国周边军事与外交压力也不小。

三、 军力快速发展于国门内，但没有完全“走出去”

近年来，中国军力的发展确实取得了很大进步，军费投入的重心开始向海军、空军和火箭军方面倾斜，研制了一些提振国人信心的尖端武器和装备。但这似乎并未改变军力的部署原貌，即军力发展还是主要依存于国门内，整体的军种结构依然是“大陆军”战略思想。虽然新的军改对陆军体制做了重大调整，以“五大战区”替代了多年来的“七大军区”，突出了解放军的能动作战，而不是军区制的分片看守，改变了传统的作战理念，军队质量有了很大提升，但还没有达到“走出去”的程度；海军方面依旧是以近海防御为主，在陆、海、空武器制造和研制方面及战略思想上存在代际差，与全球领先水平还有相当大的距离。

四、 两岸尚未统一，各种分裂势力时而发难

国家主权是国家最重要的属性，而国家领土始终是国家主权和国家生存及发展的依托，国家主权绝对不容挑战、破坏和分裂，国家领土绝对不容分裂。

当前，中国不仅在地缘政治和国家安全方面受外国潜在敌手的包围，还受到国内各种分裂主义和恐怖主义等不安全因素的困扰。

两岸尚未统一，综合国力内耗，成本巨大。2049 年中国综合国力目标的实现需要依靠全国人民、全中华民族的共同努力，聚集起我们的硬实力和软实力。台湾是中国不可分割的一部分。没有两岸的统一，中华民族的伟大复兴就无从谈起。然而，由于历史和现实的原因，两岸关系存在很多问题需要解决。

“德国的强盛，取决于德国的统一”，革命领袖马克思和恩格斯如是预

言。诚如马克思所言，国家统一，国力才能昌盛。历史上的德国经历不止一次的分裂和再统一，二战前统一的德国国力强盛。1990 年，德国统一，综合国力、经济实力迅速增长，综合国力也大幅提升。中国地大物博，资源丰富，工业制造能力世界第一，经济总量和市场容量远远超过德国，综合国力没有强大起来的其中一个原因是国家尚未完全统一。一个国家不统一，整个综合国力强度得不到整体大于部分之和的效益，自然就大打折扣。国家统一对中华民族伟大复兴至关重要，对整个中国综合国力的强大至关重要，对整个中华民族和全国人民的福祉至关重要。然而，中国的统一有多方面的挑战。

首先是来自美国的挑战。从国家博弈与竞争上讲，美国绝不希望中国完全统一。对于美国来说，中国的统一意味着力量的此消彼长，更有可能挑战美国的霸主地位和全球战略利益。从军事上讲，台湾岛的战略地理位置十分重要。两岸分裂，不仅中国军力不能形成合力对付其他海洋强国，而且台湾地区作为可被美国利用的航母和导弹预警系统部署地，对大陆的安全形成了比以前更大的威胁。美国无论哪届政府上台都把台湾问题作为对付中国的撒手锏，每年向台湾地区出售武器和推进军事联系。美国不会接受台湾地区回到中国的怀抱的事实，这是美国对付中国的战略底牌。

其次是来自日本的挑战。中国和日本是相邻的两个大国，彼此竞争永远是常态。二战后，日本依托美国的力量在亚太和中国进行战略对抗。中国国力近年来增强后，日本积极参与美国“重返亚太”战略部署对中国进行围堵。日本对中国台湾历来包藏祸心，历史上日本一直企图吞并中国的台湾，曾经侵略和占据台湾地区达 50 年之久。现如今，对于台湾地区事务，日本也常常给中国的两岸统一设置障碍，千方百计阻碍中国统一。

最后是来自“台独”势力的挑战。“台独”势力是台湾岛内自发生长的政治势力，力量不可小觑。以民进党为代表的政客善于蛊惑岛内民众，以民意来要挟，依靠其自身的力量当然是螳臂当车，但其倚重外来势力，与外来势力沆瀣一气，成为中国统一的大敌、顽疾。

目前，“疆独”“藏独”“港独”“台独”的分裂主义是中国领土完整与主权的几大现实威胁，这几大势力又与国际反华势力联合，破坏力不断增大。美国等西方国家支持这些政治势力，表面上是关注中国人权，实际上是借机消耗中国实力。

五、 贸易保护主义抬头，中国对外贸易形势复杂严峻

贸易和投资增长是世界经济的稳定器和发展的基石。然而，随着世界经济增长显著放缓，全球范围内的贸易保护主义又开始抬头。作为全球第一大经济体的美国，自特朗普执政以来，“美国优先”原则不断催生各种贸易保护措施，给其他国家经济造成损害。2019—2020 年，因中美贸易争端升级，美国政府不断向中国企业施压，并开始驱逐中国在美国的上市企业，对中国内地的华为等企业和高校进行制裁。历史经验证明，在经济全球化和产业供应链国际化的背景下，如果全球化出现倒退，实施贸易和投资保护只会带来“双输”，必将使本就复苏乏力的全球经济雪上加霜。

中国经济增长尤其是对外贸易和投资，受到贸易保护主义的侵害。全球贸易保护主义思维下的国际贸易壁垒，尤其是隐蔽性很强的贸易限制和投资限制措施比较多。国际范围内的全球贸易预警监测显示，这些限制措施主要来自二十国集团（G20）成员方。G20 其他成员也是中国的主要贸易伙伴，在这种形势下，以现实主义为政策出发点的美国新政府，对外挥动了贸易保护主义的大棒。美国采取的贸易保护措施，除常见的“双反”调查外，还频繁动用隐蔽性更强的手段打压外国产品，特别是中国产品。欧洲经济复苏微弱，且由于英国“脱欧”，欧洲政治经济格局面临重组，给欧元区经济复苏带来较大的不确定性，加剧欧元区动荡。这可能会拖累经济和贸易增长，不利于欧洲乃至世界经济增长。

第五节 软实力制约中国国际影响力

当前，中国经济、军事等硬实力可以说位列全球前三，但为什么综合国力、国际影响力乃至全球号召力得不到“世界大国”应有的地位？“因为，‘世界大国’从来不是一个计算理性的产物，它不仅仅与经济指标、军事实力和科技水平相联系，它还是一个道义、精神和威望的载体”，① 这个“道义、精神和威望”其实就是软实力的内涵。从本书前几章的测算模型和理论分析中不难看出，中国综合国力和经济等硬实力的不对等，主要是因中国软实力的“短板”效应所致。由于软实力对总体实力的“乘数”倍增功能，当它变大时，带来的是总体实力的成倍增长。反之，则削弱和耗损硬实力的原有能量，综合起来的总体实力就会和硬实力不相对应，或使硬实力作用发挥受限。

近年来，我们在经济、文化、外交等软实力方面做了很多努力。自 2006 年起，中国的领导人和社论评论员开始使用“软实力”这一术语。从此以后，中国学者开始从国家政策角度分析中国不断增加的软实力，而且国家的软实力政策已经宣传了中国的文化、语言、发展模式以及遍布世界的维和部队。但对于中国经济、军事的世界大国身份地位而言，意识形态、价值观和参与全球治理等软实力建设依然没有达到理想状态，没有得到与经济增长、科技发展一样的重视，软实力的能量较为脆弱。

首先，在国家层面缺少顶层设计，还没有形成一个包括文化、意识形态、制度、经济、外交、军事等软实力建设的总体规划和发展战略，也缺乏软实力发展的创新思想和体制，人们不敢触及价值观和意识形态的禁区。

其次，中国的意识形态、价值观和制度得不到国外的认同。这几年中国

---

① 郭树勇．中国软实力战略［M］．北京：时事出版社，2012.

经济总量有所上升，外国除对中国巨大的消费市场垂涎三尺外，其他基本上还是戴着有色眼镜看待中国的共产党和政府。现在，世界很多国家制定对华政策，会以是否得到经济或其他利益为衡量标准，而不是出于对中国政治价值观的认同，更谈不上支持和追随。

再次，中华民族的文化主体性不清晰。由于体制、价值观的独特性，世界对中国文化的认同感低。发展中国家都认为，那些促进发现、发明和创造的主要力量不仅存在于英语、德语和法语的语言中，还存在于这些语言的思维方式中，发达国家的语言成为世界性的学习语种，汉语就成了全球人学习外语时排在西方国家语言之后的次选。缺乏思想制度的文化价值吸引力，加之汉语本身难学，外国人难以自由融入中国社会并被中国社会接纳。在此情况下，中国难以向世界推广中国优秀的传统文化和现代文化。而且在文化传播上，纸质媒介、电影电视、网络、动画、游戏、广播、海外企业文化传播等手段没有充分运用起来，使中国的软实力很难上升到一个感召世界的高度。

最后，历史长期形成的文化习惯束缚人们的想象力和创造力。个人要有所作为，需要一些品质；民族要生存和发展，同样需要精神的力量，而文化所能给一个民族提供的，正是精神上的驱动力和向心力。文化弱小，或者一国的文化对本国国民丧失了吸引力，乃至不能凝聚民心，这个民族就容易被文化强大者征服。

第九章

推动经济高质量发展，全面提升硬实力

大道至简，实干为要。面对2049年中国综合国力目标实现的制约因素，我们需要正确应对，既不能妄自菲薄，也不能盲目自大。发展是解决问题的唯一途径，只有以经济发展为抓手，提升经济实力，才能构筑科技实力和军事实力的强大基础。从综合国力的三个组成部分——硬实力、软实力和巧实力来看，硬实力是第一位的。一个国家如果没有强大的硬实力，其国际地位和影响力就会受到很大制约，软实力的传播就会遭遇阻力和困难，巧实力也就没有了施展的舞台和空间。

第一节　寻求经济高质量发展的路径

综合国力的全面增强离不开经济发展的基础性作用。虽然中国现在是全球第二大经济体，制造业第一大国，但国内外形势纷繁复杂，瞬息万变，中国的经济发展也面临很多挑战。过去30多年里，国家执行的战略是：经济体制上，打造公有行业巨头，以大型央企占据国民经济的重要领域，范围涉及银行业和技术领域等方方面面；政策制定上，通过短期刺激政策长期化等措施推高增长速度，导致债务杠杆率持续上升、产能过剩难以出清、房地产库存继续增加等，极易产生金融风险。如不改变目前的这种发展模式，今后几十年，经济增长就有可能面临动力不足等问题。因此，需要大力推动下一步的经济改革，寻求经济高质量发展。党的十九大报告中指出，我国经济已由高速增长阶段转向高质量发展阶段。这是根据国际国内环境变化，特别是我国发展条件和发展阶段变化做出的重大判断。改革是经济实现高质量发展的必由之路，改革的价值追求是建立中国特色社会主义经济制度，以期最大限度地释放社会创造潜力。正如道格拉斯·诺斯（Douglass C. North）所说，“有效率的经济组织是经济增长的关键；一个有效率的经济组织在西欧的发展正是西方兴起的原因所在”。[①]这里所讲的“有效率的经济组织”就是市场经济。市场经济的主要特征在于决策的自主性和交易的自愿性。亚当·斯密在《国富论》一书中指出：“一个国家的经济只有在自然和自由的制度下才能得到最好的发展，而政府的控制、干预和垄断，则会对经济造成破坏。”[②] 为此，经济体制改革就要使市场在资源配置中起决定性作用，更好发挥政府作用，推动新型工业化、信息化、城镇化、农业现代化同步发展。

一、 遵循市场逻辑，重新定义政府角色

一个国家经济发展的根本目标就是增强国家的经济实力，保障国民生活质量的提高和国家综合实力的提升。在经济实力增强过程中，有两种发展模式：一个是靠政府的计划主导，即政府用有计划、按比例的模式配置资源；另一个就是必须靠市场的自发调节，加上适当的政府宏观调控，即靠市场的基础性作用和政府的调控作用的双重效应。健全、完善的市场机制是基础性的内生力量。和政府主导的传统计划手段相比，分散决策的市场能充分发挥价格机制的优势，价格机制所决定的资金和物资的投资成本和收益，会使投资者自觉地进行成本和收益比较，约束盲目投资，从而使经济保持平稳增长。

从交易区域范围来看，当市场交易从小区域向大区域扩张、从国内向国际扩张时，它将推进越来越多的财富创造和积累。市场交易双方唯有发挥自身比较优势，实现比较优势产品和服务的规模化生产，才能达到效益最大化，于是交易双方会竞相提高生产效率，从而提高产品质量和服务水平，也增加了国民财富总量，提高了对外竞争能力。

---

① D. 诺斯，R. 托马斯．西方世界的兴起［M］．厉以平，蔡磊，译．北京：华夏出版社，1999.

② 亚当·斯密．国民财富的性质和原因的研究［M］．郭大力，王亚南，译．北京：商务印书馆，1974.

从对制度演变的促进上看，市场有促进制度创新和提高劳动生产率的功能，从而进一步促进产品和服务的创造与积累。市场促进制度创新，主要体现为在交易过程中推动制度不断创新，从而使制度与市场相互适应。如我国加入 WTO 后，许多贸易制度发生了改变，贸易规则逐渐与国际接轨。市场提高劳动生产率，主要体现为市场交易使劳动分工更加科学，进而提高劳动生产率。市场的力量渗透到金融业，在银行借贷决策和利率方面能强化金融机构的财务硬约束及风险控制能力，发挥资本最大的使用效益，促进资源配置的优化。

市场是必须的，因为现代市场经济不能等同于政府仅仅作为守夜人的早期商品经济。然而，市场失灵和频繁出现的市场风险又离不开政府的调控作用。那么如何界定政府的角色？如何防止政府越位或缺位？关于这些很多专家学者其实已经做了研究论述。

随着 20 世纪 80 年代以博弈论、理性预期和公共选择理论为基础的“新政治经济学”的兴起，人们认识到，尽管合作出现的结果可能要优于个人最优行为自动选择的结果，但是合作行为不能自发地实现，它需要某种力量的促成和推动，政府恰好可以在推动合作中发挥重要作用。至于决定政府在混合经济制度中应发挥多大的作用，并非易事。意识形态和其他偏好，以及由此产生的政策目标、惯例、社会经济结构、社会中的私营企业家的数量，还有政府本身的治理能力，都可以成为影响政府在混合经济中发挥作用的因素。

不管各种学术学派的论证结果如何，都应归结到政府公共服务的角色。政府的职责是向社会提供市场运行所需的良好环境，解决“看不见的手”难以触及的公共产品提供和负外部性的消除问题，对市场微观的问题发挥宏观调控的影响和法治的匡正，抑制市场的负面作用对社会的损害。正因为如此，我们应当尊重市场在资源配置中起决定性作用的角色，减少行政审批、转变政府职能，促进市场的发展，纠正过去行政职能的“越位”“错位”“缺位”现象。

二、 加快结构调整，促进经济发展模式转型

经济结构是否科学合理，直接关系到经济发展是否健康高效，经济社会发展是否全面协调可持续。一个经济体在一段时间内可能达到经济结构相对合理，但随着外部条件和内部各子要素的变化，各种相互比例关系会产生不协调，进而影响经济平稳运行，导致经济难以持续健康发展。

改革开放后，中国经济的高速增长是在利用比较优势和后发优势，又加上第三次工业革命后发达国家劳动力成本上升，跨国公司在全球重新配置资源的历史机遇中获得的。当时在物质生活资源短缺、劳动力资源丰富的背景下，中国经济获得了稀缺的资本和较先进的技术，迅速融入世界分工体系，并逐步成为全球制造中心，经济在外需和投资不断扩大的刺激下每年以两位数的速度增长，这个时期经济结构的不合理还未暴露。但随着国际金融危机爆发的外部因素和国内劳动力土地资源成本上升等内部因素的双重影响，经济结构不合理问题逐步凸显，经济增长过多依赖国内投资增长和对外出口的增幅，消费率偏低，伴随货币超量发行导致的通胀问题，使得经济发展的后劲和动力不足，这是中国经济结构和发展方式中的一个短板。中国经济增长本质上是投资带动型的，而投资的结果必然是扩大生产能力，当国内市场需求相对不足时，要么出现生产能力过剩或闲置，要么到国际市场寻找出路，结果是出口和贸易顺差扩大。所以，必须从投资和出口拉动转向以国内消费拉动。

一是调整劳资关系，改变劳动力一方处于劣势的不良局面，从而增加消费总量。众所周知，劳动关系是生产关系的重要组成部分，是最基本的社会关系之一。过去中国农村存在大量剩余劳动力，大量劳动力充分投入到劳动竞争中，短期静态效率可能有所提高，但由于出口贸易中的大量来料加工，没有核心技术的中国制造业对劳动力的技能要求不高，劳动者劳动技能低，报酬也低。对此，必须建立公平的发展理念，制定保护处于社会底层弱势群体劳动者的相关法律，允许工人有组织工会和集体同资方谈判合同的权利。

二是理顺分配秩序，发挥财政税收的调节作用，缩小居民收入差距，这样既有利于社会公平，又能促进投资和消费结构的调整。提高消费率、降低投资率和出口率，有赖于劳动力市场结构和宏观收入分配格局、微观收入分配结构的有效调整。

三是加大知识产权保护力度，推进企业产品生产的科技创新力度，国家和企业都要加大研发的投入比例，以科技创新手段降低产品的能耗。不论是基于国际环境的收紧，企业去发达市场并购高技术公司或是购买高科技含量产品都面临较大阻力，还是基于中国自身经济增长已经到了必须进行转型升级的关键阶段，都需要相关部门出台政策加大对知识产权持有者尤其是科技含金量较高的专利的保护。

四是调整产业结构，继续加大服务业在经济增长中的贡献比重。未来30年中国经济需完成向服务经济和知识经济的两次转型，全面建成制造业强国、服务经济强国和知识经济强国。为此，产业结构调整需要在宏观经济、中观经济和微观经济三个层面同时展开，并协同推进。

三、深化国有企业改革，推动混合所有制经济发展

作为一个正从“中等收入国家”迈向“高收入国家”的国家，中国的追求是实现与发达经济体相当的人均收入。要想在21世纪中期实现这一目标需要执行新的经济社会发展战略。实现这种战略的手段之一就是深化国有经济改革，振兴和增加民间投资信心和投资机会，发展民营经济，推动混合所有制经济发展。从《财富》杂志公布的2019年世界500强企业榜单来看，有129家中国企业上榜，其中有48家中央企业，[①] 这些企业是主要分布在能源、金融、电信等领域的大型央企。这说明，国有经济在国民经济中还占有很大的比重。国有经济比重过大不符合经济发展的效率要求，如果不及时调

① 国务院国有资产监督委员会，http：//www.sasac.gov.cn/n2588025/n2588119/c11796407/content.html，2019－07－23.

整改革，将使经济发展越来越远离我们提出的对 2049 年增长目标的要求。

为此，可以分两步走振兴整体经济活力：第一步，重新定义由国家掌握垄断权的战略性行业，将它们仅限于公益性领域，比如国家安全、基础研究、自然垄断、公益卫生、保障住房等。公益性国企的产品为公共产品或准公共产品，主要为国家和地方政府履行公共责任，其收益必须由国家掌握，从而为全体人民的根本利益和国家宏观调控的物质基础服务，不能也不应由私人和外国财团掌握。这在世界各国包括发达的资本主义国家也都是如此。对于这部分企业要完善法人治理结构，推动公司制股份制改革，增强现代企业的活力。不具备公益性质的竞争性国企要推向市场，取消国家财政的补贴和贴息政策，减少国家绝对控股的企业数量和企业中国有股份的比例，继续利用好境内外股票市场、产权市场和债券市场盘活存量、用好增量，更多地引进国内外战略投资者参与国企改制重组，在包括能源等被认为具有战略重要性的领域引入私人竞争，优化国有控股比例。另外，还要注重国有资产管理体制和国有企业利润分配体制的完善，平抑社会分配不公和贫富差距拉大。第二步，省市地方财政创办的国企要通过市场化兼并重组改制，消除政策性垄断、引入竞争，逐步减持国家股份，最终使之走向民营化或混合所有制。

四、 继续推进以城镇化为动力的“新四化”， 促进内需的扩大

城市是我国经济增长所需要的生产要素和现代化要素最密集的地区。党的十八大报告提出，坚持走中国特色新型工业化、信息化、城镇化、农业现代化道路，推动信息化和工业化深度融合、工业化和城镇化良性互动、城镇化和农业现代化相互协调，促进工业化、信息化、城镇化、农业现代化同步发展。新型工业化、信息化、城镇化、农业现代化就是我们所说的“新四化”。

40 多年的改革开放使得中国城镇化进程加快，城镇化率的提高对中国经

济社会发展起到了强大的推动作用。截至 2018 年，城市人口达到 8.3 亿左右，比重约为60%。据中国社会科学院城市发展与环境研究所发布的《城市蓝皮书：中国城市发展报告 No.8》，预计 2030 年中国城镇化率将达到 70%左右，到2049 年将与发达国家的城镇化率基本相当。在城镇化率不断攀升的过程中，中国的经济社会将迎来巨大的发展机遇。据研究估计，城镇化率每提高 1 个百分点，对经济增长的直接和间接贡献为 3 个百分点左右，同时还能有效创造就业。

另外，拉动经济增长的消费还是以居民消费为主，居民消费贡献中，城镇居民是农村居民的 3.5 倍，让农村居民转变为城镇居民，推动第三产业的发展，改变农业、农村投资和资产的回报率较低的状况，增加这部分居民收入，必然引起消费趋势的扩大和消费总水平的提高。

目前，中国要扭转经济下行趋势，除了调整产业结构、改善供给质量、加快技术进步走创新创业的新路，还需要进一步扩大内需，而扩大内需需要城镇化作引擎，其实质是通过加快城镇化来扩大消费与投资需求。而内需问题与结构调整和制度改革相关，内需问题表面上看是收入和购买力问题，实际上它与社会中的利益格局、社会结构和种种制度安排密切联系。因此，城镇化和相关制度改革的推进将成为中国下一轮经济增长的主要动力。鉴于此，今后 30 年，城镇化过程中需政府推进制度改革与创新。如加强收入再分配和社会保障建设，减少贫富差距，增加居民收入，提高中产阶层占比；逐渐取消人口转移障碍，有效促进城乡间各种资源的流动。这些措施将给中国带来巨大的经济利益，带动中国经济增长、社会发展、社会转型和综合国力的提升。当然，城镇化过程中要避免底层政治风险、粮食风险和社会风险。

五、 延缓人口老龄化发展趋势， 提升人口活力

中国当前正处在人口红利消失以及人口老龄化加速的关键转型期。而这将对未来中国的经济增长、资本市场等有着潜移默化且深刻的影响，未来潜

在经济增长率将在过去十几年的年均 GDP 增长率基础上降低 1 ~3 个百分点。

面对人口老龄化不断加深和劳动力短缺可能引发的经济增长和社会发展问题，政府应从两方面着力优化人口结构：一方面，将“力工时代”（用体力的低端劳动）推进到“技工时代”（用技术、知识的中端劳动），再到“智工时代”（用智能、智慧的高端劳动），而后到“创工时代”（以创新、创造为特质的顶级劳动），最后到“分工时代”（以分工的形式把耗能、易污染环境、技术含量低、产品附加值低的低端制造业通过世界产业链条分化出去，只留关键技术的核心产业、科研主创），即设法提高现有人口的活力，引导企业和社会增加人力资本投入，优先开发和利用丰富的人力资源，加快职业技术、工作智能的培训。政府将公共资源优先安排到提高人口素质、改善生活质量、促进社会公平公正等领域，不断扩大公共教育、医疗的投入规模，为经济社会协调发展提供持久的人力资本动力和源泉；加快打破制度障碍，推进户籍制度改革，促进人口自由流动，提高医疗、养老和社会保障制度的覆盖率，这样不仅能利用高技术、高体能、高保障的高质量劳动力弥补人口红利消失的缺口，还能促进产业升级，推进产品更新换代，激发科技创新活力，实现从“中国制造”到“中国创造”的飞跃。另一方面，灵活调整长期以来的生育政策。政府在控制人口总量的基础上，伴随城市化进程的推进、社会养育政策的完善和相关法制的健全，应逐步放开生育的限制，直到完全由家庭和个人负责是否生育。国家可选择一些经济发达、社会事业和基础设施发展成型、人均受教育水平较高、法治较为完善的大城市，评估生育决策权交予家庭和个人的可行性，并逐步向全国推开。在严格的法治环境下，由家庭个人根据自己的抚养能力、婚姻状况和健康水平自由决定是否生育多个孩子，以适量增加人口，调整人口年龄结构。这样既能缓解将来劳动人口短缺的压力，又能优化人口素质的结构，同时还能减少政府、社会对贫困人口扶持的负担。可以在经济社会发达的城市，推行灵活生育政策。这些地区的人口基数较小、素质较高、更为理性，不会形成人口生育数量失控地暴涨，而且也可能更利于提高新生人口的质量。这对于国家人口结构的整体优化和人口数量的微调都有好处。

六、从贸易大国向金融强国转型，加快人民币国际化

改革开放以来，中国抓住机遇，利用自己的资源禀赋，成为“世界工厂”。通过商品与服务的进出口、资本的流动等，中国成为世界最大的商品出口国和贸易规模最大国。对中国而言，随着国内经济的高速发展和国际竞争力的不断增强，用一个贸易大国衡量其是否真正成为综合国力强国的标准，显然是不足的，这一标准应是金融强国。尽管中国已经成为贸易大国，但是在世界市场中，作为供给方的中国，无论是在稀土、煤炭等初级产品市场，还是在制成品市场，都几乎没有市场话语权；同样，在国际市场中，作为需求方的中国，在石油、铁矿石等关键商品的贸易中也无定价权。产生这种反常现象的原因就在于美国的金融霸权地位，归结到一点就是国际货币金融体系中的美元本位地位，全球贸易的绝大部分都以美元标价和结算，各国货币定价也是以美元为标杆。中国出口产生的经常账户余额都成为不断增加的美元外汇储备。而美国可以依据其国家利益的需要，通过量化宽松的货币政策，轻易将中国经济发展获得的财富收入囊中。这种长期形成的不合理的国际经济金融秩序对中国国家利益造成侵害，中国只有努力成为金融强国才能改变被动局面。而要成为金融强国，必然涉及对外与以美国为首的大国进行博弈，为此，要加快改革，增强本国货币的国际竞争能力。

国内改革分两步走：一方面，推动出口导向战略向TFP导向战略转变。一般来说，强大的制造业和发达的金融业是一国成为金融强国的重要保障。中国不能放弃已经发展良好的制造业，消化产能需要挖掘国内市场巨大的潜力，扩大内需、增加居民消费，并通过逐步提升人民币币值增加进口来弥补国内资源不足、抑制通胀、减少高额的外汇储备，以降低经济对出口的过度依赖。通过增加进口，特别是高新技术的进口，获得技术收益，增加技术进步对TFP的贡献。通过进口给本地的厂商带来竞争压力，促进优胜劣汰，有

效提升国内的产业结构，逐步将中国塑造成制造业的技术领先者和定价的主导者。总之，金融强国要建立在依靠高科技制造业和强大的实体经济发展上。

另一方面，改革和完善国内金融体系，大力发展资本市场。目前，中国的国内金融体系还不够健全，缺乏金融创新环境和机制。改革的总体方向是由银行主导型的传统金融向资本市场主导型的现代金融转变，减少资本流转环节，提高资本的使用效率。涉及技术操作上的方方面面，包括：利率市场化，金融业的自由准入，建立存款保险机制；与时俱进地推动金融创新，巩固和扩大银行私有化和经营自主权，减少国家控股银行的数量或银行国家股份退出；促进直接融资为主的金融模式的构建，丰富多层次资本市场，增强资本市场活力，降低企业融资成本。政府应建立健全的监管制度，始终坚持审慎的金融监管原则，从源头上夯实风险监管的基础。只有先治理好中国国内金融业，中国才能具备将来走向金融强国的先决条件。

对外国际影响力的扩张主要还是靠推进人民币的国际化和提高在国际金融体系中的话语权。一国综合国力是否强大主要取决于其经济实力，经济实力很大程度上与其货币能否成为世界重要货币有着密切的联系。英国处于日不落帝国的辉煌时代时，英镑无疑是世界上最重要的货币，与黄金具有同等重要的地位。二战后的美国，是当之无愧的世界头号经济强国，美元也就顺理成章地成为全世界最重要的货币之一，各国争相以美元作为储备货币。因此，一国货币的国际化是一国国力强大的前提，也是保障。当前，中国雄厚的经济实力及良好的经济增长势头为人民币国际化奠定了坚实的经济基础。中国政府应乘势适时加快推进人民币国际化进程。人民币国际化可以从稳定人民币汇率基础上用于区域性的国际结算开始。区域性国际贸易采用人民币结算有利于中国和周边国家减少汇率风险，增强国际交易者对人民币的信心，稳定和提高人民币在境外的信誉，提升人民币的国际地位。

七、以实施“中国制造2025”为契机，加快创新型国家建设

借助改革开放的东风，“中国制造”享誉全球，中国产品遍布世界各地，大多数产品都彰显了“中国制造”的传奇，为中国成为第二大经济体立下了汗马功劳。然而，中国制造的产品主要是中低端产品和原始设备，不具备工业发展所需的科技创新优势，消耗大量资源，导致环境污染的负外部性严重，也在一定程度上削弱了中国产品的竞争优势。中欧国际工商学院教授叶恩华、布鲁斯·麦科恩两位教授在《中国的下一个战略优势：从模仿到创新》一书中明确指出，工业发展的竞争优势应是技术或创新，而不是低廉的劳动成本。过去，中国制造业没有创新，主要在复制，因此“大而不强”。当时中国战略优势是低廉的劳动力成本和巨大的国内市场。这两个因素促使中国迅速发展，但现在只有这两项已经不够，创新成为中国政府的工作重心。创新会使中国制造业更强，但中国制造业不会“一夜之间”变强，可能需要10到20年的时间。

创新是人类社会走上现代化的推进器，是一个国家进步和发展最重要的因素之一。发展离不开创新，创新是引领发展的第一动力，是建设现代化经济体系的战略支撑。当今世界经济技术发展的实际情况也表明：在世界经济竞技的舞台上，只有科技创新能力强盛的国家才能在世界经济的交流与发展中发挥主导作用，引领世界发展的潮流。对于一个经济体而言，科技创新对其经济增长永远具有意义，而工业是经济增长与发展的主要因素。没有工业制造业的发达就谈不上经济的发达，科学技术也没有了起源和存在的平台。科技与工业的融合成为经济加速发展的主战场，一旦科技发明集中爆发就会引起工业领域内的革命性变革。人类已经进入第四次工业革命，即以智能化为核心，以人工智能、量子通信、物联网、虚拟现实等前沿技术为代表的新工业革命，基础是计算机、遗传工程、新材料和新能源。世界经济论坛创始人兼执行主席克劳斯·施瓦布在其著作《第四次工业革命》中，把无人交通

工具（自动驾驶汽车和无人机）、人工智能、高级机器人、新材料、物联网、基因重组技术工程与细胞融合技术工程列为核心推动技术。在新一轮科技和产业革命尚未形成势头之际，人工智能、大数据、云计算被寄予厚望，成为创新的主战场，借助大数据的自我学习提升人类自身能力的边界，强化互联网安全问题，抑或借助物联网技术打通用户大数据、制造业流程大数据、物流供应链大数据，从而推动智能制造产业革命，有关“互联网＋”的探索正在与越来越多的细分业态发生化学反应。

创新意味着引领时代，在以第四次工业革命到来为特征的全球创新浪潮的驱动下，中国只有走创新型经济发展的道路，不断提升工业制造的创新能力，勇于推进工业革命的发展，加快创新型国家建设，才能对世界经济产生巨大的影响，同时促进国内经济社会可持续健康发展。技术创新给我们带来的改变是不可想象的，我们要拥抱创新，拥抱第四次工业革命。

党的十八大提出，实施创新驱动发展战略，科技创新是提高社会生产力和综合国力的战略支撑，必须摆在国家发展全局的核心位置。随着“中国制造 2025”的实施，“中国制造”正在向“中国智造”“中国创造”转变，在世界经济舞台上走出一条从模仿、追随到引领的发展道路，而这背后的秘诀便是创新。“中国制造 2025”提出要提高制造业的生产率，向自己以前未涉足过的领域进军，更加注重高科技产品的研发和国内市场的开拓。在创新战略的指引下，今天，我们在众多科技发展领域也取得了进展。总体创新排名方面——世界知识产权组织和康奈尔大学等机构联合发布的《2017 年全球创新指数报告》，中国国际排名从 2016 年的第 25 位升至第 22 位，成为唯一进入前 25 的中等收入国家，已经成功跻身全球创新领导者行列。

目前，我国仍面临着关键核心技术掌握不足、处于价值链中低端等困境。要改变这一不利局面，唯一的道路就是要完善创新链条，促进产学研协同创新，解决重大共性技术难题，加快创新成果向现实生产力转化，积极推进创新型国家建设；同时，继续深化产权制度和科技体制改革，加强知识产权保护，完善人才激励政策，优化创新环境，发挥企业的创新主体作用，让创新等一切社会活力竞相迸发。在未来30多年的综合国力提升的道路上，我们必须继续在创新中寻找出路，只有坚持创新驱动，敢于创新、勇于变革，才能突破经济增长和发展的瓶颈，成为新工业革命的引领者。为此，我们可以从以下几方面着手推动创新。

第一，系统性构建知识创新系统、技术创新系统、知识传播系统和制度创新系统以及各类支持辅助系统，使其各有侧重、相互交叉、互相支持，构成一个运行有序、统一开放的国家创新型经济发展系统。国家创新型经济发展系统是从系统构建的战略视角来全面提升国家的创新能力，是各种创新要素在文化、体制、制度等宏观创新环境和多元创新主体构成的创新网络融合互动下形成的创新合力，必须避免创新系统“失灵”的困境，从深层次的制度根源入手对创新系统进行改革。首先，应深化各类体制改革，包括科技体制、教育文化体制、财税金融与投资体制、国有企业体制、知识产权制度等方面的改革与完善，理顺激励科技创新的政策，联合多元化的创新主体，寻求共同的社会经济目标，以激励相容的导向建立联动型的创新网络，将创新作为变革和发展的关键动力，促进社会科技资源的有效配置和集成科技创新。其次，应建立以企业为主体、产学研相结合、政府相关部门参与提供服务的综合技术创新体系，并以此为突破口，全面推进具有中国特色的国家创新体系的建设，进一步优化科技结构布局和科技人才的配置，激发全社会的创新活力。最后，政府应在改革和战略转型中优化创新环境，以形成科技创新整体的合理性，为建设创新型国家和发展创新型经济提供良好的制度和机制保障。

第二，推进我国创新主体主导模式的改革。我国科技创新传统上偏向于政府推动。在科技创新体系中，我国传统的科技创新模式往往是通过政府政策和直接投资，或由政府所辖的科研院所和大学推动，是典型的“政府主导模式”，政府制定创新政策，政府作为创新投入主体，创新资源由政府进行分配，创新很大程度上是完成政府任务，政府在科技创新的过程中扮演着“万能”的角色。但随着市场经济改革的逐步深化和民营企业的壮大，政府主导模式的弊端开始凸显出来，比如创新执行者缺乏动力、创新效率低下等。因此，一方面，需要改变政府主导型的创新模式，重新定位政府在创新中的角色，让政府在支持战略性研发和基础性研发、引导企业的技术创新和产业发展方向、建设科技基础设施等方面发挥重要的作用；另一方面，企业应成为国家创新活动的主体，成为整个创新系统的核心，创新能力也是企业竞争力的重要体现。这样，牢固企业在国家创新体系中的主导性地位，这是提升国家创新能力的重要手段。只有以企业为创新主体，才有可能坚持技术创新的市场导向，迅速实现科技成果的产业化和商业化，提高我国企业的市场竞争力。

第三，推进我国创新型经济发展体系的建设。在国家创新体系中，高等院校和科研机构是知识和技术的重要源泉，企业是知识和技术的主要执行者，企业、高校和科研机构三者共同构成了国家创新体系的核心，缺一不可。民间创新的构思也是提升国家创新能力的重要基石，对推进中国的创新文化有深远的影响。对此要进行的创新型经济发展体系建设，首先，要建设世界一流科研院所、一流大学和一流学科，增强原始创新能力和服务经济社会发展能力。明晰科研院所和大学的功能定位，增强科研院所在基础前沿和行业共性关键科学技术研发中的骨干引领作用，强化大学基础学科研究，推动一批学科进入世界前列；引导科研院所和大学紧紧围绕国家重大科研任务，有效整合优势科研资源，组建跨学科、综合交叉的科研团队，形成综合性、高水平的国际化科研创新基地。其次，要推进企业体制改革和产权制度的完善，全力培育世界一流的创新型企业，鼓励行业领头羊构建高水平研发中心，形成完善的科学研究和新技术开发组织体系，聚集高端人才，联合行业内外中小企业、科研院所和大学系统布局创新链条，提供产业技术创新整体解决方案。

第四，构建专业化、市场化的技术转移服务体系，加快我国科研成果的市场转化。在创新型经济建设中，高度重视技术转化服务体系的催化作用，发展研发设计、创业孵化、检验检测认证、知识产权等各类科技服务。同时，完善全国各类专业化的技术交易市场和市场化的知识产权交易平台，畅通技术和知识产权转移通道。

由此可以看出，更为有效地推动我国创新型国家建设，提升我国创新能力的战略目标应该是：在技术的市场开发上，建立一个以企业为主体，以市场为导向，产学研联盟，结合民间资源的创新协同网络；在基础研究和重大科技攻关上，走一条以政府为主导，以科研院所、大学和企业为主干力量，在政府协调、辅助和监管下，多方力量共同推进创新进程的自主创新之路。

第二节 以“一带一路”建设带动中国经济新一轮增长

一个国家的经济运行是在波动中起伏的，这是经济发展的客观规律。中国经济的减速属于经济运行的正常调整，外部国际市场需求变化和内部产业结构调整都要求中国经济培育新的经济增长点。

面对复杂的国内外形势，面对经济进入转型期，新一届中央领导集体立足现实，积极寻求对策。“一带一路”倡议就是这样的产物。2013 年 9 月和 10 月，国家主席习近平在访问中亚和东南亚时，先后提出建设丝绸之路经济带和 21 世纪海上丝绸之路的倡议。

2019 年 4 月 26 日，第二届“一带一路”国际合作高峰论坛开幕式在北京国家会议中心隆重举行，国家主席习近平出席开幕式并发表题为《齐心开创共建“一带一路”美好未来》的主旨演讲，强调共建“一带一路”不仅为世界各国发展提供了新机遇，也为中国开放发展开辟了新天地。面向未来，我们要秉持共商共建共享原则，坚持开放、绿色、廉洁理念，努力实现高标准、惠民生、可持续目标，推动共建“一带一路”沿着高质量发展方向不断前进。习近平主席宣布，中国将采取一系列重大改革开放举措，加强制度性、结构性安排，促进更高水平对外开放。我们将更广领域扩大外资市场准入，更大力度加强知识产权保护国际合作，更大规模增加商品和服务进口，更加有效实施国际宏观经济政策协调，更加重视对外开放政策贯彻落实。[①]“一带一路”建设，是党中央做出的重大战略决策，是实施新一轮扩大开放的重要举措。追溯历史发展渊源，公元前140多年的中国汉代，一支从长安出发的和平使团，开始打通东方通往西方的道路。正是这条通道为国与国之间的经济社会发展带来巨大的机遇，促进了中国古代与西部诸国的经济文化交流，丰富了人们的生活内容。古丝绸之路绵亘万里，延续千年，积淀了以和平合作、开放包容、互学互鉴、互利共赢为核心的丝路精神。这是人类文明的宝贵遗产。[②]

今天的“一带一路”倡议是对古丝绸之路的传承和提升，也是古丝绸之路的重启和创新，顺应了时代要求和各国加快发展的愿望，提供了广阔的包容性发展平台，具有深厚历史渊源和人文基础。“一带一路”贯穿欧亚大陆，东边连接亚太经济圈，西边进入欧洲经济圈，涉及的国家在文化、宗教、种族、政治制度上虽有不同，但能够把快速发展的中国经济同沿线国家的利益结合起来。这是时代发展的需要，也是沿途各国人民的选择。

中国提出“一带一路”倡议，是本着互利共赢的原则同沿线国家开展合作，让沿线国家得益于中国的发展，是中国作为负责任大国积极主动作为，为促进世界经济繁荣与平衡发展而提出的重大倡议。“一带一路”倡议是发展的倡议、合作的倡议、开放的倡议，强调的是共商、共建、共享的平等互利方式，追求的是沿线各国政策沟通、设施联通、贸易畅通、资金融通、民心相通。加快“一带一路”建设，有助于加强不同文明交流互鉴，促进世界和平发展。[③]

---

① 资料来源于习近平主席2019年4月26日在第二届“一带一路”国际合作高峰论坛开幕式上的演讲——《齐心开创共建“一带一路”美好未来》。

② 资源来源于习近平主席2017年5月14日在“一带一路”国际合作高峰论坛开幕式上的演讲——《携手推进“一带一路”建设》。

③ 资源来源于《习近平总书记系列重要讲话读本（2016年版）》。

"一带一路"将构建贯穿欧亚大陆的全方位开放新格局，为中国经济新常态注入新的活力，也为中国提升综合国力创造了条件。

第一，"一带一路"建设将给中国国内过剩产能问题的解决带来新出路。目前中国传统行业的国内市场饱和、产能严重过剩。按照世界公认的标准，当一个产业的产能利用率低于75%时，就属于产能严重过剩。按照这个标准，中国很多产业产能严重过剩，尤其是水泥、粗钢、电解铝、平板玻璃、船舶制造等产业的产能。产能过剩会直接导致相关企业的利润大幅下滑。而随着收入水平提高，劳动密集型加工业等中低端产业逐渐失去了比较优势。产能过剩和产业需要更新升级的两大问题引起了国家层面的高度重视。早在2012年12月的中央经济工作会议上，习近平就指出，要充分利用国际金融危机形成的倒逼机制，把化解产能过剩矛盾作为工作重点。总的原则是尊重规律、分业施策、多管齐下、标本兼治。此后，在2013年4月、7月和9月，习近平多次强调要做好产业结构调整，化解产能过剩。"一带一路"建设带动的基础设施投资，将为水泥、钢铁、电解铝创造很大的市场需求。"一带一路"倡议贯通了中亚、东南亚、西亚乃至欧洲的部分区域，所涵盖的国家大多是新兴经济体和后发的发展中国家，对发展经济和改善民生有着迫切的需求。这些国家的普遍特点是经济普遍处于上升期，在基建方面有着巨大的渴求。"一带一路"倡议的实施，需要首先建设顺畅的交通动脉，铁路、公路、桥梁等基础设施项目将处在优先的位置。随着"一带一路"建设的不断推进，高铁、高速公路、工业园区、城镇化建设等都将对建材产品市场有所拉动，特别是中国西北部基础设施薄弱的地区最具有建材市场空间深挖潜力。在"一带一路"建设中，通过"资金+技术+产品"配套转移走出去，将在很大程度上给中国一些行业严重过剩的产能找到新的出路。

第二，"一带一路"建设将助推中国的产业升级，为"中国制造2025"落地实施带来机遇。产业是经济之本。通过"一带一路"化解产能过剩，实现市场出清，资源重新流转，带动中国制造业的新一轮发展，这就需要我们深入开展产业合作，推动各国产业发展规划相互兼容、相互促进，抓好大项目建设，加强国际产能和装备制造合作，抓住新工业革命的发展新机遇，培育新业态，把“中国制造”向“中国创造”的战略贯彻到与相关国家合作的实施中，坚持创新驱动发展，加强在数字经济、人工智能、纳米技术、量子计算机等前沿领域合作，推动大数据、云计算、智慧城市建设，从而激发经济增长活力。具体行动中要抓住机遇，促进中国装备制造、电子信息、材料、精密仪器等产业由中低端向中高端升级；加速启动互联网的新业态，如互联网金融、电子商务、快递业务等新产业发展，以及绿色环保产业、新能源产业发展；传统加工业则可以转移出去，扩大机器设备、中间部件的外销市场等，一增一转，为中国经济发展增加动力来源。

第三，对外贸易投资方面，“一带一路”倡议构想落地，从国家层面起到开拓市场空间和保驾护航的作用。近年来，中国通道贸易摩擦不断升级，对外贸易形势异常严峻，通过“一带一路”建设，下一步可以构建开放型经济新体制，更多推动进口和出口并举，工业、农业、服务业并举，西方发达国家、转型中国家、发展中国家开放并举。在与沿途国家的经贸关系中，要维护多边贸易体制，推动自由贸易区建设，促进贸易和投资自由化、便利化。同时，我们也要着力解决发展失衡、治理困境、数字鸿沟、分配差距等问题，建设开放、包容、普惠、平衡、共赢的经济全球化。

第四，“一带一路”建设有利于助推中国金融强国战略。金融是现代经济的血液。血脉通，增长才有力。“一带一路”建设的着重点在于对外投资，为中国资本输出打开大门。“一带一路”沿线国家基础设施薄弱，区域内互联互通程度较低。亚洲开发银行估计，2010—2020 年亚洲开发银行发展中成员国家和地区，每年在交通、能源、通信、水和下水道等方面的基础设施投资需求为 7760 亿美元，包括国家内部基础设施投资 7470 亿美元和区域性基础设施投资 290 亿美元。对于资金的融资瓶颈，中国同“一带一路”建设参与国和组织开展了多种形式的金融合作。亚洲基础设施投资银行已经为“一带一路”建设参与国的 9 个项目提供 17 亿美元贷款，丝路基金投资达 40 亿美元，中国同中东欧“16 + 1”金融控股公司正式成立。这些新型金融机制同世界银行等传统多边金融机构各有侧重、互为补充，形成层次清晰、初具规模的“一带一路”金融合作网络。另外，中国政府承诺向丝路基金新增资金1000亿元人民币，鼓励金融机构开展人民币海外基金业务，规模预计约3000亿元人民币。中国国家开发银行、进出口银行，将分别提供2500亿元和1300亿元等值人民币专项贷款，用于支持“一带一路”基础设施建设、产能、金融合作。“一带一路”倡议中的通信、交通和物流通道等基础设施建设将得到中国通信、基建等行业的有力支持，实现贸易和投资便利化，不但有利于中国制造业盘活现有资源，与能源储量丰富国家的深度合作，保障中国的能源供给，同时也将为沿线国家带来提升经济活力的巨大机遇。

第五，“一带一路”建设有利于促进人民币国际化。人民币国际化是人民币在国际范围内行使货币职能，逐步成为世界贸易结算货币、金融交易货币和国际储备货币的过程。从2009年开始，人民币国际化已经取得了显著的进展。“一带一路”倡议促进了双边贸易和区域经济的发展，增加了使用人民币的需求。人民币的使用为区域内各国提供了流动性支持，规避了使用第三方货币的风险，为重大项目提供了资金支持。目前，世界还有很多国家和地区，比如欧亚经济区域、中亚、东亚和东南亚等仍不发达，未来需要数以万亿计的投资。世界经济活动的重心正在从过去的传统区域转向亚洲，这里聚集着中国和印度等新兴市场国家。这是一个极为庞大的市场，它为想要有所作为的人提供了足够空间，但前提是政府必须发展基础设施。“一带一路”倡议和亚投行都很重要，因为它们连接了该地区的国家和人民。巨大的投资需求和“一带一路”倡议本身所具有的前所未有的吸引力将为人民币国际化带来便利。

第六，“一带一路”建设有助于开启全球治理新格局，有利于促进世界和平稳定。“一带一路”建设既是中国的，也是世界的，是一个以文化为基础的事关全球治理的倡议。“一带一路”建设不仅让沿途各国和中国的交流更加密切，更拉近了东西方文明之间的距离。新丝绸之路将把亚欧大陆上的很多地方联系在一起，特别是地中海地区、黑海地区和中东地区。国家间可以相互开放更多的投资项目，共建基础设施，一起实现经济复苏，促进区域共赢。经济一旦获得发展，能够提升所有人的生活质量，能够使得人们相互宽恕，而不是相互敌对，政治稳定也将随之而来。"一带一路"建设不仅覆盖许多亚欧国家，还包括许多非洲国家。这些国家将获得政治稳定。发展、财富、繁荣、联通、基础设施是当下最重要的公共产品。美国没有给任何一个国家提供这样的公共产品，中国却成为全球最大的基础设施提供者。在未来的全球治理中，中国应当也有能力扮演更重要的角色。中国如果可以更深度地参与世界规则的制定，那么凭着中国的经济、财政和金融力量，一定能够在联合国等世界舞台上发挥更大的作用。

总之，当前中国经济处于转型升级的关键时期，国内资源环境约束加剧，劳动力成本和土地资源价格上升，行业利润率降低，企业更应当积极主动地抓住"一带一路"建设机遇，发挥自身技术、资本、管理等优势，加快"走出去"的步伐，加强对外投资，特别是对"一带一路"沿线国家的投资，拓展企业国际化经营的战略布局，从而推动区域经济国际化水平的提升。但必须注意的是，"一带一路"建设在复杂环境中面临空前的挑战。一些沿线国家的相关法律不够健全，一些国家的基础设施建设长期依靠政府财政拨款，政府垄断经营。这些都使"一带一路"沿线基础设施建设的效率降低，风险增大。克服这些障碍需要合作的相关国家增强相互信任，弘扬包容精神，并及时公平处理遇到的各种问题。

第三节　提升科技实力的战略选择

科技实力是一国综合国力的核心组成部分。科学技术尤其是高科技及其产业化正成为社会进步的第一动力，迅速地改变着整个世界的格局，高科技的许多关键领域，如外层空间、深海开发、生物工程、信息工程、新能源、新材料的探究正在改变国与国之间的实力对比。一些国家通过高科技及其带动的产业结构的调整，其综合国力得到较快提升。目前，中国的科技水平特别是高科技能力，与世界最发达的美、俄、日、德、英、法和以色列等国相比还有差距。要缩短和发达国家的科技差距，提高科技实力对综合国力的贡献，还需在很多方面努力。

一、改革教育体制，提高全民素质，培育科技精英

在知识经济时代，一个国家综合国力中最核心的部分就是科技实力，而科技实力需要依托教育，教育是科技实力构成要素中的基础性要素。科技实力的提升是在教育、培养人才的基础上开展和进行的。现代生产越是建立在高度发达的科技基础之上，对教育的依赖程度就越高。一个国家的资源开发和高效利用离不开科学技术，科技实力的提升离不开教育的基础性工作。中国的教育从纵向发展来看，确实有了很大的提高。但如果横向比较，从教育质量上看，中国仍需高度重视教育的发展，继续进行教育改革。具体改革包括：

第一，加大教育投入占 GDP 的比重。尽管我国教育支出占财政、GDP 比重不断加大，但占 GDP 的比例远低于发达国家，也低于世界平均水平。美、英、法、德、日等发达国家 2009 年起其教育投入占 GDP 的比重均超过 4%，其中，美国已达到 6.22%。联合国教科文组织在 20 世纪曾呼吁，世界各国在 2000 年实现教育支出占比达到 6%。截至 2019 年，中国教育投入占 GDP 比例连续 7 年保持在 4% 以上，离 6% 的目标还有一定差距，还没有达到科技对教育基础作用的要求，制约着我国科技实力水平的提高，因此在今后 30 年内，要加大教育经费的投入，逐步达到 6.5%。

第二，适应未来城市化战略的需要，调整教育经费的支出结构，重新规划中小学布局和教育模式。未来，伴随城镇化、工业化和农业现代化的发展，人口大量迁入中小城市。在教育经费支出中，要重点支持县城及以上中

小学的增容扩建，广泛接纳新市民子女入学，合理布局乡村学校，让中小学教育在经济文化较为发达的城市中发展增强，同时可适当减少学制，将小学与中学阶段学年各减少一年，减少学生在校时间，可以每周增加一天的校外活动时间，增加学生接触社会的机会，以全面提高学生素质，包括身体素质在内的综合素质。改革考试体制机制与考试模式，在高中阶段要减少纯粹书本知识，增加个人素质方面考题，以促进学生实际应用能力、创造创新能力的逐步提高。对西部少数民族和内地老少边穷地区交通不发达的中小学，需要加大教育经费支援，扶持因当地财力不足而造成的教育弱化，在维护教育公平的基础上全面提升全民素质。

第三，借鉴科技发达国家经验，改革高等教育模式。高校担负着保存知识、传播知识、创造知识、培养人才的基本任务，其中少数顶尖级名校还要为国家和社会培养精英，通过加快科学研究与创新，引领社会进步。目前，中国的高等教育体制未能很好地适应时代发展的要求，所设计的专业与经济和社会发展需求脱节。国家应大力推进改革调整，把普通高校推向社会，实现优胜劣汰，国家不负责包揽全部教育经费，但可以选择一些重点学科与重点实验室予以支持，资金主要来源于学校自筹和社会捐助，地方财政根据本地经济社会事业的情况择优支持为辅；在教育宗旨上，普通高校要将知识传授和职业技术培养并举，以应用科学为主，不提倡培养高端的学术研究型博士及以上的人才；所培养的毕业生要适应社会需要，大量充实到社会各领域，保证社会对各层次人才的需求。对于“985 高校”，国家要给予特殊的政策、财力支持，赋予其培养高端精英人才的使命；大学内部彻底去行政化，淘汰和减少非教师人员，改革学制和培养模式，专注于顶尖级的国家基础和世界前沿学术研究，适当减少研究生特别是博士生的招生人数，让少而精的博士成为未来科技精英；高校教师要取消终身制，竞争上岗，优中选精，让其为国家和整个人类培养和塑造引领世界的真正科技精英。国外和中国的历史经验也证明，绝大部分顶尖级的科学领军人才都是世界一流高校培养出来的。

二、 建立国家引导、企业为主体的科技创新体制

创新是引领发展的第一动力，也是我们应对风险挑战的坚实支撑。一个国家整体科技实力的增强，要靠建立和完善以提高自主创新能力为核心、促进科技和经济社会发展紧密结合为重点的机制和体制。国家要根据国际前沿和人类科技发展的大趋势，引导整个社会进行科技创新，解决制约科技创新的突出问题，充分发挥科技在转方式、调结构、惠民生、促和谐中的支撑引领作用，建设国家创新体系。在国家创新体系中，建立企业主导产业技术研发创新的体制机制。政府要出台各种经济和社会政策对企业研发创新进行引导、帮扶，并促进技术、人才等创新要素向一批举世瞩目的标志性创新成果聚集，让创新成果惠及更多的人。

当今，几乎所有发达国家都是以企业为科技创新的主体，在企业创新的基础上，产生国家层面上的宏观、大型、基础性科研项目成果。过去一段时间，中国企业整体的科技研发创新不足或水平低下，影响了整个国家的科技实力。因此，今后要真正落实建立以国家为引导、企业为主体的科技创新体制的完善措施，加快国企改革，解决国企的体制、机制、结构、产权归属和历史遗留问题，以更好地解决企业市场导向的科技创新问题，加快科技成果的转化。需要说明的是，近年来我国科研人员发表的论文数量已经逐步追上美国。但是这些论文的平均引用率、科研成果转化率，一直与国外存在差距。目前的科研评价体系使得科学家不愿意耗费大量人力、物力去做成果转化的工作；企业有动力但缺乏技术基础，往往很难有能力、有实力去承担转化工作。因此，对于应用技术研究项目，应加强对成果转化情况的考核评价，设定对应的评价指标；科研院所和高等院校要更多地为企业技术创新提供支持和服务；鼓励科技人员创办科技型企业。企业应根据国内外市场需求和政府的宏观规划，竞相实施对领先技术产品的研发，相互启发，相互竞争，优胜劣汰。这样，推动以市场为导向、以政府为支撑的科研创新体系加快运转，各种类型的先进产品及其技术就会不断涌现，最终提升国家的科技

实力和科学水平。

自胜者强，自强者胜。实践反复告诉我们，关键核心技术是要不来、买不来、讨不来的，创新还是要靠自己。面对日益激烈的国际科技竞争，面对各种风险挑战，最需要的是科学理性的态度、奋发有为的行动。下定决心，坚定不移地走自主创新之路，破解“缺芯少魂”之痛，夯实创新发展之基，把关键核心技术牢牢掌握在自己手中，我们就能始终立于不败之地，牢牢把握经济社会发展的主动权。科技兴则民族兴，科技强则国家强。实现“两个一百年”奋斗目标，实现中华民族伟大复兴的中国梦，必须坚持走中国特色自主创新道路，面向世界科技前沿、面向经济主战场、面向国家重大需求，加快各领域科技创新，掌握全球科技竞争先机。

当今世界，经济全球化的历史大势不可阻挡，新一轮科技革命和产业变革方兴未艾，坚持开放合作、共同发展，顺应时代潮流，也符合科技创新的内在规律。自主创新是开放环境下的创新，要聚四海之气、借八方之力。

三、 加大科研投入，积极引进国外先进科技

综合国力构成要素中，科技最关键。经济增长、军事增强、文化教育都离不开科技支撑。科技力量要壮大，就要有投入。当今世界排名靠前的几个国家，其综合国力之所以处于世界前列，就是由于科技对经济和军事实力的贡献率提高了，带动了经济发展和军事力量升级。美国、日本、德国经济发达主要体现在高技术附加值的贡献率，它们靠消耗少、技术含量高的科技密集型产业、产品推动了经济发展；美俄军事强大是靠精确制导、远距离打击的高科技武器支撑。没有高科技支撑，经济和国防是强大不了的。反过来，发达的经济和强大的国防力量又能推动和引导科技研发的投入，没有雄厚的经费投入和军备竞赛的刺激，科技实力也无法提升。美国在科技方面的投资超过了世界上其他国家，德国、日本的科技实力之所以强，得益于其科研经费的高投入。

改革开放以来，我国科研投入的规模总体上呈逐年上升之势，各级财政每年用于科研投入的力度不断加大。2018 年美国的研发投入占 GDP 比重约为 2.8%，而以色列和韩国的研发费用占 GDP 比重更是高达 4.5%，德国科研投入占 GDP 的比重已升至 3.13%。对此，中国需落实和完善全社会研究开发经费逐步增长的政策措施，进一步增加科研投入的 GDP 占比，在“十三五”规划及以后的发展规划中科研经费占比要逐步向美国看齐。在加大投入的基础上健全科技投入体系，加强统筹部署和协同科技创新，重点放在技术创新、知识创新、国防科技创新等体系，提高创新体系整体效能；注重对基础研究的投入，加大对制药、软件、半导体、航空等薄弱领域的研发。在科研经费的投向上：一要注意增加科研人员保障性和经常性的科研经费投入比例，提高科研人员特别是中青年科学家的生活、工作待遇，保护和扩大他们思想自由独立的空间，让他们更乐意把时间、精力花在科研和提高学术水平上。二要注意国家向企业科研经费过少的投入和渠道的缺乏。一般来说，企业很难参与科研经费分配，特别是那些对生产率贡献较大的民企，政府应认识到科技创新的主体是企业，由企业负责科研成果的市场转化工作，改变大学和科研机构科研资金比重过大的情况，把大量科研经费投入企业研发中。另外，还要正确处理好发明与引进的关系，在加大国内科技研发投入的同时，积极利用我国外汇储备的雄厚实力和部分稀缺资源的垄断地位，向发达国家购买或以稀缺资源交换它们的先进科技和发明专利权，缩短我国研发周期。

第四节　提升军事实力的战略选择

自从有了生命以来，地球上任何生物包括植物要想在大自然中生存和进化，都必须解决两大基本问题：获取外部资源和自身的生命财产安全。对于有着文明基因的人类来说，就是解决经济发展和保护自己生命及所获资源的安全。两大基本问题是各个国家和民族必须面对的永恒课题。这两大基本问题用现代词语表述就是“经济”和“军事”，其他诸如政治、文化、科技、社会等都是在这个基础上衍生出来的高级形式。没有经济实力和军事实力的支撑，发展就成为无源之水，无本之木。鉴于此，国防安全的保障和军事实力的提升也就成为每一个国家必须考虑的头等大事。

当今世界正在进行一场新军事革命，这场革命发轫于20世纪70年代，以信息化科学技术主导的各种武器装备主宰战场，使得战争形态加速向信息化演进。在此大背景下，各主要军事强国为了提升军事实力，纷纷进行军事战略调整和军事武器技术更新。中国也必然要适应世界军事战略调整的要求而进行军事变革和军备优化，目标是提升军事实力，保障国家安全。

一、 军事实力是国家安全的重要保障

国家安全的保障来自军事实力的不断提升。随着全球化的推进，一个国家的崛起及其持续发展，势必会在资源、资本和影响力等方面与其他国家的需求产生矛盾，这种矛盾会促使大国更加重视军事实力的提升。实际上，构成一个国家综合实力最基本的要素，也就是上述“获取外部资源”和“自身的生命财产安全”这两个基本问题的外化，即经济实力和军事实力，两者相得益彰，缺一不可。

中外历史上很多教训无不证明军事实力极其重要。一个国家的强大经济实力必须有现代化的军事实力做保证。从1840年到1945年的百余年里，中国受尽列强的强占与掠夺，一个又一个不平等条约和殖民主义机制沉重地压在中华民族头上，国土沦丧、财富流失、文化被毁、国人受辱。这惨痛的历史教训警醒着每一代中国人，永远牢记建设强盛国家必须有现代化的强大军力做保证。引用约瑟夫·奈在《美国霸权的困惑》一书的观点更能说明强大军力的重要性：“军事安全就像氧气，当氧气充足的时候，人们不会感觉到它的存在，而一旦氧气不足，人们就再也不可能干任何其他事情了。”

随着新的国际安全机制不断发展完善，以及新兴市场国家和发展中国家

整体实力的增强，维护和平、制约战争的因素不断增长。正如国家主席习近平所指出的：和平与发展仍是时代主题，和平、发展、合作、共赢成为不可阻挡的时代潮流。① 然而，国际霸权主义、强权政治、新干涉主义和恐怖主义并未消失，局部动荡频繁爆发，非传统安全危险也不断上升，世界依旧面临多种现实和潜在的安全威胁。中国所处的地缘政治环境和周边安全形势，以及中国大国利益的安全需要，决定了我们仍然需要不断地提高我们的军事实力来维护自身的国家安全，以及与其他爱好和平的国家一道维护世界和平。为此，我们必须贯彻新时期军事战略方针，加快中国特色军事变革，以不变应万变，做好军事斗争准备，提高军队应对多种安全威胁、完成多样化军事任务的能力，坚决维护国家主权、安全、领土完整和本国在国际上的利益，为维护世界和平贡献力量。

二、 进一步加大国防预算，优化军费的支出结构

强大的军力必须有军事资源做保障，军事资源体现为国防预算的投入，有充足的财力保障，才能保证高新军事科技的开发，才能保证拥有先进武器装备军队，才能保证军事教育培训和实弹演习的长期进行。当然，加大国防预算只能在经济能力许可的基础上进行。国外很多专家一致认为，一个国家的军费开支占其 GDP 的比重保持在 2% 到 6% 之间比较合理，而中国军费占 GDP 的比例低于当时 2. 5% 的世界平均水平。

随着经济社会的发展，信息化程度在提高，各种武器的性能在提高，军品的价格也提高了，特别是军官和士兵的生活水平在提高。不管是从现有装备成本和人员成本来看，还是从将来在信息化条件下打赢高技术战争来看，都需要加大军费的投入。和国外主要国家比，中国的军费预算依然偏低，因此，有必要将军费占 GDP 的比例提高到世界平均水平，从而改善军队的武器装备和战备训练，增强我国军事实力。

---

① 中共中央宣传部．习近平总书记系列重要讲话读本［M］．北京：学习出版社，2014.

在增加国防预算的前提下，要调整军力结构，优化配置陆、海、空及火箭军的力量，突出高科技军兵种。在军费支出中，特别要强化海军的预算支出。当前，中国对世界经济和安全格局的影响力在不断增强，国际贸易和地区热点需要有中国的声音。如果说，经济发展需要借助货币的力量，那么安全保障就需要军队的力量，尤其要发展强大的海军。中国要“走出去”，发挥对世界的影响力，维护国家和企业及个人在海外的利益，护卫“一带一路”倡议的推动。而在中国整体军力中，海军力量相对薄弱，因此，今后要加大对海军的军费投入，大力发展以航母为核心的海空一体化综合作战的远洋“蓝水海军”力量。同时，注重加大高技术尖端武器开发利用研制的预算和逐步开拓海外军力投送预算的准备。

当然，增加军费不是以和世界上其他军事强国开展军费竞赛为目的，更不是要走苏联的老路——经济无力的前提下发展军力，对弱小国家进行武装干涉和侵略，在和美国的冷战中最终拖垮自己。我们增加军费，发展军力，完全是考虑国家安全和维护世界和平的双重需要，以军队能打仗、打胜仗为目标。

三、 打造精干有效、快速反应的本土防御体系

增强中国军事实力不仅要投入军事资源，还要适应现代化战争需要，改革军队组织形态，即包括两类指标的上升和优化：一是在经济能力许可的基础上增加军费；二是改革军队领导和指挥体制，优化军兵种结构，提升武装部队质量。军兵种结构优化的主要目的就是能适应现代战争。信息化条件下的现代战争是在高科技的支撑下，一个国家全域力量能快速反应，压倒性地精确打击敌方，尽力减少自身战斗人员的牺牲。

2015 年军改之前，中国实行的是以陆军为主导的传统军区体制，战区分割，分片看守，以处处护防、“维稳”任务为主。战略部署上，以陆军为主干守卫大陆疆土，空军只是配合与支持，甚至海军力量也不能完全独立出沿海军区的力量整合；军令执行上，由原总参谋部传导中央军委的指令，组织

指挥全军的军事行动，并制定军事战略战术，所在军区的陆军投入战区作战，作战区域内的空、海军支援；战术思想上，陆军对陆军的对称式作战，即在空军支援下，由中国陆军完成对强敌的地面决战。这种体制适合过去冷战时代中国寻求自保的需要。

如今在世界和平的大气候下，中国经济总量已是全球第二，国家和企业、个人利益延伸至境外，要求军事实力的伴随到位，提供保护。相对而言，过去，七大军区的设置使得军力分散，难以适应今天全球方位、大域范围、多种维度的陆空、陆海一体化要求。一旦有突发情况，不利于国家最高统帅做出快速反应，迅速调动军队，短时间内投放到位。

2015—2016 年，中央军委对军队进行了一系列改革。改革提出以“军委管总、战区主战、军种主建”的原则，以领导管理体制、联合作战指挥体制改革为重点，协调推进规模结构、政策制度和军民融合深度发展改革。这次军改把全国分成五大战区，整合陆军，建立了陆军领导机构，这种改革相应提升了海空军种和火箭军在全军体系中的重要性。

始于 2015 年末的这次军改，在战略思想和军队部署上无疑是一大改进：改变了以陆战为主的格局，开始全方位强化所有军种的作战能力；改变了过去七大军区以陆军为主、海空军为辅的作战模式，强调统一指挥、各军种联合作战。

根据当代世界格局与形势判断，自苏联解体，冷战结束之后，美国“一超”带领的“多强”国际体系，在金融贸易、安全上主导着世界形势的发展，尽管永远都有不同的声音，但不会改变现行的大格局，加上大规模杀伤性武器和联合国机制的存在，当前世界的主流趋势是和平与发展，大国或大国集团之间的超规模或全球性战争在相当长的时间内不会爆发，中国本土遭受大规模攻击的可能性很小。

随着全球化的深入和国家间贸易、投资的广泛联系，表明国家界定其利益的方式不太可能用战争手段解决，国家间往往通过商业贸易、金融而非武力征服实现利益，军事手段只是配角，在适当的条件下偶尔小规模使用之，全球巨大的国际贸易额和众多跨国集团的相互投资额都能充分说明。因此，中国无须保持庞大的陆军常备军数量，“大陆军思想”应该改变，陆军主导式的军区抑或国内战区体制也应改变。因此，新时代下应当抛弃这种传统的以拼人数的陆战定“乾坤”的战争理念，树立以国土及外围广阔周边全盘一体化、军力精干机动化、快速反应化等为特征的本土防御和外埠攻击兼备的大战略思想，与此相对应，打造高科技、精装备、高素质的蓝海、空天领域的现代化军力攻防体系。

一是调整机构，减少军队行政层级。可以裁减过于庞杂的非直接作战的军事管理层级，强化机动性强的陆军野战集团军、作战师旅等的作战实体建制，由中央军委授权下的陆军司令部负责更加专业性地直接指挥作战单位，减少命令的传导链条。为达到快速反应，迅捷投入作战，国家在国防上的整个武装力量上下可分为三个层级：最高决策层——中央军委及其参谋部等职能部门；执行作战指挥层——各军种司令部；实际投入战斗的军队实体——陆军野战集团军、海军舰队、空军作战师。一旦战事发生，各军种执行中央军委命令，协同作战，不分本土和境外，迅即形成快速投送军力的机制——快速集结，迅速打击，形成既能快速反应进行本土防御，又能向全球各地投射影响力的军事体系。

二是精减陆军员额。和平时期是常态，而且地面部队作战的决定性作用正在减弱，无须保持大量兵员和过多的重型武器。为了优化军事资源使用效能，可以适当减少陆军员额，以机械化、信息化、无人化手段打造能征惯战的不同兵种部队。兵种结构上，大幅减少普通步兵师，减少装甲及机械化师、机动炮兵师等人力、物力、财力等资源耗费过多的重装备部队；增加特种部队，增加战术导弹师、山地师、空降师、陆航师等高机动性、高战斗力、高效能的兵力。即便遭遇大规模战争，步兵师也可由后备役和武警部队入编成军，扩大陆军规模。

三是建立战略保障的专业化部队，把非直接战斗的后勤、医疗、科研、装备等整合形成业务技术专业化的部队，为一线作战部队提供各类资源保障，通过分工提高军事实力和效能。

四是武警部队精简化。众所周知，中国武警数量庞大。国家有必要调整军队和武警对有限资源分配的比例结构，减少武警规模，使武警部队精锐化、专业化、机动化。这样可以把资源和兵源投放到更需要向外扩展的海空军种和火箭军中去，以增强我国快速打击的整体军力。

四、实施海洋强国战略，谋求“海权”强国

历史发展到今天，给了我们许多启示。其中一个启示是，现代大国的崛起、综合国力的强大，要求一个大国在进入全球资源与各国利益的复杂循环和一体化进程之后，一定要拥有强大的海军，一定要有海洋战略和“海权”。没有海军，国家无法保证自身的基本安全和海外利益的保全；没有海洋战略，国家无法强力面对国内外事务和解决国际社会的公共问题；没有海权，国家也谈不上强大。

纵观大国崛起和人类海军发展史，历史上和今天曾经崛起的几个大国中，没有一个大国是完全的内陆国家。在这几个国家中，真正获得巨大海上利益并崛起为世界霸主的强国有荷兰、英国和美国，它们强盛的共同特点都是建设外向型的进攻性军种——海军，大力发展强大海上武装力量，在军事武力上获取“海权”，特别是为了保护本国的贸易和财富，牢牢地掌控了制海权。同时，它们积极谋划海洋战略，推动海上经贸，充分保证本国分布在世界各地的国家利益和侨民的安全。再者，明治维新后的日本，同样以海权起家，依靠发展强大的海军，敢于挑战美、英、俄、中等传统大国，接连挑起中日甲午战争、日俄战争、全面侵华战争、太平洋战争。最终，二战中日本的失败其实也是海军的失败和海权的丧失，导致本土没有海军的外围保护，无力应对同盟国海空军对日本的空袭，更谈不上获取海外战略物资继续顽抗。

21 世纪的海洋竞争会更加激烈。当今，海洋资源的开发利用吸引了世界各国的注意，谁拥有强大的海上力量，谁就在海上资源争夺战中成为利

益先得者。对此，为取得海上竞争优势，许多国家已经快速确定了本国全新的海洋发展战略，以求进入一个新的发展阶段。美国强调海洋的可持续发展，加强对海洋资源的管理，进一步发展海洋技术工业以及海洋热能，并且勘探海底矿物。俄罗斯也确定了自己的海洋发展战略，以增强海军力量，提高综合海洋实力。英国更是一个老牌的海洋大国，海洋事业的发展关乎其命脉，庞大的英联邦体系的维系都倚靠海洋纽带的联系。其他海洋国家如日本、韩国和印度，也在制定自己的海洋发展战略以快速成为海洋强国。

对于中国而言，海洋更是一个日益重要的领域，海洋问题既涉及我们国家的重大经济（尤其是资源）和安全（及战略）利益，也关乎未来中国的外部形象及在本地区的影响。但长久以来，中国作为一个传统的大陆型国家，对海洋利益的关注仅仅局限于近海。即便是当前，中国仍是一个陆地大国，而不是一个海洋强国，这与中国的大国地位并不相称。

幸运的是，随着经济的发展，我国越来越重视海洋安全，加强海军力量建设，强化国家海洋区域立法和执法，全程参加联合国海洋法会议，正式成为《联合国海洋法公约》缔约国。从所处地理位置和政治地缘来看，中国是发展中世界正在崛起的主要海洋大国之一，东南方向面临世界最大的大洋，海岸线长达 18 000 多公里，若将岛屿海岸线包括在内，则达 32 000 多公里。从客观的自然条件和政治地缘方面可以看出，海洋的开发和海权的加强对中国生存和发展至关重要。目前，中国所属的海洋资源正遭受一些周边国家的掠夺。在属于我国 300 万平方公里的海洋权益中，由于历史和现实的复杂原因，很多都存在争议，许多岛屿被他国侵占。

从经济发展所需海洋资源的角度看，中国是世界第一人口大国，又是近几十年来经济增长最快的大国。海洋对于中国至关重要，海洋资源对中国的经济建设、人民生活水平提升和社会各项事业发展至关重要，人口的资源消耗和经济增长对生产要素的需求都要求有充足的资源供给，仅靠陆地来获取资源已远不能满足我们的需求。

中国海域蕴藏着比较丰富的资源，是中国到21世纪中叶建成富强民主文明和谐美丽的社会主义现代化强国的一个重要条件。伴随着1982年《联合国海洋法公约》的签署，大多数国家都把经济发展与近海联系起来，并且利用海洋经济来支撑本国经济的发展。所谓的蓝色圈地运动便是一个最主要的例子。现在，随着世界逐渐由工业文明时代走向信息文明时代，海洋开始成为一个新领域，成为我们生存和可持续发展的空间。

中国“直接的”海洋产业活动包括渔业和海洋交通运输业（港口营运、造船、船舶修理、船舶零部件制造），另外还有海洋矿业、海洋盐业、海洋化工业、海洋电力业、海洋生物医药业、海洋工程建筑业等。自然资源部海洋战略规划与经济司发布的《2019年中国海洋经济统计公报》显示，2019年全国海洋生产总值为89 415亿元。同时，海洋是重要的通信媒介，电话和互联网的通信光缆都途经海床，在海底还埋藏着大量反映中华文化的考古文物。所有这些都需要海上的安全保护，海权的重要性毋庸置疑。

从海洋运输通道对中国能源和粮食进口安全以及国内产品出口安全的角度看，全球海洋运输安全是中国对外经济贸易和交流的生命线。中国日益依赖全球海洋公域输入资源和向市场输出成品，在未来一段时间内，这都是一个不可逆转的趋势。摆在我们面前的现实情况是中国作为工业制造大国，工业的发展需要海内外能源的供给和海外市场的商品销售，同时中国也是粮食和其他经济农作物进口大国。

“十三五”“十四五”时期，中国对能源和粮食的进口依赖度将会越来越大。众所周知，能源、工业产品和粮食大部分需要通过海洋运输，中国不仅要买得起能源、粮食，还要运得回。能源进口安全的关键是运输，而海上运输又是中国能源进口安全的薄弱环节。影响中国进口中东、非洲和南美能源的海上运输安全的因素主要有两方面：一是国际上美、日、印等国围绕海上战略通道的争夺不断加剧。首先是美国，美国采用各种手段加紧对重要海峡进行渗透与战略控制。1986年美国公开宣布战时要控制包括马六甲海峡、霍尔木兹海峡在内的16个重要的海上咽喉航道。为控制海上战略通道，美国保持强大的海上力量和海军存在，通过建立驻外军事基地，实现对重要海域的战略控制，扼守海上战略通道。除此，美国将一些相关国家纳入其安全体系，建立美国主导的海上军事合作和海上安全合作机制，企图借助他国的力量，将军事触角和影响力扩展到世界所有涉及美国利益的重要海域和海峡通道，如霍尔木兹海峡、马六甲海峡等。其次是日本，日本历来对海上通道安全极为重视，视马六甲海峡为本国的生命线。“9·11”事件后，其军事触角延伸到了马六甲海峡，并通过《恐怖对策特别措施法》，向印度洋派遣军舰。再次是印度，印度近年来也在加速发展海上力量，并在马六甲海峡西北入口处建立基地。2000 年，印度《海洋新战略构想》明确提出，印度建立远洋海军，打造印度航母战斗舰船，目的是吓阻其他海洋强国势力进入印度洋。二是除国家间的海上战略通道控制权的争夺外，影响中国海上运输的还有海盗与海上恐怖主义等非传统安全威胁。20 世纪 90 年代以来，发生在阿拉伯海、南海以及西非沿岸海域的海盗活动日益猖獗。有时，海盗还与恐怖主义联手，为了达到某些政治目的，制造恐怖袭击和绑架人质迫使当事国答应他们的要求。而中国 60% 的原油运输必经这片海域，运输安全迫切需要海上力量护卫的保障。

从维护中国海外利益的角度看，中国现在已经成为海外投资大国，中国的商业利益遍及全球，保护中国企业和公民个人的经济和生命财产需要强大的海上力量。仅就中国企业的海外利益而言，从 2000 年起，中国实施“走出去”战略以来，海外投资增长迅速，遍及全球，2019 年中国全行业对外直接投资 1171. 2 亿美元。虽然投资存量和发达国家比总体不高，但中国企业在海外有众多的分支机构，和相关国家政府、企业签订了许多投资项目和工程承包项目。如果遇到所在国家的战争内乱、自然灾害等突发情况，中国不仅需要外交手段提高国际事务的参与度，更需要依靠海军力量果断及时地处置，保护中国国家、企业和个人的资产不受侵犯，疏散和撤离侨民远离危险地区。

从中国未来向全球提供海洋运输安全保护义务的角度看，中国作为有影响力的大国，积极参与国际海上航行安全的合作是中国履行的国际义务之一。随着经济全球化的深入，海上安全对各国的生存和繁荣比以往任何时候都显得更为重要。全球主要商业港口作为世界贸易和能源运输的通道和源头的状况取决于其海上运输线的安全性。海盗、走私甚至潜在的海上恐怖活动常常会阻碍甚至破坏这一重要体系的功能。在这一领域，美国和中国具有更多的共同利益，并且可以从安全保障合作中获取更多的实惠。中国自身向相关海域提供海军护航，既体现出责任担当，也是中国自身的需要。如在联合国授权下，中国海军赴亚丁湾、索马里海域执行护航任务。

从国家统一和周边安全的角度看，近期内中国的主要战略威胁压力来自沿海地区，其中“台湾地区”、“近海海域海洋领土争议”和“日本侵占钓鱼岛”成为主要因素。中国亟待解决这三大海洋战略安全问题：一是目前祖国尚未完全统一，台湾岛内的“台独”势力，包括主要当政者的“隐性台独”的严重倾向和美国维持台海现状的无理要求，显然需要有绝对压倒性优势的海空力量，制止“台独”势力的蔓延和西方国家对中国内政的干涉。二是周边复杂的海域划界纠纷问题，尤其是南海问题。作为一个毗邻三个半闭海的沿海国家，由北至南，从黄海到东海再至南海，中国分别与多个国家毗邻。中国政府面对着多个海上邻国所提出的大量关于边界划定、海域主张和对自然资源的开发利用等单方面主张。在南海，这种单方面主张侵害中国主权的问题更为严重。要保护自己的岛屿，除了需要出色的外交手段外，更需武力彰显海权的必要。三是钓鱼岛权属问题等依然没有解决，需要更久的力量积累。因为我们所面对的不只是日本一个国家，在日本的背后有更为强大的美国乃至北约。

从国际交往和对话角度看，在经济全球化和一体化的当下，国际政治、国际经济以及军事活动、科学研究都与海洋息息相关。如果回首过去5000年海洋的发展和利用，以及过去 500 年合作和竞争的历史，我们就能够发现，海洋的和平与否可以称得上是主要大国间关系的晴雨表。在一定程度上，海洋发展的历史可以被看作大国竞争的历史。历史告诉我们，大国特别是世界海洋大国，在历次世界性重大事务中往往都控制着事态的发展进程，包括各种具体事务的决策。比如，第一次世界大战后国际联盟的建立和第二次世界大战后联合国的建立，一开始都是海军大国在操办筹建和操纵运行。在海洋事务上，拥有强大海军的国家总是比海军军力弱小的国家或者一般的内陆国家有更大的发言权。

从与中国的主要竞争对手的力量对比上看，中国最大的安全担忧与美国密切相关，中国国防白皮书唯一明确提到的国家也只有美国。相比美国，中国的海军力量还比较薄弱。从海军的总吨位看，中国海军已仅次于美俄，居全球第三，但其装备水平同美国的差距却是军事领域中最大的。因此，面对美国这样强大的海上竞争对手，国家在实施海洋战略的同时，在军事上要建设一支多兵种合成的具有核武器和常规武器双重作战手段的现代化海上作战力量，加强适应信息化条件下作战需要的海上机动兵力建设，增强远近海海域的整体作战能力、联合作战能力和海上综合保障能力。

综上所述，我们必须推动海洋发展战略，建立强大的海上力量，争取正当的海权，通过海权来谋求国家的强盛。

五、 未雨绸缪，早日获取“制天权”

20 世纪是人类有史以来战争模式变化最大的一百年，战争形式从传统到现代，从冷热兵器混合到核武器，从平面到立体，从陆、海、空的有形空间立体到陆、海、空、天、电子信息五位一体，从最初的地面平面战争到大气层内的陆海空立体战争乃至外太空的天际战争。天际战争是指在外层空间进行的军事对抗，亦称空间战或太空战，包括外层空间的军事攻防行动，由外层空间攻击空中或地面目标的行动，以及由地面或空中实施的，目的在于破坏航天系统或使之失效的行动。

20 世纪 60 年代中期以后，美苏等超级大国展开航天技术的军备竞赛，开发研究以高技术为基础、充分运用激光和粒子束等现代技术的天战兵器，并把侦察卫星、军用通信卫星、军用导航卫星、军用测地卫星、军用气象卫星等各类军用航天系统作为“力量倍增器”。各类天战兵器和卫星成为军事力量中重要的组成部分。

随着军事行动对航天系统依赖性的增强和反卫星武器的不断发展，军用航天器遭受攻击的可能性越来越大。而任何破坏航天系统或使之失效的行动都会被对方视为一种战争行动。随着科技的发展，越来越多的国家开始掌握卫星航天技术和攻击航天器的技术，未来的一系列太空武器开发技术系统将越来越成熟，如轨道轰炸系统、部分轨道轰炸系统、反卫星武器、反弹道导弹武器、航天飞机—航天站—轨道间飞船载人航天系统等。虽然未来天外战争的样式只是初见端倪，但紧盯未来战争，认真分析研究“天战”的特色，寻求制胜之道已经被列入各主要大国的开发计划。1983 年美国政府就正式提出了“战略防御倡议”计划，重点研究发展包括动能武器与定向能杀伤武器在内的弹道导弹防御技术，准备在条件成熟时部署天基弹道导弹防御系统。未雨绸缪，发展空天一体化高技术，赢得“未来天外战争”成为各国时不我待的紧迫任务。我们必须加快掌握天际的防卫本领，把国防延伸到外太空成为当下和未来的必然选择。

未来的天外战争，说到底就是一场集高素质作战部队、高科技武器、特定作战方法、史无前例的战争气势等特征于一体的军事对抗。虽然天外战争还未发生，但随着时代的发展和人类思想及科技的进步，其将必然走进人类。百年前，杜黑预见了空战中的“制空权”的重要性，强调优先发展空军。过去一段时间和现在的战争形态都证明了他的预言的准确性，因为“空战”以其打击速度快、覆盖范围广、作战空间距离远、深入腹地等特点，已经成为现代化战争中作战双方首选的开战方式，战局如何将直接决定整个战争结果。随着各国航天航空科学技术的一体化发展，“空战”的自然延伸将是“天战”，“制空权”也将必然过渡到“制天权”。未来的“制天权”和“制空权”“制海权”一样，将在军事发展史上具有划时代的意义，这既是一个国家现有综合国力的反映，也是未来综合国力竞争的必需。

为此，我们必须进一步谋划未来战争模式下的取胜之道，要筹备建立太空作战部队，积极开展航天领域高技术的军事化行动，在未来的“制天权”竞赛之中不至于落后。太空作战部队已经不是什么新鲜事了，具备建立这种部队的大国已经开始设置。20 世纪 90 年代，美国克林顿政府决定发展被称为“新星球大战”的“导弹防御系统”，包括建立运送己方太空部队的运载系统和打击敌方航天部队的太空武器系统，研制无须火箭推进的可重复使用“太空飞机”，推进开发航空航天、战略防御、深层反击、太空激光、电子信息及非常规材料等相关高技术。美国太空军事战略的核心目标是威慑，有效的威慑既能够确保潜在对手不敢采取敌对行动，又能够确保战略态势向美国有利的方向发展。

美国开发太空战争手段和能力的用意之一就是对准中国。早在 2001 年，美国前国防部长拉姆斯菲尔德就警告美国要提防“太空珍珠港事件”，把中国列为太空战的主要对手，还下令美军在科罗拉多州的一个军事基地进行以中国为假想敌的秘密太空战军事演习。2016 年 4 月，美国智库“新美国安全中心”发布了一份题为《从圣地到战场：美国太空防御与威慑战略构想》的研究报告，提出了“有限太空战”的构想，即以适当的方式限制太空战的范围与程度，通过制定有利于美国的太空战规则来限制太空领域直接对抗造成的危害。2016 年 6 月，美国智库“大西洋理事会”发布了《面向新国家安全太空战略：战略再平衡的时机已到》的研究报告，提出建立“主动预防”的太空新战略，以及做好预防与备战的两手准备。

对于超级大国咄咄逼人的态势，中国也必须加快推进太空作战部队的组建与完善，加快研究开发自己的军用航天高技术，以应对未来的战争转型升级，把保卫国家安全的手伸向太空，绝不可再被时代淘汰。

第十章

坚定文化自信，着力提高软实力

软实力是一国依靠吸引力来实现发展目标的能力，软实力主要来源于一个国家的文化、价值观和政策（包括对内政策和对外政策两个方面）。一个国家如果只具备硬实力，而缺乏相应的软实力和巧实力的灵活运用，其综合国力就难以达到与硬实力匹配的程度。

自改革开放以来，中国的经济增长率一直位于世界前列，经济实力迅速增强，军事和科技发展水平都有较大提升。硬实力水平在全球名列前茅，但整体的综合国力排名却未能真正进入前六。中国综合国力排名之所以与硬实力排名有较大差距，除了我们的国力转换机制存在问题外，中国的软实力不够强大也是重要原因。因此，增强中国综合国力，还要注重软实力的大力提升。

对正处于现代化建设战略机遇期的中国而言，软实力具有特殊的重要性，它是建立在强大硬实力基础上不可缺失的必要力量。为此，我们还要继续努力在文化、价值观和意识形态、外交、国家形象等几个方面提升软实力。

在提升软实力的指导思想上，要以习近平新时代中国特色社会主义思想为旗帜，具体展开和内涵逻辑就是“八个明确”“十四个坚持”。习近平新时代中国特色社会主义思想，是对十八大以来我们党理论创新成果的最新概括和表述，系统回答新时代坚持和发展什么样的中国特色社会主义、怎样坚持和发展中国特色社会主义等重大问题。这是全党全国各族人民为实现中华民族伟大复兴而奋斗的行动指南。①

① 习近平新时代中国特色社会主义思想何以诞生［EB/OL］. http：//www.xinhuanet.com/politics/2017－10/21/c_1121836343.htm.

在提升软实力的思路上，要注意目标的全面性，战略的长远性，内涵的高度丰富性，方法和手段的多样性等。软实力主要包括：文化、国家形象、主流意识形态和价值观、外交和对国际制度的掌控四大方面。

第一节　提升文化软实力的路径

一个国家到底在什么情况下才能保持强大？美国前国家安全事务助理布热津斯基认为，国家实力通常体现在四个方面：经济实力、科技实力、军事实力和文化实力。文化力量是国家软实力的重要组成部分，而经济、科技、军事力量则构成国家的硬实力。软实力通常建立在硬实力的基础上，但也可以独立发挥作用，而硬实力的发挥要以软实力作为支撑，否则硬实力再强大，都不可能真正起作用。从这可以看出，文化是软实力中最为基础的部分，也是软实力的重要来源。文化软实力包括民族精神、国民素质、民族凝聚力、国民心态、国民士气、民族性格、核心价值观以及文化创造等。文化软实力的提升可以从以下方面着手。

一、 弘扬灿烂的民族文化

民族表现出的强盛衰败差异性源自文化，主要体现在文化特质和人文品质上。回顾人类文明发展史，异彩纷呈的各种文化，在很长时间里走的是独立发展的道路，都有自己独特的关注重点和突破口。古希腊文化重点探究人与自然的关系，中华文化主要探究人与人的关系，古印度文化主要探究人与神的关系。这些各具特色的民族文化都起到了丰富人类文明的作用。民族文化通过凝聚人心、鼓舞士气、振奋精神、激励斗志，从而起到增强一个国家综合国力的作用。中华民族悠久灿烂的历史文化，是凝聚中华儿女的精神纽带，是中华民族屹立于世界民族之林的精神支柱。传承和传播中华民族悠久灿烂的历史文化，无疑能提高我们国家文化软实力。文化软实力的提升，既是中国经济社会发展实力的体现，也是我国文化影响力、感召力和凝聚力的标志。“当文化优越感成功地得到维护和悄悄地被认可之后，它具有减少依赖巨大的军事力量来保持帝国中心的力量的必要性的效果”。[①] 也就是说，民族文化产生的凝聚力和整合力有助于减少维持国家实力的成本。经济全球化除了使各国经济贸易往来依存度加深外，还使文化传播日趋国际化。

中国侨民遍布全球，在世界各地的影响力不容小觑。如何让海外侨胞凝聚起来，形成一股强大的力量，为中华民族的伟大复兴做出贡献？恐怕只有民族文化，才能把他们凝聚起来，这是源于中华民族对中华传统文化的高度认同。海外侨胞与祖国同胞同宗同源，有着共同的文化传统。我们要通过实施文化战略，弘扬、传播中华文化，在世界范围内推动民族文化与多种文化的交流与融合，营造有利于华人华侨生存和发展的良好国际文化环境，让中华优秀传统文化在华人华侨中间传承和发展，增强中华文化在海外的影响力、感召力和凝聚力，从而在海外侨胞心中产生更深的共鸣，激发他们对祖国和祖籍国更深的热爱之情。同时，民族文化与时代同步，必须赋予同时代脉搏相符的文化价值观。党的十九大报告指出，深入挖掘中华优秀传统文化蕴含的思想观念、人文精神、道德规范，结合时代要求继承创新，让中华文化展现出永久魅力和时代风采。

在弘扬民族优秀文化的基础上，要培育和践行社会主义核心价值观。党的十九大报告提出，要以培养担当民族复兴大任的时代新人为着眼点，强化教育引导、实践养成、制度保障，发挥社会主义核心价值观对国民教育、精神文明创建、精神文化产品创作生产传播的引领作用，把社会主义核心价值观融入社会发展各方面，转化为人们的情感认同和行为习惯。这是对改革开放以来思想意识的精辟总结，是我们经济社会外交国防等各项事业取得一个又一个胜利的法宝。

2014 年 5 月，习近平同志在北京大学考察时指出，中华优秀传统文化已

① 兹比格纽．布热津斯基．大棋局：美国的首要地位及其地缘战略［M］．上海：上海人民出版社，1998.

经成为中华民族的基因，植根在中国人内心，潜移默化影响着中国人的思想方式和行为方式。这种思想方式和行为方式对祖国完全统一也会起到认祖同源的凝聚作用，即需要同宗文化的感召力，以文化、思想、意识形态和现代政治制度的对接，融合意识形态和价值体系，最终实现政治和解，完成祖国和平统一。在这集体认同、相互依存的时代，完全想靠军事硬实力手段强行统一，可能无法实现。因此，为了实现中华民族的伟大复兴，我们必须高度重视民族文化这一软实力在实现 2049 年综合国力远大目标中的强大凝聚力和感召力。

二、 培育中华民族的民族精神

民族精神是在长期的历史进程和积淀中形成的民族意识、民族文化、民族习俗、民族性格、民族信仰、民族宗教、民族价值观念和价值追求等共同特质的反映，是指在民族传统文化中维系、协调、指导、推动民族生存和发展的精粹思想，是一个民族生命力、创造力和凝聚力的集中体现，是一个民族赖以生存、共同生活、共同发展的灵魂。中华民族在人类历史长河中也形成了自己独有的民族精神，在五千多年的发展中，中华民族形成了以爱国主义为核心，以团结统一、爱好和平、勤劳勇敢、自强不息为主要特征的伟大民族精神。

今天，所有中华儿女应在长期实践中不断结合时代和社会的发展要求，丰富民族精神。要想更好地提升国家软实力，面对世界范围各种思想文化的激荡，我们必须把弘扬和培育民族精神作为文化建设极为重要的任务，纳入国民教育全过程，纳入精神文明建设全过程，使全体人民始终保持昂扬向上的精神状态。中华民族精神具有凝聚和动员民族力量、展示民族形象的重要功能，在新的时代条件下，弘扬和培育中华民族精神，是不断增强我国国际竞争力的要求，是提升我国国际竞争力的重要保障，是全面建成小康社会、进行社会主义现代化建设、增强我国综合国力的重要保障。最重要的是，要结合时代和社会发展要求，不断增添新的更富有生命力的内容。

三、 大力提高国民素质

国民素质是现代化的基石，一个国家的整体国民素质将决定这个国家的现代化发展水平。国民素质的高低，决定着生产力发展水平和国民经济发展的质量，关系到整个国家和民族能否兴旺发达。我国劳动者的素质及知识分子的数量和质量是经济和社会发展的决定性因素。改革开放40多年来，经济发展水平快速提升，生产力的不断发展支持了人口素质的不断提高，而人口素质的不断提高又促进了生产力的发展。物质等基础性条件的改善使得提高我国的国民素质成为可能，教育特别是高等教育成为提高国民素质的重要基础力量。1977年恢复高考以来，我国高等教育事业飞速发展，为社会培养了大量的人才，人才数量的增加与质量的提升带动了整个社会的发展和人口素质的普遍提高，也促进了我国高新技术产业领域的自主创新意识和能力。很多高新技术产业领域，如电子信息、网络与通信、计算机及软件、数字电子产品、生物技术及新医药、新材料、新能源、航空航天、海洋等都实现了高速发展。这些事实无疑说明，国民素质的提高，促进了经济的发展、社会的进步，起到了“加速器”的作用。但是，衡量一个国家的科技文化水平，不能单看其在世界先进水平上的一些成就，更重要的是要看其全社会整体国民的素质和价值观。

几千年的封建统治，导致中华民族性格曾经软弱和缺乏自信。改革开放后，物质短缺经济渐渐得到改变，但历史长期以来形成的国民素质低下的状况无法在短期内彻底改变。同时，由于过度追求物质富裕，导致一些难以调和的不和谐，其中包括内在与外在的不和谐、人与人之间的不和谐、政府与民众的不和谐，再伟大的政党、再强有力的政府都不能满足人无限的欲望，落差和错位久了便无法达到良性互动，导致不和谐；另一方面也制约着民族担当能力和担当精神的提升。今天作为经济大国的中国，面临获取与担当的问题，如果我们过度看重短期利益，世界就会把中国视作掠夺者，并对中国处处设防；国民在境外的个体行为若有不妥，会使其他国家认为中国的民众素质低下，甚至有些国家的人们开始要求驱逐中国人，理由是打破了其生活的平衡，改变了其生活方式。因此，提高国民素质和科学文化水平是经济社会发展的基础，是积累强大发展后劲的基础工程。当然，提高国民素质是一个伟大的工程，需要全体国民的共同努力。

四、 增强全民族的凝聚力

民族凝聚力是指一个民族内部间的相互吸引力，是推动各民族向前发展的内部力量。民族凝聚力以爱国主义为中心，是在各民族悠久历史文化的基础上产生和发展的，反过来又会对各民族的历史和发展产生巨大的影响。民族凝聚力一般是通过民族共同心理、民族共同意识以及自觉民族精神这类观念形态体现出对民族的认同，其作用方式主要是文化认同。“民族的共同心理特质（包括共同的民族性格、民族气质、民族感情等）是一个民族共同体及其凝聚力的最基本的层面。它们是由在特定的自然条件、地理环境之中形成的种族的生理体质特征，以及在漫长的历史过程和复杂的社会生活中所形成的种族心理气质特征所构成的民族性格和民族情感。也就是多由特定的地缘关系、血缘关系和文化模式所形成的民族心理特质，是民族凝聚力最基本的层面。”民族共同心理作用于民族性格、民族气质、民族情感，并由此形成民族文化上的认同倾向和归属感。这种民族共同心理是与生俱来的，同时，也是在共同生活中逐渐同化的。那么，民族凝聚力从哪里来呢？马克思说：“要使各民族真正团结起来，他们应必须有共同的利益。”有了共同利益就会有共同的命运和共同的目标，但这个共同利益是在一定经济基础上产生的，所以受制于经济因素，为经济发展所决定。当前，我国经济发展取得巨大成就，已是世界第二大经济体，经济文化的内部交流交往也空前扩大，随着经济的发展，分工也越来越细密，所有这些使得我们中华民族今天能有更好的物质条件来增强民族的凝聚力。然而，时代要求我们必须大力提升我国的软实力，通过坚定道路自信、理论自信、制度自信和文化自信，增强中华民族的凝聚力。中华民族的凝聚力是我国软实力中的重要组成部分，继续增强民族凝聚力就是提升我国软实力的重要举措，要做到不管遭遇任何艰难困苦，都压不垮，打不散。增强中华民族凝聚力是一个复杂而艰巨的系统工程。我认为，可以从以下几个方面增强民族凝聚力。

第一，加强党的建设，健全政治制度机制，筑牢增强民族凝聚力的领导基础和政治基础。政治因素也是中华民族凝聚力的重要条件，当一种进步与成熟的政治力量在政治生活中占据统治地位时，它所产生的凝聚力是十分强大的。中国的执政党是中国共产党，既然历史和人民选择了中国共产党作为我们国家和人民的主心骨，那么中国的任何事情能否办好关键都在于中国共产党。建立政权以来，中国共产党正是从中国国情出发，创造了人民民主专政这一适合中国国情的国家形式，同时也创造了体现人民民主专政的具有中国特色的人民代表大会制度、中国共产党领导的多党合作和政治协商制度等，从而极大地调动了社会各方面的积极性，增强了中华民族的凝聚力。因此，增强民族凝聚力关键也取决于我们党的领导和党所营造的政治气候，取决于党的思想、作风、组织、纪律状况和战斗力、领导水平。一个民族有了坚强的政治领导核心，才能凝聚全民族的智慧和力量，实现全民族的根本利益。中国共产党是中国工人阶级的先锋队，同时又是中国人民和中华民族的先锋队，是中国特色社会主义事业的领导核心，也应该是中华民族凝聚力的核心。只要我们党始终坚持全心全意为人民服务的宗旨，时刻保持同人民群众的血肉联系，真正做到权为民所用、情为民所系、利为民所谋，始终成为领导全国人民沿着中国特色社会主义道路不断前进的坚强核心，那么中华民族凝聚力就一定能不断增强。有了中国共产党不断加强自身建设的保障，就会确保党的领导时刻体现人民的意志。凝聚全国人民的意志和力量要求党领导全体中国人民不断健全社会主义民主和法制，团结一切可以团结的力量，努力克服各种困难和风险的冲击，积极巩固和发展爱国统一战线，筑牢增强民族凝聚力的政治基础。

第二，大力发展经济，筑牢增强民族凝聚力的经济基础。民族凝聚力作为一种精神力量是建立在一定物质基础之上的，经济建设是形成物质基础最为关键的因素，是每个民族提高国际地位、增强民族自豪感和向心力最基本的支撑点。一个民族如果经济实力雄厚，那么在国际社会中就拥有更多的发言权，从而大大增强民族的向心力和凝聚力；反之，经济实力不强、物质基础不雄厚，民族凝聚力也会大受影响。由此看来，要想增强一个国家的民族凝聚力，一个重要的前提就是要大力发展经济，想方设法把国家经济实力搞上去。回顾过去，中国共产党做了许多大力发展民生、推动社会进步的事情，才有今天 14 亿人口的安定团结和安居乐业。随着经济实力的不断增强和人民生活水平的不断提高，中华民族的凝聚力也必将进一步增强。

第三，弘扬核心价值，筑牢增强民族凝聚力的思想基础。一般说来，一个民族的凝聚力主要来自人们对社会核心价值的认同。社会主义核心价值体系是社会主义意识形态的本质体现，在整个文化建设中居于统摄和支配地位。增强中华民族凝聚力，必须完善社会主义核心价值体系建设，努力在全社会形成统一的指导思想、共同的理想信念、强大的精神支柱和基本的道德规范。为此，必须坚持不懈地用中国梦这一共同理想凝聚力量，引导全国人民深刻认识习近平新时代中国特色社会主义思想是当代中国发展进步的旗帜，是全党全国各族人民团结奋斗的旗帜，进一步增强全体人民的信念和信心；坚持不懈地用以爱国主义为核心的民族精神和以改革创新为核心的时代精神鼓舞斗志，引导社会各阶层自觉把个人价值追求融入民族振兴、国家发展的伟大实践，把个人理想抱负化作励志图强、创造崭新业绩的实际行动。

第四，倡导和谐文化，筑牢增强民族凝聚力的文化基础。和谐文化是实现社会和谐的文化源泉，是全体人民团结进步的重要精神支撑，对于增强中华民族凝聚力具有十分重要的作用。推进和谐文化建设，必须以新时代中国特色社会主义文化建设为指引，大力加强公民道德建设，以此作为和谐文化建设的基础工作和中心环节，积极倡导爱国、敬业、诚信、友善等道德规范，深入开展公民道德实践活动，推动形成男女平等、尊老爱幼、扶贫济困、礼让宽容的人际关系，培育文明道德风尚；要着眼于增强公民社会责任意识，加强社会公德、职业道德、家庭美德、个人品德建设，注重人文关怀和心理疏导，引导人们正确对待自己、他人和社会，正确对待困难、挫折和荣誉，自觉履行法定义务、社会责任、家庭责任；要充分发挥道德模范榜样作用，善于总结和发现各方面先进典型，特别是来自普通群众、平凡之中见伟大的典型，广泛开展向道德楷模学习活动，让全体社会成员学有榜样、赶有目标、见贤思齐。广泛开展各种形式的和谐创建活动，引导人们正确认识事物、对待问题、处理矛盾，努力在融洽人际关系、形成良好风尚、促进人与自然和谐等方面取得实效。

第五，建设精神家园，筑牢增强民族凝聚力的精神基础。中华传统文化是我们民族的血脉和灵魂，是国家发展、民族振兴的重要支撑，也是中华儿女共有的精神家园。中国优秀传统文化是中华儿女的精神依归，具有极大的包容性和亲和力。中华文化中的崇尚统一、追求和谐、注重道德、张扬自强高尚人格、讲求厚德载物气度、主张革故鼎新与时俱进等优秀传统，不仅是中华民族生存发展悠久历史的结晶，更是中华民族凝聚力的基础。增强中华民族凝聚力，必须始终坚持以中华优秀文化传统为根基，以外来健康有益文化为补充，大力繁荣发展中国特色、中国风格、中国气派的优秀文化，不断增强中华文化的魅力和生命力；要积极挖掘和弘扬传统文化有益价值，以礼敬自豪的态度对待我们的优秀文化传统，努力在继承优秀传统文化的基础上铸造中华文化的新辉煌；要按照古为今用的原则，广泛开展中国传统文化的宣传教育，充分发挥民族传统节日的文化传承功能，组织丰富多样、健康有益的民间民俗文化活动，让更多的人了解传统文化，喜爱传统文化，成为优秀传统文化的承载者、传播者。

增强中华民族凝聚力是一个复杂的系统工程，需要全社会的共同努力。马克思告诉我们，人民群众不仅是社会物质财富的创造者，也是社会精神财富的创造者。只要我们不断发挥好人民群众在增强民族凝聚力和提高国家文化软实力方面的主体作用，始终坚持发展为了人民、发展依靠人民、发展成果由人民共享，注重调动广大人民群众的积极性、主动性和创造性，那么中华民族凝聚力就一定能不断增强，综合国力就一定会不断上升，中华民族的伟大复兴也就一定能尽快实现。

第二节 重视核心价值观与意识形态工作

核心价值观和意识形态是国家软实力的重要内容和来源，是软实力的重要组成部分，其性质如何会对软实力的强弱产生极其重要的影响。在《软力量：世界政坛成功之道》一书中，哈佛大学肯尼迪政府学院院长约瑟夫·奈集中阐述了软实力的三个来源：文化（在能对他国产生吸引力的地方起作用）、政治价值观（当它在海内外都能真正实践这些价值时）及外交政策（当政策被视为具有合法性及道德威信时）。其中，“政治价值观”与意识形态实际上是同一层次且内涵相近的概念，核心价值观在价值观念体系中处于核心地位，统帅和支配其他从属地位的价值观，是一种社会制度长期普遍遵循的基本价值原则，是一种文化区别于另外一种文化的基本价值观念。不同社会制度，其核心价值观有很大差异。在传统社会，仁义礼智信是整个社会崇尚的主流价值观念；在现代社会，平等、自由、友善、民主、文明、富强、和谐等是支撑社会发展的精神支柱，但当今世界的不同国家，其核心价值观有差异，竞争激烈。

从世界的发展历史看，核心价值观的竞争，不只是思想观念之争，更是谁引领历史发展趋势、谁掌握文化前进方向的话语权、谁占领文化软实力和道德制高点的争夺，最终是谁主导世界的竞争。

西方国家在冷战后之所以拥有较强的软实力，其政治、经济制度和文化理念具有非常强的感召力和示范效应，在很大程度上是因为其意识形态建设取得了成效，向世界推广等十分成功。西方国家的政治、经济制度和文化理念不断传播到世界各地，打开国门的中国客观地说也受到了较大的影响。中国要提高软实力，除了努力创造更多领先世界的文明成果外，还要把既有的文化和核心价值有效传播到世界，让世界深刻了解中国文化和核心价值观，同时也要吸收当今世界人类文明的成果。

改革开放以来，随着经济的繁荣，我国核心价值观和主流意识形态却面临很多的挑战。国内方面，民众对核心价值观的认同程度和主流意识形态信仰程度弱化，其在国际话语体系中也常常处于弱势地位。针对中国的人权、自由等问题，总有许多西方学者指责中国的意识形态和社会制度，在舆论上造成世界性的压力。我国核心价值观和主流意识形态及源于此的制度、机制和规范等软实力，在和国际以西方主导的较量上不占上风，使中国遭受着较大的外部压力。

今天，尽管中国所取得的经济成就有目共睹，甚至很大程度上有力地支撑了世界经济的增长，也支持了资源输出国、商品贸易依赖国等国家的经济复苏。但是，有一点我们必须清楚，仅仅依靠经济的发展，并不足以显示大国所应具备的国家实力。今日大国崛起于文明创造，只有创造文明才能引领世界前行，这是大国崛起的内在支撑。一个国家只有创立具有引领世界的文明，立身于人类文明的制高点才会产生道义力量，才有可能真正提升本国软实力，极大地改善自己的国家形象。对于今天的中国，崛起的节奏又不允许无限期等待，也无法长期维持强经济弱文化，强硬实力、弱软实力的“跛脚”状态，必须找到改善之策。这个对策也唯有在继续积极推动硬实力建设的基础上，培育和展现符合民众诉求、弘扬传统文化的核心价值，培育和展现具有感召力的软实力，从而全面提高国家综合国力。

第三节　勇担责任，树立良好国家形象

任何一个国家，其软实力的增强都需要有良好的国家形象做支撑。国家形象体现了一个国家的美誉度与亲和力，即受到国内外公众的认可度和折服度。良好的国家形象，是一个国家极为重要的无形资产和战略资源，是国家软实力的重要内容。一个国家良好形象的塑造，靠的是以硬实力为支撑的合

适的外交政策和优秀的外交能力，通过外交手段树立良好形象。为此，一方面，需要积极寻求国际机制的制定主导权，当仁不让地审视、调停和处理国际重大政治、经济、安全等事务，发挥本国的国际影响力，为全球的共同事业做出自己的贡献；另一方面，需要利用自身的强大国力，积极开展公共外交，承担起促进人类发展、维护世界和平的使命，力所能及地为全球发展和安全提供公共产品，抛弃以狭隘的国家利益为基础的思想和行动。

美国之所以成为当今世界唯一的超级强国，有三大支柱：一是美国引领世界的价值观；二是美国领导的军事同盟体系；三是美国主导建立了包括联合国在内的众多国际机构。二战后，美国就开始把控国际机制，联合国、国际货币基金组织、世界银行、世界贸易组织及其运行规则等，都是在美国的倡导和主持下建立的，充分展示了美国权力的影响力。获得权力好处的同时，美国也在承担世界责任。美国在外交上拥有对国际机制的掌控权力与其承担对全球安全与发展的义务分不开，它推行理想主义外交，取信于世界，目标是“终结依靠军事同盟，推行集体安全”，把世界逐步带入“一个相互依存的时代”“一个强调集体认同的时代”，这反映了“美国救世主”的心理，为美国后来取代英国成为世界性大国奠定了坚实的软实力基础。在这样的思想指导下，美国为全球提供了诸多公共产品：维持地区均势，挫败企图武力改变国界的动机，推进开放的国际经济体系，保持航海自由等公共领域的开放，打击国际恐怖主义，发展维持国际机制与制度，组织国际行动，调解国际争端，控制大范围的传染病，等等。美国虽然付出了很多，但获益更多：赢得了国际社会的广泛信任与盟友的支持；拥有了良好的国家形象魅力，其强大硬实力被其他国家视为合法，并被认为是全球稳定的重心；拥有世界上最丰富的文化、科技、教育等软实力资源。

今天的中国，要想成为全球性大国，在构建具有感召力的软实力方面，需要学习美国的一些经验。虽然在过去一段时间内，我们为了树立负责任大国形象，承担了很大一部分国际义务，如参加联合国维和行动，承担减贫义务，开展对外援助，打击恐怖主义，签署并贯彻《巴黎气候协定》《不扩散核武器条约》《禁止生物武器公约》等，赢得了世界对中国的赞誉，为中国软实力的增强起了很大作用，但离全球性强国所需要的软实力尚有差距。中国应秉持“人类命运共同体”的理念去关心全人类共同的命运，让世界知道，中国是负责任的大国，中国的崛起是在融入国际秩序的过程中实现的，并为包括周边国家在内的国际社会带来利益。

第十一章

推动构建人类命运共同体，提高巧实力

一个国家能否强盛，能否从弱小走向强大，即如何增强硬实力以及加大软实力的影响度，其关键是：一靠先进的制度体系促进硬实力和软实力的增长，保证整个社会公平正义之树的长青；二靠国家最高领导机构特别是国家领导人治理国家的智慧和领导艺术，即巧实力的发挥。如何巧妙地组合使用外交、经济、军事、政治、法律和文化等各方面国家实力以便增强国家的全球影响力，便是巧实力的恰当运用。

随着中国的崛起，中国领导人必须通过外交、国际社会活动和政府对外经济技术交流，让邻国以及整个世界都明白中国的崛起是友好的，不会威胁世界，只会增进世界福祉。

第一节　在现代化新征程中增强对世界的影响

21 世纪上半叶，中国主题始终是社会主义现代化建设，关键词仍然是“全面”。“两个一百年”奋斗目标已经告诉我们：到中国共产党成立 100 年时，全面建成小康社会，实现第一个百年奋斗目标；到新中国成立 100 年时，把我国建成富强民主文明和谐美丽的社会主义现代化强国，实现第二个百年奋斗目标。

“两个一百年”奋斗目标任重而道远，是一场伟大长征。为此，我们绝不能盲目自满，骄傲自大，要保持清醒的头脑、自觉的认识，认真做好以下几方面的事情：

一是追求经济发展的高质量和人民生活达到富裕水平。在全面建设社会主义现代化国家的进程中，经济发展仍然是第一要务。经济发展不仅是国家繁荣富强、社会和谐稳定、人民幸福安康的物质基础，还是提高综合国力、科技实力、国防实力、国际影响力的保障，更是对外发挥巧实力的底气。这要求：第一，保持经济发展的中等速度，调整结构，保持5% ~7%左右的经济增长率，实现与此相适应的劳动生产率、居民人均收入同步增长。第二，增强创新驱动发展新动力，跻身创新型国家前列。增加科技创新在全要素生产率中贡献的比例，高技术和人工智能成为提高社会生产力的战略支撑，研发经费支出占国内生产总值的比重达到4%，加大原创成果的比重，知识密集型服务业增加值占国内生产总值达到20%以上。第三，促进新型工业化、信息化、城镇化、农业现代化同步发展，并达到较高水平。第四，大力推进“一带一路”建设，为经济发展带来新的机遇。第五，实施区域总体发展战略（西部大开发、东北全面振兴、中部地区崛起和东部率先发展），推动京津冀协同发展，高起点规划、高标准建设雄安新区，推动粤港澳大湾区建设、长三角区域一体化发展，推动长江经济带发展，充分发挥各地区比较优势，优化现代化经济体系的空间布局。第六，实施全面对外开放战略，全面提高全球配置资源能力，全面参与世界经济社会生态治理。第七，人民生活进入世界高收入组中间水平，人类发展指数（HDI）达到0.8。

二是积极稳妥推进政治制度改革，完善民主法治。在坚持党的领导的前提下，完善党的领导方式和执政方式，改革党内选人用人制度，党的领导要体现民主法治的精髓，充分发挥人民的主人翁精神，凸显社会主义的制度优势；建成法治政府，不断提高司法公信力，充分保障人权。

三是加强社会主义文化建设。发展民族的、科学的、大众的文化，弘扬社会主义核心价值观，尊重全人类共同认可的价值观，推动中华文化走向国际社会、走上世界文化舞台，中华文化国际影响力、软实力显著增强。

四是改善生态环境质量。建成资源节约型和环境友好型社会，能源资源开发效率大幅度提高，单位 GDP 能源消耗比大幅下降，主要污染物排放总量大幅减少，与经济增长、工业化、城镇化等彻底脱钩，逐步消除重污染天气，全国空气质量、地表水质量明显改善。

到 2049 年，在实现“两个一百年”奋斗目标后，我国国际影响力也必定得到大大增强。到那时候，中国就有更大底气和更多机会发挥巧实力，也更有能力营造和平的国际环境与和谐的周边环境。到那时候，中国将对世界产生重大影响和贡献，包括：第一，经济发展贡献。中国成为全球最大的经济体，成为全球经济增长的主要贡献者，在世界贸易增长、投资增长、就业增长、市场消费增长等领域给全球经济增长提供更多机遇。第二，科技创新贡献。中国也将成为世界创新科技强国，推动科技与知识全球化的深入发展。中国将成为全球创新领导者，引领人类科学技术进步。第三，绿色生态贡献。21 世纪是世界走向生态文明时代的世纪。中国将成为世界绿色发展的引领者，在保护地球环境、应对全球气候变化、节能减排、促进绿色工业革命等方面做出积极的贡献。第四，文化文明贡献。21 世纪是世界各文明相互交流、学习的世纪。中国主张“和而不同”的世界观，主张维护世界的多样性，提倡国际关系民主化和发展模式多样化。

到 2049 年，世界将走向共同发展、共同进步。那个时候国际社会因贫富差距和意识形态不同而发生战争的可能性将下降，同时，中国在国际事务中发挥日益重要的主导作用。通过促进国际对话，中国将积极巧妙地运用巧实力调解不断出现的国际争端和国家间的矛盾，加强各国在政治、经济、贸易、科技、能源、环境治理方面的合作，推动各项合作条约的制定，共同维护国际秩序的平衡及安全格局的稳定，促进经济开放包容、文化繁荣多样以及生态系统的可持续发展。此外，中国也将在国际组织中扮演更加重要的角色，推动完善全球新治理机制的建设，使新兴国家及发展中国家有更多机会参与全球事务，从而推动全球治理新秩序的建设。在出现极端事件的情况下，中国也有能力控制事态的发展，维护自己的国家利益，维护国际和平，以中国为主导的发展中国家站在和平力量的一方，就有可能发挥作用，有能力制止战争，营造和平。中国自己也会更有能力控制周边事态的进程，有效制止生乱生变，从而带来稳定局势，保证亚太地区的和谐稳定。

第二节 巧妙处理大国关系，促进人类共同发展

自欧洲最早的民族国家形成以来，国家间交往的根本依据就是维护和实现国家利益。维护和实现国家利益，达到增强综合国力的最终目的，这都需要外交，特别是要处理好与世界主要大国的关系。大国之间关系处理得如何，事关当事国的国力强弱和未来发展走向。国家巧实力的使用重点应该是放在有责任的大国双边交往上。

今天，我们环顾四周，放眼全球，可以看出中国已经具备成为世界大国的部分条件，但人均资源短缺，经济发展不平衡，文化价值观对外影响有限，军事上是典型的防御型国家，缺乏足够的海外利益和被国际社会所公认的世界性特权。因此，中国的战略定位是具有世界性影响的亚太地区大国。①鉴于此，我们要审时度势，充分认识到当前的基本国际格局，在为可能的不确定性做足预先方案的同时，中国更应坚定走和平发展道路，聚焦于自身发展，积极承担国际责任，推进与各国的共同利益，在国际事务中把握好能力与责任的平衡，并积极要求增加相对应的国际权利。在与其他国家共同促进国际合作的同时，中国还要在维护自身国家利益的基础上，积极推动和美、俄、印、日及欧洲各国等大国的双边关系，继续坚定奉行独立自主的和平外交政策，始终不渝走和平发展道路，始终不渝奉行互利共赢的开放战略，坚持在和平共处五项原则基础上全面发展同各国的友好合作，推动建设持久和平、共同繁荣的和谐世界。

一、 中美关系

在大国关系中，中美关系是重中之重。从全球安全的角度看，中美关系

① 门洪华．两个大局视角下的中国国家认同变迁（1982—2012）［J］．中国社会科学，2013（9）．

是决定人类走向和平与否的核心要素，中美地缘政治的博弈影响到世界局势的安全与稳定；从全球经济增长的角度看，中美两国同是世界经济增长的主力发动机，中美两国的合作模式很大程度上决定着世界政治经济秩序的走向；从全球政治和外交的角度看，中美关系越来越被视为能够左右国际关系大势的外交关系。因此，中美关系牵动着世界的神经，处理得好是世界之福，反之则是世界之祸。[①] 着眼于确保自己国家利益的基础上，中国始终同美国发展合作关系，这符合中国的国家利益，也是中国自身对外开放、谋求发展、积聚国力的需要。

在全球化时代处理中美关系，作为正在和平崛起的大国，中国应首先清醒地认识到：迄今为止，中美关系仍然是一种不对称的关系。美国仍是当今世界的唯一霸权国，在经济、军事、科技以及外交和全球影响力等方面拥有占绝对优势的国家实力，而且有将自己的力量转化为对国际事务、国际体系和其他国际行为体进行干预乃至控制的意图。

中国不仅在经济、军事、科技上与美国还有较大差距，而且还处于以美国为首的西方国家所主导的国际秩序格局中。在国际话语权、国际规则制定主导权、国际感召力等诸多方面，中国明显处于不利地位。在中美两国国家间的非合作博弈上，中国往往不占主动地位。经济上，美国建立并控制以国际货币基金组织、世界银行和世界贸易组织为中心的全球经济体系，以扩大北美自由贸易区的范围，加快亚太地区贸易和投资自由化的进程，构筑泛大西洋自由贸易区，建立有利于美国主导控制的经济贸易机制，打击任何企图挑战美国金融贸易霸权的国家。美国还可以随心所欲地根据自己国家利益发起或退出一个国际组织或一个国际条约，如特朗普上台后退出了 TPP，但美国依然能够对全球经贸发挥举足轻重的影响力。军事安全上，美国以“岛链”和与相关国家建立军事同盟的形式，在中国的家门口实施战略围堵和武力威慑，特别是近年来在中国南海周边不断制造麻烦。

① 门洪华．关键时刻：美国精英眼中的中国、美国与世界［J］．中国社会科学，2012（7）．

纵观中美实力差距可以看出，在与中国的博弈中，美国不是仅仅依靠其军事、贸易、货币等硬实力，还会在与中国的交往中利用“民主、自由、法治、人权”这一无形而有力的软实力武器，无论在国际多边机制中，还是以第三方势力的身份介入中国与他国的博弈，美国总是挥舞起这一旗帜性的软实力，让中国在国际舞台上就紧迫的现实问题陷入与强国的周旋中。

时下，美国视中国为“战略竞争对手”，实施“遏制中国”的战略。军事上，采取“先发制人”策略，战略重心转移到亚太地区，加强亚太军力。台湾问题上，美国为了维持中国大陆和台湾的现状，搞战略平衡，放弃对台的“三不政策”，大批量出售尖端武器给台湾，并散布“武力保卫台湾”的言论。对此，我们要有清醒的认识，所有这些都表明了中美在军事实力、软实力（主要是国际影响力）的差距。到 2049 年，即便中国在经济上超过美国，如果中国的科技与文化创造力等能力不变，那也意味着中国不具备与美国抗衡的实力。

在处理中美关系时，中国要有自己的底线，有自己的原则，重大利益上不拿自己的原则做交易，特别是在国际政治经济新秩序中如果遇到事关中国国家利益的原则问题，中国绝不退让。随着中国经济规模不断扩大、国际化程度持续加深，在国际经济贸易和货币金融上，中国要和美国开展竞争。中国应加快和有关国家的自贸协定的签署和实施，以开放促改革，推动国内经济转型升级，利用自己资源丰富的底蕴和经济增长率更高以及制度改革释放的红利等优势，巧妙而有智慧与美国周旋。在美国全然不顾中国核心利益，在台湾、西藏等涉及我国主权、统一和领土完整问题上肆意挑战时，中国绝不妥协退让。在伊核、叙核、朝核及其他涉及全球重大问题上，中国应开展多边外交，利用联合国场域、上海合作组织、金砖国家合作机制等各类国际组织，发挥安理会常任理事国作用，施展影响力。

二、 中俄关系

中俄关系也是中国外交少不了的重要一环。俄罗斯幅员辽阔，资源丰富，是一个科技、人才和军事大国，其在军工、航天航空、核能、电子、生物工程、等离子体、纳米技术等方面达到世界一流水平。俄罗斯和中国接壤，两国有着漫长的边界线。当前，因大国关系格局和地缘政治以及能源互补的原因，中国和俄罗斯都必须高度重视与对方的关系。

在国家传统安全和地缘政治博弈上，俄罗斯在战略核力量和国防高科技方面领先中国，中国的国力尚不足以使中国成为具有全球影响力的一流国家，仍旧是亚太范围内国家。正如布热津斯基所言，“中国并非全球性而是地区性的国家”①，当前中国的国力并不能保证中国的安全利益像美国那样扩展到全世界，而是更多地依赖亚太地区。鉴于俄罗斯和中国在保障亚太地区安全问题上意见较为一致，中国可以加强同俄罗斯的合作，发展互信往来，使中俄全面战略协作伙伴关系更成熟、更稳定、更牢固。

经济上，中俄两国地缘相邻，互补性较强。俄罗斯是一个典型的能源输出国，经济能源化明显；中国是“世界工厂”，2009 年成为世界上第一大能源消耗国，为包括俄罗斯在内的全球能源供应国提供了巨大的市场机遇和良好的投资环境。中国经济发展需要俄罗斯的能源、资源和商品劳务销售市场，俄罗斯需要中国的资本、劳动密集型生活消费品，两国合作前景十分广阔。2018 年，中俄双边贸易额首次突破 1000 亿美元，同比增长超过 27%，创历史新高。中国加大和俄罗斯的互惠合作，通过直接投资和资本输出等手段援助其生产要素等的不足，同时利用对等互利原则，加强两国在国际物流、海运上更广泛的合作，这样既可以为中国资本和产能找到市场，也可以为中国经济发展获取所需的资源。特别是在能源领域，中国要抓住俄罗斯能源向远东地区扩展的战略机遇，立足国家利益基础上，积极构建长期的、综合性的中俄能源战略性伙伴关系，扩大与俄罗斯在油气、核电、煤炭、电力、新能源方面的合作，争取铺设其直接输入中国的石油天然气管道等，为

① 兹比格纽·布热津斯基．大棋局：美国的首要地位及其地缘战略［M］．上海：上海人民出版社，1998.

中国赢得一个巨大的投资、商品出口市场和原料来源地。在国家政府间经济交往基础上，中俄之间可以深挖合作潜力，全面快速发展其他人文交流和民间交往。

三、 中欧关系

中欧关系最主要的关联度应该是经贸和科技往来。中欧经贸关系非常重要，中国是欧盟第二大贸易伙伴。而且，中国市场是欧盟众多企业和品牌获得利润的重要来源；欧盟是中国的第一大贸易伙伴、第一大出口市场、第一大技术引进来源地和第三大外资来源地，对中国经济极其重要。作为欧盟最重要的贸易伙伴，中国未来所要做的是继续加大和英、德、法、意等大国的双边政经关系，加强政治互信，深化经贸、文化等各领域务实合作，在创新科技、可再生能源、节能环保等领域展开合作。在经贸往来中，不仅重视双边政府间的官方合作，也应注意欧盟成员国内的非政府组织、民间社团力量，争取取得更多支持。

2020 年是中国与欧盟建交 45 周年。45 年来中欧关系被不断注入新活力、赋予新内涵。新冠肺炎疫情发生以来，中欧同舟共济，守望相助，携手抗击疫情，再次证明彼此是相互需要的伙伴。在中国疫情最严重时，欧洲多国向中国提供大批医疗物资援助。“投以木桃，报以琼瑶”，欧洲疫情暴发阶段，中国领导人多次与意大利、西班牙、德国、法国等国领导人通电话，协调沟通，传递抗疫信心。中国向欧洲多国派遣医疗专家组，援助医疗物资，为抗疫贡献力量。中欧双方在世界卫生组织等多边平台有效沟通协调，携手力挺多边主义，展现了责任与担当。①

四、 中日关系

中国与日本隔海相望，自古以来，中国就是日本学习的对象，但同时又

① 张远，任珂．后疫情时代，中欧关系再出发［N］．光明日报，2020－06－23.

是日本觊觎的目标。一方面，进入近代后，现代化道路更为顺畅的日本，发动了侵略战争，欠下累累血债。日本对历史问题、领土问题的错误认识是中日间的最大障碍。另一方面，中国与日本是重要的贸易伙伴，中国是日本第一大出口国和进口国，中国经济的总量将近3倍于日本。进入21世纪之后，中日关系一直就有“政冷经热”的说法。也就是说，在政治上因为历史观、靖国神社、钓鱼岛以及油气田等历史和现实的问题造成了两国之间的政治关系不稳定，但这种政治关系的不稳定并不反映在经济上，中日两国的经济往来一直非常密切，即便是在2005年因为小泉纯一郎坚持参拜靖国神社而导致两国外交关系全面恶化时也没有影响经济往来。

近年来，随着中国综合国力的逐渐增强，日本开始企图压制中国，这对中国构成极大的挑战，也刺激了周边国家的神经。日本不仅有军事大国的战略意图和积极准备的雄心，更是具有实际意义上军工的物质基础，看看其汽车、船舶、航空器制造业、超级计算机、电子电器产品，遍布的核电站和长期储存大量远超实际需要的敏感核材料，说明日本的军工机械能力、信息化战争能力、核武器制造能力还是比较强大的。同时日本在拉拢印度、越南、菲律宾、印度尼西亚等国在中国南海周边制造事端，在很大程度上成为中日关系的不稳定因素。对日本而言，中国是战略防备对手，表明日中关系正处在转型中。对中国而言，日本在安全和经济两方面都构成对中国的强劲竞争态势。在国家安全上，中日关系不同于中美关系，美国主导着世界发展与安全的国际秩序，而中日关系只可资利用，不可对之存在幻想。日本任何挑战中国核心利益的做法与对中国造成潜在威胁的敌对行为，都会遭到中国的坚决反击。

鉴于此，我们应当理性地分析和判断，中国持续发展战略需要和平安定的国际环境，中日关系的长期紧张不符合中国的根本利益。在和平共存的时代，不能一味地排日反日，这不利于中国发展综合国力所需要的周边和平的环境和两国间有利的经贸技术往来以及对日文化交流，两国都应当积极开展正常的经贸往来及安全防卫领域的相互交流和沟通。

五、 中印关系

中国与印度是两个地缘相近的国家，两个土生土长的亚洲大国在美国对全球公域统治的背景下同时崛起，双方既是拥有诸多共同利益的伙伴，又由于双方对发展的渴望而必然存在竞争，成为分歧和摩擦的博弈对手。中印关系牵扯着中国的未来，两国关系的好坏，不但直接影响各自的发展前景，而且关乎亚洲乃至世界的和平、稳定与繁荣。按照地缘政治利益倍增规律，两个地缘相近的国家，尤其是大国，如果相互友好，则带来的利益必将比相距较远的国家倍增；相反，如果两个国家相互敌对，则带来的灾难也会倍增。

印度是南亚次大陆的中心大国，有着悠久的历史文化和独特的文明，和中国一样长期作为文明体系的中心辐射周边。进入 21 世纪后，印度也和中国一样都是新兴市场国家，在追赶发达国家。印度的追赶模式是中央政府提出指导性意见，地方各邦掌握主动权，私有经济占主导，经济发展相对均衡。印度经济的总体特征是：服务业发达，其产值超过 GDP 的一半以上；制造业相对薄弱，基础设施落后，但印度有十分巨大的“人口红利”，劳动力成本低，有利于承接世界性的产业转移。2019 年印度 GDP 排名全球第五，经济体量巨大。考虑到印度不断进步的核武器、导弹、太空工业能力和不断扩张的海空军力量，加上庞大而又年轻的人口和市场规模，作为正在崛起的大国，印度不可被忽视。伴随着印度的崛起，中国与之在亚太、中东、非洲、拉美市场上的竞争呈现加剧的趋势，特别是能源领域在国际上争夺激烈。安全领域，中国也不可避免地要和印度在印度洋和南中国海展开角逐。

未来 40 年，无论对于中国还是对于印度都是一个宝贵的战略机遇期，两国将展开全方位竞争。中国必须牢牢把握住这一宝贵的战略机遇期，既要加强和印度的合作共谋发展，又要大力推动本国的经济发展和社会进步，在经济和军事等领域保持优势。目前，中印是世界上人口最多的两个大国，都有巨大的市场潜力，双边经济合作空间广阔，相互的经济贸易与投资水平与两国的经济地位、GDP 规模与外贸总量还不相称。2019 年中国和印度的贸易总值是6395.2亿元人民币，同比增长1.6%，其中中国对印度出口5156.3亿元，增长2.1%，自印度进口1238.9亿元，下降0.2%，贸易顺差是3917.4亿元。以上数据说明两国的经济贸易关系较为滞后。未来，两国应重视合作消除因领土问题引起的分歧，理性看待同为新兴市场国家应该合作共同争取更为合理的国际政治经济新秩序对于两国的重要意义，争取双赢。

还须特别强调的是：中印之间最为核心的问题是领土问题和印度洋的权益问题。中国在和印度积极发展睦邻友好关系的同时，要密切关注印度洋动态和印度军事力量的扩张，积极加强海空军、导弹、太空武器等战略力量，并寻求与南亚相关国家合作开发和建设在印度洋上的瓜达尔港、吉大港、汉班托塔港等作为双方商贸港口及海军补给基地，应对未来的石油天然气输入通道和军力输出路径，避免“马六甲困局”，保障中国的能源安全，进而掌握对印度洋的水上安全通道权和战略控制权。

第三节　积极参与全球治理体系的改革和建设

众所周知，国与国之间相互进行商品贸易、资本流动以及政治、文化和技术交流，都需要制定一些大家共同遵守的规则。谁成为这些规则制度的制定者，谁就可能在国际社会中得到更多的利益。世界性强国的象征就是制定国际规则，形成国际机制并监督协调其执行，向全球提供公共产品，维护世界秩序，当然这也是强国的职责。

近代以来，英国的兴起源于其有可持续的经营海外利益的国家方略。在这一方略指导下，英国在航海探险、国家贸易、奴隶贩卖、创新武器等方面迅速超过了之前的葡萄牙、西班牙、荷兰，以2600万左右的本土人口，探寻、拓展和治理了海外殖民地的五六亿人。之所以如此，关键是国际贸易、国际商法、国际金融及国际司法制度规则等大部分由英国人制定，因此也为英国争取了许多国家利益。如果哪个国家，尤其是后加入的国家，不承认、不遵守大家已经认定了的东西，就难以融入现有国际体系，很难享受其中的便利。历史在前进，世事在变化，随着人类社会的不断发展，国际规则需要更新，需要制定新的规则代替旧规则。谁若能在这个体系更新中取得制定新规则的主导权，谁就会成为引领世界潮流的大国。

中国靠什么引领世界？中国目前的国际优势是：联合国安理会拥有否决权的五大常任理事国之一；世界第二大经济体；科技、教育、文化等表现出大国特征；军队数量庞大和拥有核武器等高精尖端技术和制造能力。这些优势使中国有能力和资格开始在世界性事务中寻求有所作为，如同美国自二战以来所做的那样，向全球提供公共产品，维护世界的和平秩序，展现中国大国的国家形象，这不仅是使中国和世界互利共赢的手段，也是奠定中国全球领导地位的关键。随着中国经济的发展，中国在世界的参与感越来越强，如中国在 1997 年亚洲金融危机与 2008 年世界金融危机所发挥的作用、人民币进入国际货币基金组织的“一揽子计划”、亚投行的创建、在联合国安理会的关键作用、参与维护和打击海盗、关注和与他国共同制定气候公约、“一带一路”倡议的实施和推进，所有这一切都是证明。

当然，以上优势还不够。在复杂多变的环境中，中国要加强以下三方面的力量：

一是足够强大的军事力量。当年的葡萄牙、西班牙、英国、日本等扩张海外势力时靠的是进攻性军种——海军。如今随着科学技术和人类文明程度的提高，陆、海、空、电、磁、光、网等多维化的演进，一个国家光有海军还不够，还要包括空军、核导弹力量、太空力量辅之以信息化、网络化的作战系统等，中国目前还不是海军强国，其他力量也在发展中，所以增强军事实力的硬件是必须的基础性构件。

二是国际金融贸易力量。当年的英国和今天的美国左右世界格局，主要靠的就是商业力量的拓展和本国货币的影响力，追求利润的动力支撑着这些国家的政府和企业孜孜不倦地到处用力。

三是积极参与全球治理体系改革和建设。改革开放以来，我国综合国力不断增强，国际地位实现前所未有的提升，日益走进世界舞台中央。与此同时，我国同国际社会的互联互动变得空前紧密，对国际事务的参与不断加深，世界对我国的影响也在不断加深。参与并推动全球治理体系变革，是实现我国经济可持续发展的必然要求，也是国际社会对中国的热切期待。在全球治理体系变革这样关乎人类前途命运的重大课题上，中国给出的答案是，“我们要继续做全球治理变革进程的参与者、推动者、引领者，推动国际秩序朝着更加公正合理的方向发展，继续提升新兴市场国家和发展中国家代表性和发言权”。正如习近平主席在博鳌亚洲论坛2018年年会开幕式上所强调的，中国人民将继续与世界同行、为人类作出更大贡献，坚定不移走和平发展道路，积极发展全球伙伴关系，坚定支持多边主义，积极参与推动全球治理体系变革，构建新型国际关系，推动构建人类命运共同体。①

在全球治理变革的进程中，积极参与全球治理体系改革和建设是中国担当大国责任的应有之义。理念是行动的先导。全球治理体系变革离不开理念的引领，全球治理规则体现更加公正合理的要求离不开对人类各种优秀文明成果的吸收。一方面，我国作为一个拥有五千年文明史的大国，有能力也有责任为全球治理的变革贡献中国理念与中国智慧。中国的全球治理观植根于中华传统文化，继承发展了新中国成立以来的外交思想和理念，反映了人类共同价值追求和当代国际关系现实，符合联合国宪章所确定的国际关系基本准则，极大地丰富和发展了国际关系理论。另一方面，当前全球治理体系变革正处在新的历史转折点上。国际力量对比发生深刻变化，新兴市场国家和一大批发展中国家快速发展，国际影响力不断增强；世界上的事情越来越需要各国共同商量着办，建立国际机制、遵守国际规则、追求国际正义成为多数国家的共识。在这样的大背景下，我国不仅要善于利用既有国际秩序和体制来维护国家利益，而且要积极参与全球经济治理和公共产品供给，提高我

① 习近平在博鳌亚洲论坛2018年年会开幕式上的主旨演讲［EB/OL］. 新华网，2018－04－10. http：//www. xinhuanet. com/politics/2018－04/10/c_ 1122659873. htm.

国在全球经济治理中的制度性话语权。①

推进全球治理体系变革并不是推倒重来，也不是另起炉灶，而是与时俱进、创新完善。全球治理体系变革要更好地反映国际格局的变化，更加平衡地反映大多数国家特别是新兴市场国家和发展中国家的意愿和利益；坚定维护以联合国宪章宗旨和原则为核心的国际秩序和国际体系，维护和巩固第二次世界大战胜利成果，积极维护开放型世界经济体制，推动建设和完善区域合作机制，加强国际社会应对全球性挑战的能力。

中国将继续发挥负责任大国作用，积极参与引领全球治理体系改革和建设。始终秉持共商共建共享的全球治理观，倡导国际关系民主化，支持联合国发挥积极作用，支持扩大发展中国家在国际事务中的代表性和发言权。推动全球治理理念创新发展，发掘中华文化中积极的处世之道、治理理念同当今时代的共鸣点，努力为完善全球治理贡献中国智慧、中国力量。②

第四节　维护和谐的周边环境，推动人类命运共同体建设

世纪之交展现的辉煌的世界经济，在经过 21 世纪头 10 年的快速增长后增速渐缓。近几年来，各种形式的“黑天鹅”事件层出不穷，逆全球化的声音四起，贫富差距仍在扩大，全球经济迟迟不能摆脱低迷的困境。这种局面的形成，反映出既有的全球治理格局不能完全适应新形势、新问题、新变化，全球治理体制变革正处在历史转折点上。随着国际力量对比和世界经济格局的深刻变化，以中国为代表的新兴市场国家和发展中国家希望全球治理

① 戴木才．积极参与全球治理体系改革和建设［N］．经济日报，2018－04－19.

② 中共中央宣传部．习近平新时代中国特色社会主义思想学习纲要［M］．北京：学习出版社、人民出版社，2019.

体系更加公正合理，全球治理体系的变革势必提上日程。

国际社会日益成为一个你中有我、我中有你的人类命运共同体，面对世界经济的复杂形势和全球性问题，任何国家都不可能独善其身。人类命运共同体是中国政府反复强调的关于人类社会的新理念。中国与邻国的关系历史悠久，审视我国的周边形势，周边环境发生了很大变化，我国同周边国家的关系发生了很大变化，要能真正理解和认识中国与邻国的关系很难，而构建中国与邻国的新型关系更为不易。

在推动构建人类命运共同体时，中国与邻国的关系比与特定大国的关系更为重要。中国需要通过“战略窗口”来改善与邻国的关系。人类命运共同体清楚地表明了中国与邻国深化合作的利益。中国领导人一直强调要追求共同发展，因为中国的经济增长和发展将有利于周边国家，此外还强调共同利益的重要性。中国是亚洲地区的大国，与其他国家（如同样是亚洲大国的日本）的竞争是必然的，要在竞争中发展。中国必须重视发展与周边国家关系。因此，一方面，中国要始终坚持与邻为善、以邻为伴的周边外交方针，进一步巩固同周边国家的睦邻友好合作关系，以“一带一路”倡议、亚投行、丝路基金为平台，大力推动互联互通建设，扩大贸易投资规模，努力使自身发展更好惠及周边国家，与周边国家共同营造稳定、繁荣、和谐的地区环境；另一方面，中国要发挥智慧，强化软实力建设和硬实力的扩展，并巧妙运用硬实力和软实力致力于建设以中国为主导的亚洲新型合作地缘政治，增强中国在亚洲地区乃至世界的影响力，乃至谋划和建立准备担当领导亚洲地区的战略意图和实际运作机制。

党的十八大以来，习近平主席在国际国内众多场合阐述、倡导人类命运共同体理念，持续为全球经济发展注入动力，不断为世界形势向好发展增加砝码。人类命运共同体理念为人类社会发展进步描绘了蓝图，并给予全世界启示：人类命运共同体理念是应对逆经济全球化浪潮、解决世界难题的一剂“良药”。人类社会亟须找到破解全球事务中各种矛盾与难题的新思路与新方案。然而，一方面，长期以来占据国际政治权力格局顶端的西方国家自顾不暇，无力承担领导国际社会走出困局的重任；另一方面，由西方国家所主导的现行全球治理体系和治理思路，出现了明显式微和失灵的迹象。人类命运共同体理念的提出恰逢其时，顺应了历史潮流和时代要求，不仅可以为陷入僵局的国际热点、难点问题以及各类国际政治纷争提供解决方案，而且可以为那些困扰人类永续发展、世界持久和平的症结提供解决思路。

更好地推进国家治理体系和治理能力现代化，中国不仅要为全球治理贡献资金，更需要提供中国知识、中国见解和中国方案。中国将同世界人民一道，推动构建人类命运共同体，携手建设更加美好的世界。

参考文献

（一） 国外译著

1. 约瑟夫·奈. 美国定能领导世界吗［M］. 何小东，盖玉云，译. 北京：军事译文出版社，1992.

2. 西塞罗. 论共和国 论法律［M］. 王焕生，译. 北京：中国政法大学出版社，1997.

3. 约翰·洛克. 论宗教宽容［M］. 吴云贵，译. 北京：商务印书馆，1982.

4. 马克思，恩格斯. 马克思恩格斯选集：第二卷［M］. 北京：人民出版社，1972.

5. 列宁. 列宁选集：第四卷［M］. 北京：人民出版社，1972.

6. 汉斯·摩根索. 国家间政治：权力斗争与和平［M］. 北京：北京大学出版社，2006.

7. 经济合作与发展组织. 中国治理［M］. 中国科学院－清华大学国情研究中心，译. 北京：清华大学出版社，2007.

8. 詹姆斯·多尔蒂. 争论中的国际关系理论［M］. 北京：北京大学出版社，2004.

9. 约瑟夫·S. 奈. 硬权力与软权力［M］. 门洪华，译. 北京：北京大学出版社，2005.

10. 雷蒙·阿隆. 和平与战争：国际关系理论［M］. 朱孔彦，译. 北京：中央编译出版社，2013.

11. 约翰·米尔斯海默. 大国政治的悲剧［M］. 王义桅，唐小松，译. 上海：上海人民出版社，2008.

12. 傅立民. 论实力［M］. 北京：清华大学出版社，2004.

13. 保罗·肯尼迪. 大国的兴衰：1500—2000 年的经济变迁与军事冲突［M］. 北京：国际文化出版公司，2006.

14. 尼克松. 1999：不战而胜［M］. 杨鲁军，等译. 上海：上海三联书店，1989.

15. 阿尔温·托夫勒. 预测与前提——托夫勒未来对话录［M］. 北京：国际文化出版公司，1984.

16. 阿尔蒙德，鲍威尔. 比较政治学：体系、过程和政策［M］. 上海：上海译文出版社，1987.

17. J. F. 里斯查德. 2020——20 年解决 20 个全球问题［M］. 北京：中信出版社，2003.

18. 兹比格纽·布热津斯基. 大棋局——美国的首要地位及其地缘战略［M］. 上海：上海人民出版社，2007.

19. 亚当·斯密. 国富论［M］. 郭大力，王亚南，译. 北京：商务印书馆，2014.

20. 世界银行，国务院发展研究中心. 2030 年的中国［M］. 北京：中国财政经济出版社，2013.

21. 日本经济企划厅综合计划局. 日本的综合国力［M］. 北京：外文出版社，1987.

22. 道格拉斯·C. 诺思. 制度、制度变迁与经济绩效［M］. 上海：上海三联书店，1994.

23. 道格拉斯·C. 诺思. 西方世界的兴起［M］. 北京：华夏出版社，1999.

24. 道格拉斯·C. 诺思. 经济史中的结构与变迁［M］. 上海：上海三联书店，1991.

25. 阿诺德·沃尔弗斯. 纷争与协作：国际政治论集［M］. 北京：世界知识出版社，2006.

26. 罗伯特·A. 帕斯特. 世纪之旅：世界七大国百年外交风云［M］. 上海：上海人民出版社，2001.

27. 塞缪尔·亨廷顿. 文明的冲突与世界秩序的重建［M］. 北京：新华出版社，1998.

28. 赫尔穆特·施密特. 伟人与大国［M］. 梅兆荣，罗国文，等译. 海口：海南出版社，2008.

29. 詹姆斯·布坎南. 自由、市场与国家［M］. 北京：北京经济学院出版社，1988.

30. 迈克尔·波特. 国家竞争优势［M］. 北京：华夏出版社，2002.

31. 理查德·维尔特. 国家竞争力［M］. 北京：中信出版社，2009.

32. 安格斯·麦迪森．世界经济千年史［M］．北京：北京大学出版社，2003.

33. 安格斯·麦迪森．中国经济的长期表现：公元960—2030年［M］．上海：上海人民出版社，2008.

34. 约翰·罗尔斯．正义论［M］．上海：上海译文出版社，1991.

35. 拉尔夫·达仁道夫．现代社会冲突［M］．北京：中国社会科学出版社，2000.

36. 诺曼·戴维斯．欧洲史［M］．北京：世界知识出版社，2007.

37. 约翰·柯林斯．大战略［M］．北京：中国人民解放军军事科学院出版社，1975.

38. 温迪·道伯森．亚洲新势力［M］．北京：中国金融出版社，2010.

39. 奥古斯特·勒施．经济空间秩序［M］．北京：商务印书馆，2010.

40. 马克斯·奥特．崩溃已经来临［M］．天津：天津教育出版社，2008.

41. 马太·杜甘．国家的比较［M］．北京：社会科学文献出版社 2010.

42. 菲利普·阿吉翁，彼得·霍依特．内生增长理论［M］．北京：北京大学出版社，2010.

43. 史蒂文·科恩，布拉德福德·德龙．影响力的终结［M］．北京：中信出版社，2010.

44. 塞缪尔·埃利奥特·莫里森，等．美利坚共和国的成长［M］．天津：天津人民出版社，1978.

45. 迈克尔·斯温，阿什利·特利斯．中国大战略［M］．北京：新华出版社，2001.

46. 伊莉莎白·埃克诺米，米歇尔·奥克森伯格．中国参与世界［M］．北京：新华出版社，2001.

47. 迈克尔·H. 亨特．意识形态与美国外交政策［M］．北京：世界知识出版社，1999.

48. 托马斯·巴尼特．五角大楼的新地图：21世纪的战争与和平［M］．北京：东方出版社，2010.

49. 路易·多洛．国际文化关系［M］．上海：上海人民出版社，1987.

50. 马丁·雅克．当中国统治世界：中国的崛起和西方世界的衰落［M］．北京：中信出版社，2008.

51. 斯宾格勒．西方的没落［M］．北京：商务印书馆，1963.

52. 曼瑟·奥尔森．国家的兴衰：经济增长、滞胀和社会僵化［M］．上海：上海人民出版社，2007.

53. 安德鲁·S. 埃里克森，莱尔·J. 戈尔茨坦. 中国、美国与21世纪海权［M］. 北京：海洋出版社，2014.

54. 克劳斯·施瓦布. 第四次工业革命转型的力量［M］. 北京：中信出版社，2016.

（二）国内著作

1. 王诵芬，陈沙，石小玉，等. 世界主要国家综合国力比较研究［M］. 长沙：湖南出版社，1996.

2. 海平，运平，王景涛. 各国综合国力排行榜［M］. 北京：中国经济出版社，1998.

3. 宋瑞玉，等. 综合国力度量理论［M］. 武汉：湖北教育出版社，1994.

4. 胡鞍钢，等. 2030 中国：迈向共同富裕［M］. 北京：中国人民大学出版社，2011.

5. 江海潮. 国家竞争力——经济增长与均衡［M］. 北京：中国经济出版社，2010.

6. 李慎明，王逸舟. 2006 年：全球政治与安全报告［M］. 北京：社会科学文献出版社，2006.

7. 贾海涛. 综合国力与文化软实力系统研究［M］. 北京：中国社会科学出版社，2015.

8. 王恩涌. 政治地理学：时空中的政治格局［M］. 北京：高等教育出版社，1998.

9. 黄硕风. 综合国力新论［M］. 北京：中国社会科学出版社，1999.

10. 王广科. 综合国力经济学［M］. 上海：上海三联书店，2009.

11. 龚铁鹰. 国际时事述评集：昨日的时事　今日的历史［M］. 北京：世界知识出版社，2009.

12. 赵刚，肖欢. 国家软实力：超越经济和军事的第三种力量［M］. 北京：新世界出版社，2011.

13. 陈正良. 中国"软实力"发展战略研究［M］. 北京：人民出版社，2008.

14. 赵可金. 软战时代的中美公共外交［M］. 北京：时事出版社，2011.

15. 理纯. 国力方程［M］. 北京：中国商业出版社，2008.

16. 黄硕风. 大国较量——世界主要国家综合国力国际比较［M］. 北京：世界知识出版社，2006.

17. 阎学通，孙学峰，等．中国崛起及其战略［M］．北京：北京大学出版社，2005.

18. 孙成权．国家科学发展态势与中国科学的影响力［M］．北京：科学出版社，2005.

19. 左学金，等．龙象共舞——对中国和印度两个复兴大国的研究比较［M］．上海：上海社会科学出版社，2007.

20. 张维迎．市场的逻辑［M］．上海：上海人民出版社，2010.

21. 潘懋元．中国高等教育百年［M］．广东：广东高等教育出版社，2008.

22. 郑彪．世界变局与中国前沿［M］．北京：中国经济出版社，2012.

23. 王烁．变革世界的中国策Ⅱ［M］．南京：江苏文艺出版社，2011.

24. 陈岳．中国国际地位分析［M］．北京：当代知识出版社，2002.

25. 中国现代国际关系研究所．综合国力评估系统研究报告［M］．北京：北京大学出版社，2007.

26. 中国21世纪议程管理中心．中国21世纪议程［M］．北京：社会科学文献出版社，2009.

27. 中国21世纪议程管理中心．发展的影响力：全球视野下的中国角色［M］．北京：社会科学文献出版社，2009.

28. 李善同．2030年的中国经济［M］．北京：经济科学出版社，2011.

29. 蒋正华．国家人口发展战略研究报告（上、中、下册）［M］．北京：中国人口出版社，2007.

30. 李晓西．2010中国绿色发展指数年度报告［M］．北京：北京师范大学出版社，2010.

31. 唐晋．大国崛起［M］．北京：人民出版社，2007.

32. 第一财经日报．中国与世界大走向Ⅰ［M］．北京：中国经济出版社，2012.

33. 第一财经日报．中国与世界大走向Ⅱ［M］．北京：中国经济出版社，2012.

34. 翟东升．中国为什么有前途［M］．北京：机械工业出版社，2010.

35. 赵海均．中国经济高增长探究［M］．北京：中央文献出版社，2010.

36. 任玉岭．国家智库［M］．北京：经济日报出版社，2010.

37. 孙飞，等．中国经济大趋势Ⅱ——生死转型［M］．北京：中国经济出版社，2011.

38. 蔡昉，林毅夫．中国经济［M］．北京：中国财政经济出版社，2003.

39. 张幼文．2011 中国国际地位报告［M］．北京：人民出版社，2011.

40. 张幼文．经济强国：中国和平崛起的趋势与目标［M］．北京：人民出版社，2004.

41. 舒元，等．现代经济增长模型［M］．上海：复旦大学出版社，1998.

42. 周振华，等．上海战略研究（2050）——资源、环境、驱动力［M］．上海：上海人民出版社，2016.

43. 袁葵荪．经济发展的基本模式［M］．北京：中国人民大学出版社，2009.

44. 程极明，李洁．五大国经济与社会发展比较研究（1990—2005）［M］．北京：经济科学出版社，2006.

45. 许嘉．中国国家利益与影响［M］．北京：时事出版社，2006.

46. 郑永年．通往大国之路：中国与世界秩序的重塑［M］．北京：东方出版社，2011.

47. 潘功胜．大行蝶变［M］．北京：中国金融出版社，2012.

48. 王烁．变革世界的中国策Ⅰ［M］．南京：江苏文艺出版社，2011.

49. 国际货币基金组织．世界经济展望［M］．北京：中国金融出版社，2007.

50. 郭树勇．中国软实力战略［M］．北京：时事出版社，2012.

51. 张世贤．西方经济思想史［M］．北京：经济管理出版社，2008.

52. 张德广．大危机 大变革——中国学者看金融风暴下的世界经济［M］．北京：世界知识出版社，2009.

53. 胡鞍钢，王亚华．国情与发展［M］．北京：清华大学出版社，2005.

54. 胡鞍钢．中国：新发展观［M］．杭州：浙江人民出版社，2004.

55. 胡鞍钢．中国：再上新台阶［M］．杭州：浙江人民出版社，2006.

56. 胡鞍钢．中国崛起之路［M］．北京：北京大学出版社，2007.

57. 迟福林．第二次改革：中国未来 30 年的强国之路［M］．北京：中国经济出版社，2010.

58. 徐滇庆，等．终结贫穷之路：中国和印度发展战略比较［M］．北京：机械工业出版社，2009.

59. 孙培钧．中印经济发展比较研究［M］．北京：经济管理出版社，2007.

60. 沈开艳，等．经济发展方式比较研究：中国与印度经济发展比较［M］．上海：上海社会科学院出版社，2009.

61. 周牧之．第三个三十年：再度大转型的中国［M］．北京：人民出版社，2010.

62. 王振中．共和国经济社会发展与展望［M］．北京：社会科学文献出版社，2010.

63. 葛东升．国家安全战略论［M］．北京：军事科学出版社，2006.

64. 人民日报理论部．大变局：中国经济发展新趋势解读［M］．北京：人民日报出版社，2011.

65. 汪安佑．国家软实力论［M］．北京：中国社会科学出版社，2010.

66. 陈新年．论增强消费对经济增长的拉动作用［M］．北京：经济科学出版社，2011.

67. 刘子兰．消费经济前沿理论研究［M］．北京：经济科学出版社，2010.

68. 唐风．中国大趋势［M］．北京：中国商业出版社，2009.

69. 舒泰峰．中国大趋势［M］．北京：中华工商联合出版社，2011.

70. 韩文秀．人民币迈向国际货币［M］．北京：经济科学出版社，2011.

71. 苏言，贺濒．看见未来［M］．南京：江苏人民出版社，2010.

72. 黄树东．大国兴衰［M］．北京：中国人民大学出版社，2012.

73. 韩勃，江庆勇．软实力：中国视角［M］．北京：人民出版社，2009.

74. 邓小平．邓小平文选：第二卷［M］．北京：人民出版社，1994.

75. 宋立刚．中国市场化与经济增长［M］．北京：社会科学文献出版社，2007.

76. 吴敬琏．中国未来 30 年［M］．北京：中央编译出版社，2010.

77. 吴敬琏．宏观经济与地方产业发展［M］．北京：中国经济出版社，2011.

78. 蔡昉．刘易斯转折点［M］．北京：社会科学文献出版社，2008.

79. 何琼隽．国家竞争战略［M］．北京：中国科技大学出版社，2010.

80. 施光耀，等．2010 创富报告［M］．北京：经济科学出版社，2010.

81. 农贵新．国富新论［M］．北京：中国经济出版社，2011.

82. 靳会永．大国智慧［M］．北京：新世界出版社，2009.

83. 郭隆隆．世纪之交的大国关系［M］．上海：上海教育出版社，1998.

84. 李勇坚．旧富与新贵：2010—2030 世界强国排行榜［M］．北京：中国经济出版社，2010.

85. 郝睿．未来 30 年的中国经济 [M]. 北京：商务印书馆，2010.

86. 周其仁．中国做对了什么 [M]. 北京：北京大学出版社，2010.

87. 郑适．中国产业发展监测与分析报告 2011 [M]. 北京：中国经济出版社，2011.

88. 祁斌．未来十年中国经济的转型与突破 [M]. 北京：中信出版社，2013.

89. 丁学良．中国的软实力和周边国家 [M]. 北京：东方出版社，2014.

90. 蔡华堂．从遏制到平衡——美国塑造世界战略解析 [M]. 北京：时事出版社，2016.

91. 鞠杨．全球博弈——中美关系改变世界 [M]. 北京：中国发展出版社，2014.

92. 郑永年．中国模式经验与挑战 [M]. 北京：中信出版社，2016.

93. 刘亚洲．当代世界军事与中国国防 [M]. 北京：中共中央党校出版社，2016.

94. 赖海榕．改革的前景：中国与世界 [M]. 北京：中央编译出版社，2014.

95. 万劲波，等．创新发展的战略与政策 [M]. 北京：中国工信出版社，2015.

96. 中国科学院．科学发展报告 [M]. 北京：科学出版社，2012.

（三）报刊

1. 约瑟夫・奈．从“软实力”到“巧实力”[J]. 南风窗，2009 (13).

2. 沈小峰，王德胜．论物质系统的结构与功能 [J]. 大自然探索，1986 (02).

3. 施祖辉．国外综合国力研究 [J]. 外国经济与管理，2000 (1).

4. 陈秀英，涂勤．综合国力：评价与比较（上）[J]. 开放时代，2000 (06).

5. 施祖辉．综合国力理论的历史考察及其应用 [J]. 预测，1993 (04).

6. 冯江源．高科技时代的综合国力及其增长与发展 [J]. 中国科技论坛，1998 年 (03).

7. 苏国荫，石小玉．论综合国力 [J]. 中国国情国力，1992 (03).

8. 于宏义，王佑棣．综合国力测度评价 [J]. 科技进步与对策，1989 (05).

9. 张文奎，阎越．论国力类型的划分及其理论与实践意义 [J]. 人文地理，1990 (03).

10. 朱喜安，肖腊珍．综合国力对比方法研究 [J]. 统计与决策，1999 (01).

11. 王在邦．世界主要国家综合国力评估 [J]. 国际资料信息，2000 (07).

12. 张兴国．综合国力测定方法研究 [J]. 中国经济问题，1995 (01).

13. 佟福全．不同类型国家综合国力之比较 [J]. 军事经济研究，1990 (06).

14. 冯昭奎．日本的综合国力研究的背景和特点［J］．国际技术经济研究学报，1988.

15. 邵光田，等．综合国力测定方法研究［J］．当代经济科学，1996（03）.

16. 聂月岩．邓小平准确把握当代中国基本国情的科学方法［J］．西南民族大学学报（人文社科版），1999（S5）.

17. 王诵芬．世界主要国家综合国力的实测及分析（1970～1990年）［J］．世界经济与政治，1997（7）.

18. 中国现代国际关系研究所．中国综合国力世界排名［J］．经济视角，2000（9）.

19. 阎学通．国际格局的变化趋势［J］．现代国际关系，2005（10）.

20. 周京平．试论诺贝尔经济学奖：科技进步贡献率——与中国经济理论与实践［J］．经济研究导刊，2011（7）.

21. 束洪福．我国社会科学研究成果转化率仅5%［J］．科技日报，2010.

22. 王雪峰，李京文．我国消费率长期波动、持续下降成因分析［J］．河南大学学报（社会科学版），2012（06）.

23. 褚雪霏，等．人均GDP达到10000美元后 地区经济发展特点及对策［J］．中国国情国力，2012（06）.

24. 于岩岩．美国国防科研经费投入的结构性分析［J］．商业研究，2005.

25. 吴玲，等．环境资源配置的制度分析［J］．中国农业科技导报，2005（7）.

26. 余芳东．国外综合国力研究方法评价［J］．统计研究，1993（6）.

27. 袁国敏，朱力．综合国力测定方法研究［J］．社会科学辑刊，1996（6）.

28. 冯江源．当代科技进步与综合国力重建和调控［J］．科学学研究，1998（1）.

29. 冯江源．综合国力系统多元要素和结构整约与共适［J］．科学学研究，2000（1）.

30. 冯江源．综合国力的协调发展及其决策、预警和调控［J］．科学学研究，1997（9）.

31. 王小鲁，樊纲．中国经济增长方式转换和增长可持续性［J］．经济研究，2009（1）.

32. 李克强．关于调整经济结构促进持续发展的几个问题［J］．求是，2010（11）.

33. 黎静．关于发展中国家国家能力的探讨［J］．政治学研究，1999（4）.

34. 杨培升．综合国力知识浅谈［J］．中学政治教学参考，2005（12）.

35. 时永松．综合国力与中国国情［J］．马克思主义研究，2002（2）.

36. 吴玉龙．综合国力与生态环境漫谈［J］．森林与人类，1999（9）.

37. 廖晓昕．综合国力非线性扩散模型稳定性分析［J］．南京信息工程大学学报，2009.

38. 袁国敏．综合国力测定方法研究［J］．社会科学辑刊，1996（6）．

39. 唐建荣．综合国力及其核定方法［J］．统计与决策，1998（2）．

40. 魏明．文化：综合国力中的“软实力”［J］．湖北大学学报，2007（3）．

41. 赵可金．世界步入“软战时代”［N］．解放日报，2010-04-23.

42. 王利政，等．科技进步贡献率测算须引入无形资本因素［N］．科技日报，2011-12-04.

后 记

本书是我十年摸索、探寻、构思、写作和修改后的研究成果。研究和写作中国综合国力是我长期的心愿，在伟大的中国共产党成立 100 周年之际，我把这本书献给伟大的党、亲爱的祖国和人民。

15 年前，一位自认风华正茂的年轻人，怀揣着梦想，兴冲冲地来到北京这方热土。冬去春来，历经寒暑，埋头工作，辛勤耕耘，这一路，虽辛苦但也很愉快。

2011 年，我投入刘海燕教授门下攻读思想政治教育方向的博士。博士研究生学习是一个艰苦的创造性过程，是融读书学习、研究思考、创新学术为一体的包括诸多环节的过程，也是一个张扬学术自主性、彰显学术研究性的过程。也就是在这个时期，我对中国综合国力研究从兴趣逐渐转为学术追求，并把它作为我博士论文的研究方向。

学术研究是一方清贫、寂寞的天地：它在精神财富上有多富有，在物质财富上就有多清贫；它在心灵世界里有多喧闹，在现实世界里就有多冷清。学术研究是一条漫长而艰辛的路。主题只有两个字：奋斗。为了梦想奋斗，为了荣誉奋斗，为了未来奋斗，为了国家奋斗。奋斗意味着不断努力，不断忍受，不断付出，不断在跌倒又爬起中重复。压力最大的时候，我只能沉浸在探索和思念的世界里，寻求心灵的安慰。我深深懂得：在历经了基层的锻炼、时间的检验，才能学有所成，砥砺品质，让青春梦圆，书写出人生最美丽的华章。“既然选择了远方，便只顾风雨兼程；既然目标是地平线，那留给世界的只能是背影。”

全书的研究出发点是在习近平新时代中国特色社会主义思想的指导下，以中国综合国力的研究视角，着眼今天，展望未来。进入 21 世纪以来，中国改革开放的步伐更加坚定，全面建成小康社会的势头越来越好。特别是党的十八大以来，在以习近平为核心的党中央坚强领导下，我国的各项事业发展成效显著，无论是纵向比较还是横向比较，综合国力都大为改观。

我之所以选取 2049 年中国综合国力作为研究主题，是因为 2049 年既是“两个一百年”奋斗目标中“第二个百年”目标的实现之年，又是中国和世界各国共同繁荣进步承前启后的重要时间节点。在这个时间节点上，谁在 21 世纪上半场努力，谁就会在下半场占据制高点。研究那个时候的中国综合国力对中国和世界都有重大的意义。对中国而言，研究和预测本国的综合国力，可以检验和提醒我们当前战略的目标和成效，便于我们及时修正调整；对世界而言，中国的综合国力如何，将对整个世界格局产生特别重大的影响，不同国家对中国崛起也有不同的反应，这也便于我们未雨绸缪。所以，选择研究这样的课题有实践意义，也希望借此对综合国力理论的发展做出微薄的贡献。

本书从 2010 年中国成为世界第二大经济体的时间点开始观察和论述中国综合国力的变化。2010 年，对中国来说是具有里程碑意义的一年。这一年，中国首次超过日本成为世界第二大经济体；这一年，中国经济、社会、科技、文化等各项事业发生前所未有的变化，综合国力也随之发生改变。为了测算这种变化较之前究竟有多大程度，本书在吸收前人研究成果的基础上创建了综合国力的现时测算模型，并以此为基础，以经济增长率的考量为核心进一步搭建综合国力的预测模型。用该模型为测算工具，收集和整理国家相关权威数据和论据，加上一定范围的专家咨询，共同汇集到一起进行模型的数学应用推算。再根据推算结果，假定如果要达到这样的良好预期，我们该如何做，制约因素又有哪些，如何克服，等等，全书都做了一定的交代。

研究中国综合国力，本质上就是要真正了解、深刻认识和总结中国社会多重转型的动因、历程、得失和前景。对这样规模巨大、深刻复杂的社会变革进行解读不可能只有一种方法和答案，而是众说纷纭甚至相互冲突的。这是因为人们研究中国综合国力有不同的目的、不同的立场、不同的视角、不同的观点和不同的方法，因此也会得出不同的结论。不管是哪一种结论，都要接受中国社会经济发展的实践检验。随着时间的流逝，许多曾经热闹一时的观点终将成为中国社会发展进程的历史尘埃，只有极少数的认识和观点经过实践的检验能够成为历史的真知灼见。

由于课题涉及的范围宏大，以我个人而非机构的力量进行研究，难免出现研究力量不足、缺乏权威性认可、数据不精准等不足。加之笔者水平有限，书中肯定有不足之处，敬请各位读者、学者、前辈与朋友不吝批评或指正。

本书所涵盖的新概念、新理论、新策论、新举措，是否经得起实践和逻辑的检验，还得由读者和历史来评判。本书只能算是我学习和研究创新型经济的一个阶段性成果，我将以“为人民做学问”和“为社会主义做学问”的学术定力，继续在新时代、新征程中做出顺应社会主义中国和世界大趋势的新研究!

其实，我特别欣赏梭罗的一句话：很少懂得人们习以为常的欢乐与享受，一生都在寻求那种常人望而却步的美。

过程不易，过程很美。

本书得以顺利完成，特别要感谢我的博导刘海燕教授，从本书的选题、设计、调研到写作修改和定稿，她精心审阅而且给予较高的评价。她待人和善、治学严谨、乐观开朗，对我的人生产生了很大的影响。在本书写作过程中，她帮助我开拓研究思路，并给予热忱鼓励和悉心指导，使我在面对各种问题时得以豁然开朗。

感谢国是智库把本书列为重大研究成果，北京市博士爱心基金会把本书列入“博士文库计划”资助项目。

衷心感谢国务院研究室原党组书记、主任魏礼群和我的导师——中国财政科学研究院党委书记、院长、研究员刘尚希百忙之中为本书作序。国务院发展研究中心副主任、研究员隆国强和恒大集团首席经济学家、恒大经济研究院院长任泽平两位老师为本书撰写推荐语。感谢以上四位老师，他们都是才华横溢的学者，他们以严谨的治学之道、宽厚仁慈的胸怀、积极乐观的生活态度，为我树立了学习的典范。他们对本书写作提出了独特的见解，使我的研究成果内容更加充实、论点更加明确、论据更加翔实。

非常重要的是，在本书写作过程中，我在中国人民大学商学院的硕士学生安国强、万新月、吕佳兴、夏洁、王觅璟等人为我提供了各种助研工作，他们的才华、热情、乐观让我感动，能够不断与年轻人一路同行，实乃人生一大幸事。

我所在的国家发展改革委宏观经济管理编辑部、北京师范大学政府管理研究院、北京市博士爱心基金会、国是智库团队为我的研究提供了直接或者间接的帮助，对他们的付出表示诚挚的谢意。

十分感谢中信出版社领导、专家的远见、肯定和本书责任编辑谭惠芳老师的支持与辛劳，在此致以崇高的敬意。

因为忙于工作的关系，本书的写作基本上都是在夜晚和周末完成的，在此衷心感谢所有家人、老师和朋友的支持和谅解。尤其是我妻子与岳父母对宝贝儿子、女儿的悉心照顾，有了他们的付出，我才有时间潜心研究，完成写作。

感谢我的父母和弟弟，他们一直那样关心、帮助、理解我。他们的默默支持更是我前进的动力。这一切，都促使我倍加珍惜现有的时间，害怕自己不够优秀，不足以回馈他们的关爱和支持。

另外，在写作过程中引用或借鉴了一些公开的材料和观点，未能一一注明，在此一并对原作者表示诚挚谢意。

在这里，我也要感谢每一位有兴趣阅读本书的读者，是你们拥有对中华民族伟大复兴满怀憧憬的初心，才能摆脱纷繁世事来安心阅读这样一本并不是特别通俗的书。

学习、思考、实践、感悟是一个学而思、思而践、践而悟的螺旋式上升过程，只有不断学习，勤于思考，理论联系实践，最终才会有所领悟、有所提升。这种提升是对我政治品格、意志能力、工作成绩的提升，借此我才能交出一份较为精彩的研究答卷。而当中国无数拼搏人生的精彩答卷汇集在一起时，共同谱写的将是一幅国家富强、人民幸福的华美篇章！

衣带渐宽终不悔，为伊消得人憔悴。十年的付出与坚守，是我对中国综合国力研究的执着和热爱。我希望这份付出和坚守，能够为推动中国综合国力研究做出积极的贡献。

易昌良

2020 年 11 月 10 日于玉渊潭

"中国道路"丛书

学　　术

《解放生命》
《谁是农民》
《香港社会的民主与管治》
《香港社会的政制改革》
《香港人的政治心态》
《币缘论》
《如何认识当代中国》
《俄罗斯之路 30 年》
《大国新路》
《论企业形象》
《能源资本论》
《中国崛起的世界意义》
《美元病——悬崖边缘的美元本位制》
《财政预算治理》
《预见未来——2049 中国综合国力研究》

译　　丛

《西方如何"营销"民主》
《走向繁荣的新长征》
《国家发展进程中的国企角色》
《美国社会经济五个基本问题》
《资本与共谋》
《国家发展动力》

智库报告

《新时代：中国道路的延伸与使命》
《新开局：中国制度的变革与巩固》
《新常态：全面深化改革的战略布局》
《新模式：走向共享共治的多元治理》
《新征程：迈向现代化的国家治理》
《新动能：再造国家治理能力》
《全面依法治国新战略》

企 业 史

《与改革开放同行》
《黎明与宝钢之路》
《海信史（2003—2019）》

企业经营

《寻路征途》
《中信创造力》

专　　访

《中国道路与中国学派》
《21 世纪的中国与非洲》

人　　物　《重读毛泽东，从 1893 到 1949》

政　　治　《创新中国集体领导体制》

战　　略　《国家创新战略与企业家精神》

金　　融　《新时代下的中国金融使命》

管　　理　《中国与西方的管理学比较》